U0482365

赵馥洁文集

第八卷

静致斋哲话
静致斋诗稿

赵馥洁 著

中国社会科学出版社

图书在版编目(CIP)数据

赵馥洁文集．第八卷，静致斋哲话　静致斋诗稿／赵馥洁著．—北京：中国社会科学出版社，2022.5
ISBN 978-7-5203-8972-3

Ⅰ.①赵…　Ⅱ.①赵…　Ⅲ.①价值(哲学)—中国—文集②诗词—作品集—中国—当代　Ⅳ.①B2-53②I227

中国版本图书馆 CIP 数据核字(2021)第 176183 号

出 版 人	赵剑英
责任编辑	朱华彬
责任校对	谢　静
责任印制	张雪娇

出　　版	中国社会科学出版社
社　　址	北京鼓楼西大街甲 158 号
邮　　编	100720
网　　址	http://www.csspw.cn
发 行 部	010-84083685
门 市 部	010-84029450
经　　销	新华书店及其他书店

印刷装订	北京市十月印刷有限公司
版　　次	2022 年 5 月第 1 版
印　　次	2022 年 5 月第 1 次印刷

开　　本	710×1000　1/16
印　　张	25.5
插　　页	2
字　　数	367 千字
定　　价	158.00 元

凡购买中国社会科学出版社图书，如有质量问题请与本社营销中心联系调换
电话：010-84083683
版权所有　侵权必究

前　　言

这部文集是我平生从事哲学教学和研究的记录。我与哲学结缘始于1960年，这一年夏天，我高中毕业报考大学时选择了哲学专业。当时，考哲学专业必须加试数学，而我的数学学得并不好，尽管如此，我还是报考了哲学。

那一年，在我的家乡富平县招收哲学专业学生的大学只有西北政法学院，于是我毫不犹豫地报考了这所院校。入学后，适逢大学贯彻落实"高教六十条"，教学秩序良好，读书气氛浓郁，师生关系融洽，同学关系和谐，总之，学习环境非常好。1964年毕业后，我留校从事教学工作。这时，社会主义教育运动（"四清运动"）开始，我被抽调到农村参加"社教"，直到1966年8月下旬即"文化大革命"已开始两个多月才回到学校。回校后因为学校已停课"闹革命"，所以，我未从事任何教学工作。直到1972年5月，西北政法学院遵照上级指示停办、解散。解散时，学校的教职人员被分配到陕西多所高校和机关单位，我被分配到陕西师范大学。到师大后我先在宣传部工作数月，9月师大开始招收工农兵大学生，我即到政教系哲学教研室教学。当时由于旧教材不能用，又无新教材，政教系的马克思主义哲学课主要是辅导学生选读马克思主义经典著作，我先后辅导学生读的著作有：马克思的《关于费尔巴哈的提纲》、恩格斯的《反杜林论》、列宁的《哲学笔记》（选）和《国家与革命》、毛泽东的《实践论》《矛盾论》。收入本文集第七卷的哲学讲义，有的就是当时为教学而写的。

在师大工作七年后，适逢"文化大革命"结束，西北政法学院复校，我又于1979年5月被调回。复校后的西北政法学院设置了法律系和政治理论系，政治理论系又设立了哲学和经济学两个专业，我被安排在哲学专业从事教学工作。此年9月政法学院招收了复校后的首届大学生，我即给这一年级哲学专业的学生讲授马克思主义哲学课。1980年9月我由教研室派往武汉大学哲学系进修，有幸跟萧萐父、唐明邦、李德永等先生学习中国哲学史，期满归来后我就专心从事中国哲学史的教学和研究。开设的课程主要有"中国哲学（史）原著选读""中国哲学史研究法"（包括史料学）等。20世纪80年代初，价值哲学在中国蔚然兴起，我即将自己的治学重点确定为中国传统哲学价值论研究，我给哲学专业的硕士研究生开设了"价值哲学研究""中国传统哲学价值论研究"等课程，撰写关于中国传统哲学价值论的论文，参加有关价值哲学的学术会议，特别是申报了1989年的国家社会科学基金课题：中国传统哲学价值论研究。1991年由陕西人民出版社出版了该课题的最终成果——《中国传统哲学价值论》。该书出版后受到了学术界的关注和鼓励，1994年12月该书获陕西省社会科学优秀成果一等奖，1995年9月荣获国家教委全国高等学校人文社会科学研究优秀成果二等奖。此后，我继续在这一领域进行探索和拓展：一是深化对中国传统哲学价值论之思维特征的研究，发表了一系列探讨中国哲学中价值论与本体论、认识论、历史观、人性论相融通的论文，这些论文合编为《中华智慧的价值意蕴》一书，该书由中国政法大学出版社于2002年出版。二是探索了中国传统价值观的历史演变，并以此报批了陕西省社会科学基金项目，其最终成果为《价值的历程——中国传统价值观的历史演变》一书，该书由中国社会科学出版社于2006年出版。

作为陕西的学者，我十分关注陕西历史上的哲学遗产，因此在研究中国传统哲学价值论的过程中，我把张载及其关学作为自己治学的重要内容，既将关学研究作为一门课程给哲学专业的研究生开设，又撰写发表了不少学术论文,这些论文运用的仍然是价值论方法,其主题则聚焦于关学的基本精神,在此基础上撰成《关学精神论》一书,该书2015年由西北大学出版社出版。其后,我又编著了《关学哲人诗传》一书,于2020年1月由陕西人民出版社出版,在这次汇编文集时我对上述两部著作进行了增订、修改和充实,取名"关学研究"。

在从事教学和研究的同时,我还参与了诸多社会性学术活动和学术组织工作,兼任了一些学会的职务,参加了多次学术会议,举办过多场学术讲座,撰写了不少有关学术发展和社会发展的论文、评论、发言、讲话,这方面的成果汇集成了《哲苑耘言》和《中华文化的价值观念》两个论文集。

阅读和吟咏诗词是我平生的爱好,也是我业余调剂精神生活的重要方式,我的诗词习作曾编为《静致斋诗》,于2015年由上海中西书局出版,今又增入新作,辑成《静致斋诗稿》收入文集。静致斋是我的书斋名,此文集中冠以"静致斋"的著述还有《静致斋哲话》,这是我多年来写的哲理性札记,因记述的所感所思为零散无主线、零碎无体系、零杂无统摄的随时心得,类似古代的诗话、词话、文话之属,故名曰"哲话"。与上述著作一起编入文集第八卷的还有我为《中国儒学辞典》《中国儒学百科全书》所写的辞条的汇总,因为所撰写的条目都是按主编所分派的任务而定的,亦属于无系统之作,故以"静致斋释辞"名之。

需要说明的是,在将上述著述收录本文集时,我尽量按照现在的出版要求进行了修改,特别是修改了一些现在看来不合时宜的内容,补充完善了脚注的版本信息,改用最新的版本等。同时,一些原来常用的词语包括一些地名等专有名词,则保留了原著的用法,未做更改,这样更能体现时代感。

从进入大学算起,我在哲学这片园地里已经耕耘了整整60年,从留校任教到现在,也已度过56年。回顾半个多世纪的治学历程,回望自己在教学和科研方面所留下的雪泥鸿爪,真可谓浮想联翩,感慨良多!而凝结到一点就是：虽然逝者如斯夫，人生的时光已进入桑榆晚景，然而对我来说，思想和学业都还行进在漫漫的长路上！书籍在阅读的路上，文章在撰写的路上，著作在修改的路上，讲义在充实的路上，诗词在推敲的路上……既有的一切，都还没有达到自己所期望的高标准，还未进入自己所追求的高境界。自己已经形成的学术观点和治学成果，都还有待深化、拓展和完善。学术研究只有无限绵延的进路和不断升高的阶梯，但却没有顶峰，永远都不能达到"会当凌绝顶"的境地。所谓的至善之域、至美之境，其实都是学人们持续努力的志向和不懈追求的理想。既然人生和治学永远都处在一个不断追求、不断提升的过程中，那么，自己几十年来所感所思所写而形成的这些著作，只可放在思想认识和学术探索的历史过程中去阅读，只能当作一道在旅途中未臻至境的风景去观赏。在这个意义上，方可引用李白"却顾所来径，苍苍横翠微"之诗句，来表达自己的自慰之情和自觉之识！

　　本文集的编辑出版是西北政法大学和西北政法大学哲学与社会发展学院的无量功德。学校和学院为了推进学科建设，弘扬学术创新，积累学术成果，延续学脉传承，在经费十分困难的情况下，决定筹措资金，编辑出版这部文集，实在令人感戴无既。学校的孙国华书记、杨宗科校长及其他各位领导十分关心、大力支持文集的编辑出版，并尽力帮助解决困难；哲学与社会发展学院的周忠社书记、寇汉军书记、山小琪院长，亲自领导文集的编辑出版工作，郭明俊副院长负责各项具体事务包括落实手稿录入、清样校对、联系出版等诸多繁重而琐细的事宜。在此，我首先对西北政法大学各位领导和哲学与社会发展学院各位领导表示诚挚的感谢！博士生朱凤翔为收集论文、择取编排、校勘文字、编订目录，付出了巨大辛劳；博士生张雪侠为哲学讲义的文稿修正、文字校对等做了大量工作；博士生李伟弟为《静致斋诗稿》的编目和繁简字体的转换和统一，反复编排核对；我的硕士生刘亚玲研究员，多年前就认真仔细地阅读和校对了《静致斋哲话》；哲学与社会发展学院的不少硕士研生也参加了繁重的手稿录入和清样校对工作。对这些为文集付出过辛勤劳动和珍贵汗水的青年学子们，我特表衷心谢意！而文集所凝结的中国社会科学出版社大力支持的珍贵情义和责任编辑朱华彬先生精心编校的辛勤劳绩，更值得铭记、致谢和赞佩！

最后，我为能给中国哲学的学术发展尽一点绵薄之力而由衷地感到高兴，也诚恳欢迎读者不吝批评指正！

赵馥洁

2021 年 11 月 27 日

于西北政法大学静致斋

目 录

静致斋哲话

哲史篇 …………………………………………（3）

哲学篇 …………………………………………（28）

哲理篇 …………………………………………（60）

哲教篇 …………………………………………（124）

哲诗篇 …………………………………………（134）

哲人篇 …………………………………………（147）

静致斋释词

中国儒学辞典释词 ……………………………（153）

 一阳生 ………………………………………（153）

 一阳复来 ……………………………………（153）

 一阴一阳之谓道 ……………………………（153）

 八卦 …………………………………………（154）

 八象 …………………………………………（154）

 人定胜天 ……………………………………（155）

 九五 …………………………………………（155）

 三阳 …………………………………………（156）

 三阳开泰 ……………………………………（156）

大象	(156)
小六壬	(157)
小往大来	(157)
小象	(157)
上九	(157)
六十四卦	(158)
六天	(158)
六壬	(159)
六爻	(159)
六龙	(160)
元亨利贞	(160)
开物成务	(161)
屯蒙	(161)
屯坎	(161)
屯否	(162)
屯剥	(162)
亢悔	(162)
五行	(163)
太极	(164)
天	(165)
天人三策	(166)
天人之际	(166)
天人相分	(167)
天人合一	(168)
天人相与	(169)
天人相胜	(169)
天人感应	(169)
天不变道亦不变	(170)

天行有常 …………………………………………（171）

天人交相胜 ………………………………………（171）

天尊地卑 …………………………………………（172）

无咎 ………………………………………………（172）

少阳 ………………………………………………（173）

少阴 ………………………………………………（173）

日新 ………………………………………………（173）

见仁见智 …………………………………………（174）

见理于事 …………………………………………（174）

爻辞 ………………………………………………（175）

爻象 ………………………………………………（175）

四象 ………………………………………………（176）

用九 ………………………………………………（176）

民之所欲，天必从之 ……………………………（176）

交泰 ………………………………………………（177）

阳道 ………………………………………………（177）

阴道 ………………………………………………（178）

阴阳 ………………………………………………（178）

穷则变，变则通，通则久 ………………………（179）

良知良能 …………………………………………（179）

形而上 ……………………………………………（179）

形而下 ……………………………………………（180）

形与神 ……………………………………………（180）

来复 ………………………………………………（181）

否泰 ………………………………………………（181）

否终泰来 …………………………………………（182）

两仪 ………………………………………………（182）

体用 ………………………………………………（182）

易 …………………………………………………………………………（184）

易卜 ………………………………………………………………………（184）

河图洛书 …………………………………………………………………（185）

卦 …………………………………………………………………………（185）

坤元 ………………………………………………………………………（186）

坤仪 ………………………………………………………………………（186）

知易行难 …………………………………………………………………（186）

知难行易 …………………………………………………………………（187）

知行合一 …………………………………………………………………（187）

性命 ………………………………………………………………………（188）

性理 ………………………………………………………………………（189）

和同 ………………………………………………………………………（189）

质测 ………………………………………………………………………（190）

制天命 ……………………………………………………………………（190）

屈信（伸）………………………………………………………………（191）

皇极 ………………………………………………………………………（191）

临深履薄 …………………………………………………………………（192）

既济 ………………………………………………………………………（192）

致良知 ……………………………………………………………………（192）

剥复 ………………………………………………………………………（193）

通几 ………………………………………………………………………（193）

理 …………………………………………………………………………（194）

理与势 ……………………………………………………………………（195）

理气 ………………………………………………………………………（195）

乾元 ………………………………………………………………………（196）

乾坤 ………………………………………………………………………（197）

道 …………………………………………………………………………（198）

道器 ………………………………………………………………………（199）

朝乾夕惕……………………………………………（199）

象……………………………………………………（200）

潜龙勿用……………………………………………（201）

履中…………………………………………………（201）

履霜坚冰至…………………………………………（202）

履冰…………………………………………………（202）

器……………………………………………………（202）

彝伦…………………………………………………（203）

中国儒学百科全书释词……………………………（204）

五服九族说…………………………………………（204）

婚嫁观………………………………………………（207）

家国观………………………………………………（212）

通经取士……………………………………………（217）

宋学…………………………………………………（218）

道学…………………………………………………（221）

义理之学……………………………………………（222）

性理之学……………………………………………（224）

功利之学……………………………………………（225）

理学…………………………………………………（226）

心学…………………………………………………（229）

象数之学……………………………………………（232）

元祐党争……………………………………………（233）

庆元党争……………………………………………（234）

四大书院……………………………………………（236）

象山书院……………………………………………（237）

《大学衍义》…………………………………………（238）

黄榦（1152—1221）………………………………（239）

陈淳（1158—1223） ………………………………………（239）
《北溪字义》 ………………………………………………（240）
李心传（1166—1243） ………………………………………（241）
熊节 …………………………………………………………（242）
蔡沈（1167—1230） …………………………………………（242）
真德秀（1178—1235） ………………………………………（243）
《真西山先生集》 …………………………………………（244）
《心经》 ……………………………………………………（245）
魏了翁（1178—1237） ………………………………………（245）
《性理大全》 ………………………………………………（246）
《理学类编》 ………………………………………………（247）
黄震（1213—1280） …………………………………………（247）
《黄氏日钞》 ………………………………………………（248）
方孝孺（1357—1402） ………………………………………（249）
《宋史·道学列传》 …………………………………………（250）
朱陆之争 ……………………………………………………（250）
鹅湖之会 ……………………………………………………（252）
薛瑄 …………………………………………………………（253）
《读书录》 …………………………………………………（254）
罗钦顺（1465—1547） ………………………………………（255）
理气为一 ……………………………………………………（257）
理一分殊不相离 ……………………………………………（257）
《困知记》 …………………………………………………（258）
格物非格心 …………………………………………………（259）

静致斋诗稿

题《静致斋诗》 ……………………………………………（263）

《静致斋诗》序 .... (264)

一九六二年 .... (266)
　　登将军山遇雷雨候晴 .... (266)

一九八〇年 .... (266)
　　兰亭 .... (266)
　　鲁迅故居 .... (266)
　　沈园（二首）.. (266)
　　绝句 .... (267)

一九八二年 .... (267)
　　咏王充 .... (267)
　　咏刘禹锡 .... (267)

一九八八年 .... (268)
　　白帝城 .... (268)

一九九一年 .... (268)
　　《中国传统哲学价值论》卷首自题（四首）........ (268)

一九九二年 .... (269)
　　女儿十七岁生日贺诗 .... (269)

一九九三年 .... (269)
　　参加哲学专业1979级毕业10年聚会有赠 .... (269)

一九九七年 .... (270)
　　庆香港回归 .... (270)

一九九九年 (270)
- 参观渣滓洞 (270)
- 世纪末有感 (270)

二〇〇〇年 (271)
- 新世纪 (271)
- 送女儿出嫁 (271)
- 六十初度（六首） (271)

二〇〇二年 (273)
- 筑得 (273)
- 对月 (273)
- 贺婚 (273)
- 千种 (274)
- 莫道 (274)
- 《中华智慧的价值意蕴》卷首自题 (274)
- 《哲苑耘言》卷首自题 (274)
- 剑气 (275)

二〇〇三年 (275)
- 夜坐 (275)
- 五丈原咏诸葛亮 (275)
- 登五丈原 (275)
- 书香 (276)
- 小雨 (276)
- 参加1979级同学毕业20年聚会有赠 (276)
- 咏怀 (276)
- 癸未除夕 (277)

咏茶 ……………………………………………………（277）

登茂陵 …………………………………………………（277）

秦川 ……………………………………………………（277）

月林（四首）……………………………………………（278）

二〇〇四年 …………………………………………（278）

梦天池 …………………………………………………（278）

再到西湖 ………………………………………………（279）

忆故园槐 ………………………………………………（279）

二〇〇五年 …………………………………………（279）

天生 ……………………………………………………（279）

女儿三十周岁生日贺诗 ………………………………（279）

悼念赵吉惠学兄 ………………………………………（280）

天高 ……………………………………………………（280）

黑河森林公园水苑山庄暑游有感 ……………………（280）

秋夜 ……………………………………………………（280）

淡泊 ……………………………………………………（281）

世象 ……………………………………………………（281）

二〇〇六年 …………………………………………（281）

游平遥古城 ……………………………………………（281）

游白马寺 ………………………………………………（282）

游少林寺并咏达摩 ……………………………………（282）

游龙门石窟有感 ………………………………………（283）

游嵩阳书院 ……………………………………………（283）

树兴 ……………………………………………………（284）

外孙初生代为立言 ……………………………………（284）

代孙女说话 ·· (284)

　　人生的形上姿态 ·· (284)

　　夜登泰山玉皇顶待日出 ······································ (285)

二〇〇七年 ·· (286)

　　敬呈萧萐父老师（二首） ···································· (286)

　　敬赠李锦全先生 ·· (286)

　　红宝石婚赠老伴（二首） ···································· (286)

　　沧桑 ·· (287)

　　贺婚 ·· (287)

　　贺《人文杂志》创刊五十周年 ································ (287)

　　贺婚 ·· (288)

　　贺婚 ·· (288)

二〇〇八年 ·· (288)

　　赠书法家李正峰先生 ·· (288)

　　忆童年 ·· (289)

　　故乡 ·· (289)

　　迤山中学同学聚会有赠 ······································ (289)

　　地震有感 ·· (289)

　　儿子四十岁生日贺诗（四首） ································ (290)

　　贺婚 ·· (291)

　　芳草 ·· (291)

　　诗感庄子（三十五首） ······································ (291)

　　悼念萧萐父先生 ·· (298)

二〇〇九年 ·· (299)

　　己丑年春节咏怀 ·· (299)

悼念郭云鹏老师 …………………………………………（299）

咏陈白沙 …………………………………………………（300）

题苟小泉《陈白沙哲学研究》……………………………（300）

怀念韩国金忠烈先生 ……………………………………（300）

赞杨家将 …………………………………………………（301）

题终南山观音禅院三面观音像 …………………………（301）

游终南山观音禅院 ………………………………………（302）

悼七兄 ……………………………………………………（302）

挽七兄联 …………………………………………………（302）

丝绸之路记游诗 …………………………………………（303）

祝李锦全先生八十华诞 …………………………………（305）

悼季羡林任继愈二先生 …………………………………（308）

柞水盘谷山庄即景 ………………………………………（308）

谒白水仓颉庙 ……………………………………………（308）

祝沈兆禄老师七五大寿 …………………………………（309）

二〇一〇年 ………………………………………………（309）

　落花 ……………………………………………………（309）

　犹忆 ……………………………………………………（309）

　花开 ……………………………………………………（310）

　元夜登西安城墙观灯 …………………………………（310）

　玉兰花 …………………………………………………（310）

　贺《陕西师范大学学报》创刊50周年 ………………（310）

　忆1960年初至西安 ……………………………………（311）

　忆少年时秋晨犁地 ……………………………………（311）

　游寒窑遗址公园 ………………………………………（311）

　落红（新韵）…………………………………………（311）

　落花 ……………………………………………………（312）

若得 …………………………………………………………（312）

登长白山遇风雨大雾观天池未果 …………………………（312）

祝贺首届长安佛教国际学术会文集出版 …………………（312）

岁月 …………………………………………………………（313）

奉和叶嘉莹先生《读双照楼诗词稿》……………………（313）

台湾纪行 ……………………………………………………（313）

咏孔 …………………………………………………………（316）

七十自寿 ……………………………………………………（317）

敬和赵师馥洁七十自寿（七首）…………………………（318）

与钟锦酝酿改拙诗"幻幻云"出韵有感 …………………（320）

读张载《正蒙》……………………………………………（321）

二〇一一年 …………………………………………………（321）

游大唐不夜城有感 …………………………………………（321）

辛卯春节致谢王树人先生 …………………………………（321）

题李勇著《生命的容颜》…………………………………（322）

题李明《现代新儒家人生境界研究》……………………（322）

忽忆 …………………………………………………………（322）

月夜 …………………………………………………………（323）

贺婚 …………………………………………………………（323）

访李雪木先生太白山隐居处 ………………………………（323）

蓝田辋川记游（四首）……………………………………（323）

送陈文捷硕士毕业回青海 …………………………………（324）

送张磊赴华东师范大学攻读博士学位 ……………………（325）

塞北行（十首）……………………………………………（325）

流光 …………………………………………………………（327）

送孙女赴加拿大读书 ………………………………………（327）

题郭明俊著《儒家价值的普世意义》……………………（327）

贺宝鸡文理学院横渠书院成立 …………………………（327）

二〇一二年 ………………………………………………（328）

龙年抒怀（二首）………………………………………（328）

咏龙 ……………………………………………………（328）

题徐悲鸿国画《泰戈尔像》……………………………（328）

题英国米莱斯油画《新鲜的鲱鱼》……………………（329）

贺婚 ……………………………………………………（329）

访南阳卧龙冈 …………………………………………（329）

谒南阳医圣祠 …………………………………………（329）

参观礼泉袁家村关中印象 ……………………………（329）

游彬县大佛寺 …………………………………………（330）

咏情 ……………………………………………………（330）

祝贺陕西省佛教协会成立 50 周年暨中日邦交

　　正常化 40 周年 ……………………………………（330）

青海纪游（十六首）……………………………………（330）

青海湖（三首）…………………………………………（331）

银滩草原 ………………………………………………（331）

塔尔寺（二首）…………………………………………（331）

互助县土族歌舞表演 …………………………………（332）

贵德县黄河少女雕像 …………………………………（332）

贵德县中华福运轮 ……………………………………（332）

贵德县文昌宫 …………………………………………（332）

贵德县玉皇阁、文庙、财神殿建筑群 …………………（332）

贵德县丹霞地质公园 …………………………………（333）

贵德县黄河奇石苑 ……………………………………（333）

贵德县南海观音殿 ……………………………………（333）

湟源县丹噶尔古城 ……………………………………（333）

观老师骑牦牛视频有感 …………………………………………（334）
贺婚 ……………………………………………………………（335）
唐力权先生百日祭 ……………………………………………（335）
有感 ……………………………………………………………（336）
有感（二首） …………………………………………………（336）
赵玲琪先生书画展开幕贺诗 …………………………………（337）

二〇一三年 …………………………………………………………（337）
明秀堡牌楼联 …………………………………………………（337）
贺婚 ……………………………………………………………（337）

二〇一四年 …………………………………………………………（338）
题张波著《在哲学与马克思理论之间》 ……………………（338）
祝叶嘉莹先生九十寿诞 ………………………………………（338）
银川沙湖吟 ……………………………………………………（338）
题《宫烨文书法选集》 ………………………………………（339）

二〇一五年 …………………………………………………………（339）
祝陕西省孔子研究会成立 ……………………………………（339）
《人生绿洲》读后 ……………………………………………（340）
谒司马迁墓 ……………………………………………………（340）
贺婚（二首） …………………………………………………（341）
贺孙女十八岁生日 ……………………………………………（341）
甲午岁末书怀 …………………………………………………（341）
乙未元旦 ………………………………………………………（342）
春联三则 ………………………………………………………（342）
贺女儿四十生日 ………………………………………………（342）
《关学精神论》卷首自题 ……………………………………（342）

颂张横渠先生并赞关学 …………………………………（343）

贺婚 ………………………………………………………（343）

谢王刚伦先生刻印 ………………………………………（343）

贺哲八一级毕业三十年聚会 ……………………………（344）

岁暮夜雪有感 ……………………………………………（344）

二〇一六年 ……………………………………………（344）

八书家同临《石门颂》赞并赠诸贤 ……………………（344）

游普陀山兼访普陀山佛学院会闲法师 …………………（345）

咏潼关 ……………………………………………………（345）

阅弟子佛学对话微信有感 ………………………………（345）

游张家界（二首）………………………………………（346）

读李欣论波斯细密画文诗以赞之 ………………………（346）

二〇一七年 ……………………………………………（346）

金婚诗纪 …………………………………………………（346）

鸡年联语二则 ……………………………………………（347）

叹逝 ………………………………………………………（347）

丹凤行（四首）…………………………………………（347）

有感抒怀 …………………………………………………（348）

佛诞日有感 ………………………………………………（348）

为刘亚谏绘张载像题 ……………………………………（348）

庆贺人文杂志六十华诞 …………………………………（349）

中秋雨有感 ………………………………………………（349）

读钟锦古典诗译《恶之华》线装本有感 ………………（349）

白水行（四首）…………………………………………（349）

捐赠图书有感 ……………………………………………（350）

祝贺西北政法大学八十华诞 ……………………………（350）

终南秋怀 …………………………………………………………（350）

如梦令 ……………………………………………………………（351）

题神木西豆裕毛氏家谱 …………………………………………（351）

二〇一八年 ……………………………………………………（351）

望红月亮（二首）………………………………………………（351）

戊戌趣咏 …………………………………………………………（352）

春联 ………………………………………………………………（352）

观海 ………………………………………………………………（353）

戊戌年春联 ………………………………………………………（353）

戊戌有感 …………………………………………………………（353）

游海南陵水县椰林古寨（四首）………………………………（354）

校园樱花又开 ……………………………………………………（354）

祝丽泽论坛开幕 …………………………………………………（355）

春感 ………………………………………………………………（355）

为王登霄编《国医大师奇妙验方抄录》题 …………………（355）

国医大师雷忠义先生礼赞 ………………………………………（355）

儿子五十岁生日贺诗 ……………………………………………（356）

读陆游《钗头凤》词 ……………………………………………（357）

游玉华宫肃成院遗址 ……………………………………………（357）

为张亚林"关学主题书法展"题 ………………………………（357）

2018年除夕有感 …………………………………………………（357）

二〇一九年 ……………………………………………………（358）

己亥趣咏 …………………………………………………………（358）

贺婚 ………………………………………………………………（358）

题《中国哲学名著粹言选》……………………………………（359）

加拿大《文化中国》百期礼赞 …………………………………（359）

王玉樑先生周年祭 …………………………………………（359）
登圜丘 ………………………………………………………（360）
读刘炜评《京兆集》有感 …………………………………（360）
赞金锋同志飞机上针灸治病 ………………………………（360）
长相思·花月吟（四首）…………………………………（360）
赞《静致斋诗书法选萃》…………………………………（361）
贺老妻八十华诞 ……………………………………………（362）
题刘亚谏《立心图》………………………………………（362）
读红楼梦有感兼和王树人先生 ……………………………（362）
附　王树人先生《参加红楼梦艺术节有感》……………（362）
钟锦远寄贺寿诗，特制小诗志谢 …………………………（363）
附　钟锦诗 …………………………………………………（363）
八十自寿 ……………………………………………………（363）
白内障手术后感怀 …………………………………………（363）

二〇二〇年 ……………………………………………………（364）
子年咏鼠 ……………………………………………………（364）
抗新冠肺炎疫情有感 ………………………………………（365）

《静致斋诗》跋 ……………………………………………（366）

《静致斋诗》附录 …………………………………………（368）
哲人本色是诗人
　　——赵馥洁老师《静致斋诗》初读 …………………（368）
半缘哲理半缘诗
　　——读赵馥洁先生《静致斋诗》有感 ………………（372）
一位哲人的诗性人生
　　——从赵馥洁先生的《诗集》说起 …………………（375）

静致斋哲话

哲史篇

1. 历代伟大的哲学家总是为人类探寻人性的根基、价值的核心，以此为人类建造精神的家园、灵魂的故乡。他们的一切思维活动都凝结在这一思维成果上，都提炼成这一智慧结晶。尽管由于时代、文化、社会、阶级背景有异，他们提出的观念有别，但是他们对人性本质、价值共性的思考永远放射着智慧的光辉，永远支撑着人类的精神内核。人们的外在环境、物质生活会不断发生变化，但其内在人性、精神根基是有其永恒性、普遍性的。正如李光耀所说：技术可以日新月异，人性却是永恒的。抹杀历代人提炼的智慧，就会丧失根基。人们必须和信息科技的革命同步，但不是丧失本身的核心价值。

2. 蔡元培先生说：凡一时期的哲学常是前一时期的反动，或是再前一时期的复活，或是前几个时期的综合，所以哲学史是哲学界重要的工具。这段话通过对哲学史发展规律的揭示，说明了哲学史研究对于哲学的重要意义。他所说的哲学史发展规律，正是否定之否定规律在哲学史发展中的表现。

3. 中国哲学的基本精神可以概括为：
（1）"天人合一"的整体精神（世界是"一个整体"）；
（2）"和而不同"的和谐精神（世界是"一团和气"）；
（3）"天地之大德曰生"的生命精神（世界是"一片生机"）；
（4）"人者天地之心"的主体精神；
（5）"赞天地化育"的能动精神；

（6）"民胞物与"的价值精神。

4. 中国哲学史上的"人本"思想：
（1）"天地之性（生）人为贵"（《孝经》引孔子语）；
（2）"人者，天地之心"（《礼记》）；
（3）"民为贵，社稷次之，君为轻"（《孟子》）；
（4）"天道远，人道迩"（《左传》）；
（5）"伤人乎？不问马"（《论语》）；
（6）"人为万物之灵"（《尚书》）。

5. 在中国哲学里，"中"有思维方式与价值观念两种含义。"执其两端而用其中"是思维方式的"中"，它要求在两极对立中把握平衡，在矛盾斗争中把握统一；"喜怒哀乐之未发谓之中"是价值观念的"中"，它主张达到一种适度、合宜的、无偏激的状态。当然，这两重含义是有关联的，"用中"之法是达到"适中"之态的途径，"适中"之态是运用"用中"之法的结果。

6. 中国哲学家为了阐释深刻、抽象的哲理，善于运用生动的比喻，这些比喻形成了源远流长的哲喻之河。孔子用流水喻事物的流逝变迁（"逝者如斯夫"），用山喻"仁"（"仁者乐山"），用水喻"智"（"智者乐水"）；老子以水喻"道"（"上善若水"），以婴儿喻自然无为的人格（"譬如婴儿"）；王充以薪、火关系喻形、神关系，范缜以刃、利关系喻形、神关系；刘禹锡以旅游喻社会治理的三境界（"法大行""法小弛""法大弛"）；张载以水与冰比喻"太虚"与"万物""天地之性"与"气质之性"的关系；朱熹以人骑马比喻"理"与"气"之关系；熊十力以海水与众沤比喻"体"与"用"的关系等都是一些经典比喻。

7. 启功先生有言：唐以前诗是"长"出来的，唐诗是"嚷"出来的，宋诗是"想"出来的，明诗是"仿"出来的。我曾增加一语：清诗是"讲"出来的（清人重诗论）。若借此说法论学术的生成方式，可以说：周人之学是"长"出来的（从统治需要中生长），先秦子学是"嚷"（吵嚷）出来的，两汉经学是"讲"（讲经）出来的，魏晋玄学是"谈"（清谈）出来的，隋唐佛学是"坐"出来的，宋明理学是"注"（注解儒家典籍）出来的，清人考据学是"查"出来的。中国古代少有真正独立"想"出来的学术。

8. 价值以事实为基础、应然以必然为基础、规范以规律为基础、道德以道理为基础，这些都是唯物主义的原则。但康德追求道德律与宇宙律的一致，王阳明坚持良知与天理的合一，也体现了这一思路。这说明人所设立的价值准则的正确性、合理性的最终判定只能是客观的宇宙法则。中国哲学主张"天人合一"，实在是十分深刻的思想。

9. 在古代中国，人与自然未充分分化，个人与社会未充分分化，神与人未充分分化，血缘与人缘未充分分化，于是，中国哲学形成了笼统、浑然、模糊、融通的特征。

10. 人是地理、物理、生理、心理、伦理的综合体现。地理、物理、生理是人的物质性存在方式，心理、伦理是人的精神性存在方式。中国古代哲学，对人的物质性存在方式的思考，重生理轻物理；对人的精神性存在方式的思考，重伦理轻心理。

11. 中国哲学坚持规律、价值、德性相贯通的思维方式，如"一阴一阳之谓道，继之者善也，成之者性也"（《周易·系辞上》）。"道"是规律，"善"是价值，"性"是德性；"天命之谓性，率性之谓道，修道之谓教"（《中庸》）。"天命"是规律，"性"是德性，"道"是价值；宋代理学言"性理"，"性"是人性，而"理"又是规律与价值的统一，也有三者贯通的含义。这种思路启示我们：

（1）规律与规范（价值规范和道德规范）、道理（对规律的反映）与道德、真理（对规律的认识）与价值有着内在的统一性，而且前者是后者的根据，只有"明规律"才能"立规范"，只有"讲道理"才能

"说道德";

（2）道德规范只有化为人的内在德性（成性）才会达到实然与应然、自由与规范相统一的理想境界。

12. 中国哲学对语言的思考是在五大关系中展开的：

"道与言"——大道不可言说，所言非道；

"德与言"——德者必有言，言者不必有德；

"名与言"——名不正则言不顺，言不顺则事不成；

"意与言"——得意忘言、言不尽意；

"禅与言"——不立文字，不落言诠。

在思考这五个问题时，古代哲学家虽然也思考过认知语言的特点，如语言对思想的制约（言不尽意）。但最关注的是价值语言问题，认为价值语言不仅有独特的内容而且有独特的风格和形式。如孔子云："刚毅木讷近仁""巧言令色鲜仁""仁者其言也讱"，就是对仁者语言风格的要求。因此，可以通过语言风格认识人们的价值意向以及人格品位。

13. "阴阳之谓道""生生之谓易"（《周易》），是中国哲学最基本的观念。"阴阳"是本体，"生生"是作用；"阴阳"是根源，"生生"是派生；"阴阳"是原因，"生生"是结果；"阴阳"是规律，"生生"是价值。"阴阳"与"生生"是体与用、本与末、因与果、真与善的关系。故《易》云："天地之大德曰生。""大德"即价值。

14. 对于"治世"来说，古人提出的任务是"正德、利用、厚生"；对于"人生"来说，古人提出的目标是"立德、立功、立言"。二者都把道德置于首位，表明了精神文明高于物质文明，价值理性重于工具理性的价值取向。

15. 中国人用以进行道德批评和道德谴责的话语有：伤天害理、丧尽天良、昧着良心、衣冠禽兽、人面兽心、狼心狗肺、毒如蛇蝎等。这些话语蕴含着两大观念：（1）道德是天理、良心；（2）道德是人之为人的标志，是人与动物区别的标志。由此看来，在中国传统思想（儒家思想）中，道德与宇宙法则（天理）、人的本性（良心）有着内在的统一性，它是"天人合一"的凝聚点。

16. 中国哲学视人与天地为一体，这种一体观包含多重意义。一是人乃天地所生。"天地之生人为贵。"（孔子）二是性由天地所命。"天命之谓性。"（《中庸》）三是人是天地之心。"人者，天地之心也。"（《礼记·礼运》）四是人与天地合德。"大人者，与天地合其德。"（《周易·系辞》）五是人赞天地化育。"能尽人之性，则能尽物之性；能尽物之性，则可以赞天地之化育。"（《中庸》）六是人法天地之道。"人法地，地法天，天法道，道法自然。"（《老子》第二十五章）这些含义总括起来，就是"天人合一"。

17. 以《易传·系辞》"一阴一阳之谓道，继之者善也，成之者性也"言之。老子重在讲"一阴一阳之谓道"一句；孔子重在讲"继之者善也"一句；孟子重在讲"成之者性也"一句。老言"道"，孔言"善"，孟言"性"。

18. 《礼记》云"人者，天地之心也"。意思是说人是天地的灵明，是天地的自我意识。天地万物原本无自我意识，只是当人出现之后，才有了自我意识。这种观念既是对人的价值的弘扬，也是对人与天地万物为一体的认定。既然天地已经有人做心，张载为什么还提出"为天地立心"呢？这是因为，人作为天地的灵明、天地的自我意识，是一个总体判断，而不是个体判断；是就整体人类的共性而言的，而不是就每一个人的特性而言的；是就人之所以为人的本质而言的，而不是就每一个人的现实表现而言的。于是，对每一个人而言，它就成了一个"人本应如此"的判断，而不是一个"人人事实如此"的判断。因此，每个人要成为天地之"心"、配做天地之"心"，就必须"立"。所谓"立"，就是使自己成为一个真正的人。儒家哲学的根本宗旨就是通过道德修养和事功磨炼来"立人"，"立人"就是"为天地立心"。于是乎道德修养的

"为人"之事,也同时是"为天"之事。

19.《大学》云:"大学之道,在明明德,在亲民,在止于至善。"此其为"三纲领"。以此论中国哲学诸家之异,可见:道家重"至善",但不重"明德",不言"亲民";墨家重"亲民",但不重"明德",不讲"至善";佛家讲"至善""明德",但不言"亲民";法家对三者都不讲;而儒家则全面坚持了此三大纲领。

20."格物——致知——诚意——正心——修身——齐家——治国——平天下",是《大学》为学、入德的"八条目"。以之为标准,衡各家得失,可以看出:道家讲"治国""平天下",但不讲"修身""齐家""正心""诚意",更不言"格物""致知";墨家重"格物""致知",也讲"修身""齐家""治国""平天下",但不讲"正心""诚意";法家讲"格物""致知""治国""平天下",但不讲"修身""齐家""正心""诚意";佛家只讲"正心""诚意""修身",其他皆不讲;只有儒家兼顾了八条目中的各个环节。

21.《中庸》一书对于天命、人性、道体、教育从形上到形下逐层言说,形成一哲学系统。以之为坐标系,观照诸家,可以提供一新的理解角度。道家重视"天命之谓性"(天命即道),佛家重视"率性之谓道"(性即佛性),儒家重视"修道之谓教"。在儒家中,孔子重"修道之谓教"。孟子重"率性之谓道",汉儒重"天命之谓性",宋儒则全面阐发了"天命之谓性,率性之谓道,修道之谓教"。

22. 个人与社会的矛盾包括多方面、多层次的内涵。例如个人利益与社会利益的矛盾;个人需要与社会需要的矛盾;个人评价与社会评价的矛盾;个人的美好理想与社会的污浊现实的矛盾;个人价值与社会价值的矛盾;个人自由与社会规范的矛盾等。正是处理这些矛盾的不同方式,形成了不同的人生态度:儒家的"入世"、道家的"超世"、佛家的"出世",都是处理个人与社会矛盾的不同方式。

23. 儒释道三家都有超越意识，但各自的特点不同。儒家的"克己复礼""见利思义""杀身成仁"，重在超越个人利益，追求道德境界；道家的"绝巧弃利""绝仁弃义""绝圣弃智"，重在超越伦理道德，追求自然境界；释家的"看破红尘""四大皆空""六根清净"，重在超越现实社会，追求宗教境界。

24. 儒家是地上的树，扎根现实向上长；道家是天上的云，无牵无系逍遥游；佛家是水中的月，世界万象皆空幻。儒家是现实主义，道家是浪漫主义，佛家是虚无主义。

25. 老子将"道"自然化，孔子将"道"价值化。自然化之"道"以"真"为宗旨；价值化之"道"以"善"为内涵。

26. 儒家教人"尽力而为"——发挥能动性；
　　道家教人"量力而行"——尊重规律性。

27. 儒家教人"与天地参"（《中庸》），道家要人"与天为徒"（《庄子·人间世》）；儒家教人"与人为善"（《孟子·公孙丑上》），道家要人"与世无争"。由此可见儒、道两家处理"天人关系"和"人际关系"的不同原则。

28. 统合儒、道的"道德"：与天为徒，与物为友，与世无争，与人为善，与己为德。

29. 儒家要人"助人为乐"；
　　佛家要人"自得其乐"；
　　道家要人"任性而乐"。

30. 儒家温和；
　　墨家朴实；
　　道家旷达；

法家严谨；

　　易家智慧。

　　儒家教人心安理得；

　　道家教人心旷神怡；

　　释家教人心平气和；

　　法家教人心直胆正。

31. 庄子对宇宙来源问题"存而不论"，

　　孔子对传统文化典籍"述而不作"；

　　庄子洒脱而孔子严谨，

　　庄子浪漫而孔子保守。

32. 中国古代哲学关于"人的价值"的论证有两条思路：一是儒家的人性论思路，二是道家的生命论思路。人性论思路是以人性的善或恶推导出人的价值。例如，孟子一派从"人性善"推导出人的道德价值，荀子一派从"人性恶"推导出人的礼法价值，生命论思路是以人的自然生命推导出人的价值。例如，老庄认为人的生命源于自然，因此，"自然无为"才是人的价值所在，即人的生命本身就具有至高无上的价值。

33. 先秦哲学家深感价值选择中有困惑：

孟子云："鱼我所欲也；熊掌亦我所欲也。二者不可得兼。"（《孟子·告子上》）

庄子云："辞受取舍，吾将奈何？"（《庄子·秋水》）

墨子云："今当凶年，有欲予子随侯之珠者，不得卖也，珍宝而以为饰。又欲予子一钟粟者。得珠者不得粟，得粟者不得珠，子将何择？"（说苑·反质）

34. 孔子重"道德自律"，荀子重"道德他律"。重自律的根据是"人性善"，基于对人的良知高度信任；重他律的根据是"人性恶"，源于对人的自觉性缺乏信任。

35. 对哲学文本的解说要靠知识，而对文本的解读则要靠智慧。汉儒的注经是知识运作方式，宋儒的解经是智慧升华方式。汉儒形成的是学问，宋儒形成的是哲学。

36. 中国儒家哲学是一种"化本体为主体"的哲学。在孔子的观念中，有本体意味的"天"和"天命"虽然还有一定的位置，但已经无关紧要，孔子对其采取存而不论的态度。孔子关注的是"立人"，而"立人"的方式不是凭借"天命"，而是发挥来源于"天"而又体现于人的主动性、自觉性和积极性。这种"化本体为主体"的哲学，就是人学。

37. 中国先秦儒家哲学的本体论薄弱，因此，它提出的政治、伦理主张，具有"只讲道德，不讲道理"，"只提要求，不说理由"，"只谈应然，不论必然"，"只重善德，不重真理"，"只有论断，没有论证"的鲜明倾向。这种倾向，容易形成一种"话语霸权"——"政治话语霸权"和"道德话语霸权"。

38. 由孔子的"立己立人""达己达人"到中庸的"成己成物"是从"己"到"人"再到"物"的关于价值的发展过程。

39. 哲学应引导人们把真理、价值、德性三个环节相贯通，即用真理指导价值，以价值体现真理；把价值化为德性，以德性承载价值。《周易·系辞》云："一阴一阳之谓道，继之者善也，成之者性也。"这种继（继承）道为善、成（实现）善为性的观念，深刻地蕴含着真理（道）、价值（善）、德性（性）相贯通的思想。只有三者相贯通，才能达到"继道成性，以性载道"的人生境界。

40. 孔子言"为仁"，孟子言"尽心"，《大学》言"明德"（"至善"），《中庸》言"至诚"，此儒家之大纲。

41. "天人合一"的中介：
孟子以"性"合（知性知天）；

《中庸》以"诚"合；

《易传》以"德"合（与天地合其德）；

宋明理学以"仁"合。

42. 中国儒家在"天人合一"的思维方式中确立人的主体性，认为人的主体性在于：

体现天地之性，所谓"天命之谓性"（本性上的主体性）；

赞助天地之化，所谓"赞天地之化育"（能动性上的主体性）；

实现天地之境，所谓"高明、博厚"（价值上的主体性）；

处于天地之中，所谓"发育万物，峻极于天"（地位上的主体性）。

《中庸》集中地表达了这种主体观念。

43. 道家：

哲学上——自然主义；

政治上——无政府主义；

文艺上——浪漫主义；

人生上——自由主义、无为主义。

44. 道家的智慧观可以用"玄览"和"神遇"来表述。老子说："涤除玄览，能无疵乎？"（《老子》第十章）庄子说："不以目视，而以神遇"（《养生主》）。"玄览""神遇"就是以形上之道去认识和把握事物，即"以道观之"。而要达到"玄览""神遇"的认识境界，就必须"为道日损""绝圣弃智（知）"，去除"成心"，也就是超越狭隘的知识、经验和私心、私见，从而使心如明镜，毫无瑕疵。在老、庄看来，狭隘的知识、经验和主观的私心、私见，不但对人的认识无益，而且有害。它遮蔽了智慧，束缚了思维，堵塞了通向真理的道路。所以，只有超越"知识"，才能达到"智慧"。

45. "四圣谛说"是原始佛教的基本义理，因而也就是佛教哲学的纲领。"苦谛"认为世间一切皆苦，生、老、病、死是生命普遍的苦相，这是佛教的人生观；"集谛"认为苦恼是由种种因缘积集而成的，世界万有皆是缘集而生的现象（色），无独立自性，本性是空（空），这是佛教的世界观；"灭谛"是指超越苦恼、远离现象的寂灭境地，特别是自由无碍的心灵境界，亦即涅槃境界，这是佛教的价值观；"道谛"是指达到寂灭境地、觉悟境界的实践方式和修行方法，这是佛教的方法论。"苦谛""集谛"揭示世俗的此岸世界的本质，"灭谛"说明了信仰的彼岸世界的特征，"道谛"架设了由此岸通向彼岸的桥梁。

46. 佛教既言"色空"又云"实相"，似有矛盾，其实二者所指不同。现象是空，本体是实；此岸是空，彼岸是实；世界是空，佛法是实。因为"在空"，所以"求实"。归根结底，言空说无是为了追求一个"既真且实"的精神家园。

47. "本来面目"是禅宗的终极关怀。慧能云："不思善，不思恶，正与么时，那个是明上座的本来面目？"（《坛经》）"本来面目"是人类的原初本性，是人心灵和精神的本初状态。在这种状态下，人与自然浑然一体，无外向的主客关系；人的自身绝对同一，无内在的善恶区分。因之，"本来面目"的特性是纯粹无杂、纯净无染、纯真无伪、纯朴无饰的。它是人一念未生之时心灵和精神的圆满、澄明境界，"到一念不生之处，便是本来面目"（《圆悟经》卷十六）。然而，随着人的自我意识（"六根"）的产生，人就有了分别心，执着于是非、善恶、美丑、得失、荣辱、穷达的分辨和取舍，由此导致了"本来面目"的失落。所谓"一念不生全体现，六根才动被云遮"。禅宗的宗旨就是重现人的本来面目。而重现人的本来面目的途径，就是"休歇"。所谓"休歇"，即消解自我意识，涤除相对知识，抛弃对立概念。"两头俱截断，一剑倚天寒"。这与胡塞尔现象学的思路可谓不约而同、不谋而合。现象学认为，哲学是"考古学"，其任务就是追求一切认识的"根源"或"开端"，达到认识的终极基础。而实现这一目标的基本方法是"还原"。即把一切经验知识、逻辑思维及其所构成的一切认识对象，都加上"括弧"，"悬置"起来，存而不论，"直面事物本身"。通过"现象学还原"，使人回到"本源性"状态。"本源性"状态是一种主客不分、思存同一的状态。禅宗的"本来面目"追求和"休歇"法，与现象学的"本源性"追求和"悬置"法，有异曲同工之妙。而且，这种追求和老子通过"绝圣弃智""绝巧弃利"的途径"复归于婴儿"，也是同一思路。

48. 青原惟信禅师云："老僧三十年前未参禅时，见山是山，见水是水。及至后来，亲见知识，有个入处，见山不是山，见水不是水。而今得个休歇处，依前见山只是山，见水只是水。"（《五灯会元》卷十七《惟信》）这是有名的禅悟三阶段命题。从哲学视角言之，此三阶段是肯定——否定——否定之否定的过程。肯定阶段是执着于物我（山水与见者）、彼此（山与水）二元对立的阶段，总认为事物的确定性是绝对的、不变的，这是常人的认识水平。否定阶段是消解了差别和对立的阶段，在这一阶段事物的确定性消失了，彼此之间的区分也只是相对的，这是初悟者的认识水平。否定之否定阶段是扬弃了"相对性"的阶段，在这一阶段一切听之任之，不用知觉，不假思索，由物自在，任物自然，接受现成。既然扬弃了事物区分的"相对性"（见山不是山，见水不是水），仿佛又回归到事物区分的"绝对性"（见山只是山，见水只是水）。然而，"回归"只是形式上的，实质上是超越，超越到了一新的境界。这是彻悟者的智慧境界。如果说第一阶段执着于事物的区分，是绝对主义。第二阶段消解了事物的区分，是相对主义，那么，第三阶段把主体也消解了，是自然主义，所以说"得个休歇处"。这一阶段类似于庄子的"以道观之"。

49. 孔子曰："从心所欲不逾矩"，这是一种很高的人生境界。它是意志与规范的统一、能动与受动的统一、主观与客观的统一、自由与必然的统一、灵活性与原则性的统一。在现实生活中，人们往往"从心所欲"时却"逾矩"，而"守矩"时又不能"从心所欲"，也就是说，在追求意志自由时不守规范，在发挥能动性时违背规律，在运用灵活性时放弃原则，反之，守规范时少自由，循规律时无创举，遵原则时不灵活。犹如俗话说的"一管就死，一放就乱"。总之，很难处理好"欲"与"矩"的关系，很难做到"管而不死，放而不乱"。孔子说他到七十岁时做到了"从心所欲不逾矩"，其实恐也未必，这应该是人一生追求的境界。这种境界，乃圣人境界，也即"天人合一"的境界。

50. 孔子仁学之纲：

孝者仁之本（"孝悌其为仁之本"）；

爱者仁之性（"仁者爱人"）；

礼者仁之经（"克己复礼为仁"）；

智者仁之助（"智者利人"）；

义者仁之功；

友者仁之辅（以友辅仁）；

天者仁之源；

利者仁之害；

恕者仁之态；

人者仁之体；

勇者仁之力；

静者仁之境；

乐者仁之用（仁者不忧）。

51. 孔子论智：

明者智之用，动者智之态，乐者智之境，仁者智之帅，知者智之性。（智者乐水，仁者乐山；智者动，仁者静；智者乐，仁者寿）得者（不失人，不失言）智之功，诚（知之为知之，不知为不知）者智之质。

52. 孔子的超越途径：

"见利思义"——价值超越；（《论语·宪问》）

"见贤思齐"——人格超越；（《论语·里仁》）

"见危授命"——精神超越。（《论语·宪问》）

53. 孔子对《易》情有独钟。曾云："假我数年，五十以学易，可以无大过矣。"(《论语·述而》)又史载："孔子读易，韦编三绝。"然而，《论语》中却不见阴阳二字，何也？愚以为，此乃孔子不重形上之思之故。孔子重人事，不重天道；重形而下，不重形而上，故子贡曰："夫子之文章可得而闻也，夫子之言性与天道，不可得而闻也。"(《公冶长》)阴阳之道，乃天道也，岂可闻于孔子。然而，孔子读《易》何为也？为人道也。《系辞下》云："《易》之为书也，广大悉备，有天道焉，有人道焉，有地道焉。"天道、人道者何？"立天之道曰阴与阳，立人之道曰仁与义。"孔子的关注点不在"阴阳"而在"仁义"。

54. 孔子的"仁"学体系：

"仁"的内涵："仁者，爱人。"

"仁"的基础："孝弟者，其为仁之本欤？"

"仁"的目标："己欲立而立人，己欲达而达人。"

"仁"的途径："克己复礼为仁。"

"仁"的心理："己所不欲，勿施于人。"

55. 孔子"仁"的涵义：

"仁"是人的基本规定性："仁者，人也"(《中庸》)；

"仁"是爱人的情感："仁者，爱人"；

"仁"是对人的宽容心态："己所不欲，勿施于人"(《论语·卫灵公》)；

"仁"是自我与他人价值的确立和实现："己欲立而立人，己欲达而达人"(《论语·雍也》)；

"仁"是"礼"的目标："克己复礼为仁。"

56. "名者，实之宾也"(《庄子·逍遥游》)，意在说明"实"是"名"的基础，"名"是由"实"决定的。然而，"名"也不是消极、被动的。"名"对"实"也有重要作用。其积极性作用在于：

(1) 提升"实"的层次——"高名"可使"低实"提升；

（2）促进"实"的发展——"盛名"可通过名实相副使"劣实"发展；

（3）制约"实"的方向——"名"可制约"实"的方向使其与自己一致；

（4）矫正"实"的偏离——"名"可使偏离了"名"的"实"得到矫正。

这些作用发生的机制是"名"总是要求"实"与自己相符。孔子主张"正名"，就是为了发挥"名"的作用，以名正实、以名矫实。正由于"名"的这种作用，所以人们总是非常重视命名、定名和更名。

57. 荀子曰："名者，实之宾也"，这是说"实"对"名"有决定作用；孔子曰："名不正则言不顺，言不顺则事不成"，这是讲"名"对"实"有主导作用。"名""实"是相互依赖、相互作用的。只谈"实"对"名"的作用是形而上学，只谈"名"对"实"的作用是唯心主义。

58. 荀子对社会有着深刻的见解。他不但把结成社会（"为群"）作为人区别于动物的标志，而且具体分析了社会的形成条件和构成要素。他说："（人）力不若牛，走不若马，而牛马为用，何也？曰：人能群，彼不能群也。人何以能群？曰分。分何以能行？曰义。分以义则和，和则一。一则多力，多力则强，强则胜物。"（《王制》）"分"指个体的利益范围和权利界限，"义"指个体的义务承担和道义自觉，"和"指人与人之间的和谐关系，"一"指统一的整体。在荀子看来，"分""义""和""一"是社会形成的条件和基础。其中，权利（"分"）与义务（"义"）的结合，是和谐（"和"）与统一（"一"）的前提。个体的利益范围和权利界限是由制度法律来规定的，个体的义务承担和道义自觉是由道德教化来支撑的，因此，在荀子的社会观中，制度、法律、道德是形成和构成社会的基本要素。

59. 《中庸》的真、善、美：
"至诚"是本体论，取向是"真"；

"中和"是方法论，取向是"善"；

"高、明、博、厚"是价值论，取向是"美"。

60.《中庸》认为"至诚"的意义有四个方面。

确立人的主体性："赞天地之化育，则能与天地参"，即人与天地并立为三；

培养人的道德性："唯天下至诚，为能尽其性"；

增强人的智慧力："能尽其性，则能尽人之性"；

实现物的价值性："能尽人之性，则能尽物之性。"

61. 老子哲学之纲：

无者道之性——本体论［道常无为而无不为（《老子》第三十七章）］；

反者道之动——运动观［"反者道之动，弱者道之用，天下万物生于有，有生于无"（《老子》第四十章）］；

柔者道之用［"弱之胜强，柔之克刚，天下莫不知，莫能行"（《老子》第七十八章）］——价值观；

损者道之方［"为学日益，为道日损，损之又损，以至于无为"（《老子》第四十八章）］——方法论；

欲者道之病［"五色令人目盲；五音令人耳聋；五味令人口爽；驰骋畋猎，令人心发狂；难得之货，令人行妨"（《老子》第十二章）］——人性论。

62. 老子曰："为学日益，为道日损。"深刻地揭示了"知识"与"智慧"的矛盾。

63. 老子曰："失道而后德，失德而后仁，失仁而后义，失义而后礼。礼者，忠信之薄而乱之首也。"（《老子》第三十八章）这里的"德"，非指道德，而是指从"道"那里得到的性质。"道"是本体，把握本体的是哲学；"德"是事物的性质，认识事物性质的是科学；"仁义"是道德，弘扬道德的是伦理学；"礼"是制度，确立制度原理的是政治学。在老子看来，哲学是人类精神的最高层次，而政治学是最低层次。

64. 庄子提倡自然，他反对人为了某种外在追求而装模作样、装腔作势的做作；反对人为了掩饰自己的本然而矫揉造作，乔装打扮，故作姿态。他认为这样做作很不自然，不自然就丧失了"本真的自我"。

65. 庄子在《齐物论》中言"吾丧我"。"吾"与"我"的区分是本我与现我、真我与假我、共我与殊我、大我与小我、神我与形我的区分。因此，"吾丧我"就是对现我、假我、殊我、小我、形我的突破和超越，是从有限之我向无限之我的升华，亦即由异化之我向本然之我的复归。依循庄子的哲思，作为本我的"吾"其实就是"与道合一"的我、自然之我。

66. 在《齐物论》中，庄子以"天籁"与"地籁""人籁"对言。"人籁"是人吹比竹之声，"地籁"是风吹众窍之声，那么何谓"天籁"呢？"天籁"即超越于所有特殊之声的自然之声。自然之声既不依赖于声音的主体（人、地），也不依赖于声音的客体（竹、窍），它"自取""自已"，是没有另外的驱动者（"怒者"）的。就是说它是无待的。这种"天籁"只能是宇宙之音、本体之音、大道之音，可谓"此曲只应天上有，人间哪得几回闻"。然而，在庄子看来，"天籁"虽然超越于"人籁""地籁"，却又在"人籁""地籁"之中，犹如本体之道在各个具体事物之中一样。

67. 董仲舒在"天—王—民"的关系结构框架中，确立了民的地位和价值。其内容是：

（1）民生于天，他说："天之生民非为王也"；

（2）立王为民，他说："天立王以为民也"；

（3）贼民天夺，他说："（王）其恶足以贼民者，天夺之。"（《春秋

繁露·尧舜不擅移汤武不专杀篇》)

68. 司马迁"究天人之际"探索的主要问题是：

（1）自然与社会的关系；

（2）天命与人力的关系；

（3）规律和人的能动性的关系；

（4）客体与主体的关系。

69. "故"之本意指"原因""缘故"，引申为"存心""有意"。持之有故、无缘无故、莫名其故等语中的"故"皆原因、缘故之义；故作姿态、故弄玄虚、明知故犯、欲擒故纵中的"故"皆存心、有意之义。原因之"故"，《墨经》将其转化为哲学范畴，用以表示论断得以成立的根据或理由。曰："故，所得而后成也"，又曰："以说出故。"存心、有意之"故"，王充将其上升为哲学范畴，用以表示目的或意识。曰："天，不故生物而物自生。"(《论衡·自然》)意谓"天"是没有意识、没有目的的，万物生成是自然而然的过程。批判了把天神格化的神学目的论。

70. 宋代哲学家张载说："自明诚，由穷理而尽性也；自诚明，由尽性而穷理也。"(《正蒙·诚明篇》)前者是从认识天理到实现人性的超越道路，后者是从实现人性到认识天理的超越道路。在儒家哲学中，一方面，"性"与"理"有着内在的同一性。以关系言，"理"是"性"的本源，"性"是"理"的体现；以内容言，"理"与"性"都是真和善的统一。所以二者可以互为提升的动力和条件。然而，另一方面，"性"与"理"又有区别。就关系言，"理"是体，"性"是用；就内容言，"理"是以真摄善，"性"是以善统真。于是，自明而诚（"由穷理而尽性"）与自诚而明（"由尽性而穷理"）就形成了由体到用、从真到善和由用到体、从善到真两条不同的超越道路。可见，张载的"明诚观"，蕴含着深邃的哲理。

71. "人生在世"是本体论（存在论）问题，"人活一世"是价值论问题。张载认为"人生在世"有两大矛盾：（1）天地之性与气质之性的矛盾；（2）德性所知与见闻之知的矛盾。而"人活一世"就必须实现气质之性向天地之性的复归，实现见闻之知向德性之知的升华，前者是"尽性"，后者是"大心"。他认为只有"不以嗜欲累其心"才能"尽性"，"不以见闻梏其心"才能"大心"。而"大心"的关键在于：第一"立心"（不能徇象丧心）；第二"明道"（不能以我视物，而要以道体物我）。"立心"相对于"徇象"（见闻）言，"明道"相对于"有我"言。

72. 北宋哲学家张载把超越之心称为"大心"，他说："大其心则能体天下物。"又说要达到"大其心"的超越境界，就必须"不以见闻梏其心""不以嗜欲累其心"。"不以见闻梏其心"即超越经验之知，"不以嗜欲累其心"即超越物质之欲。在他看来，只有"不以见闻梏其心"才能"为天地立心"，只有"不以嗜欲累其心"才能"为生民立命"。从而实现哲学的崇高使命。

73. 朱熹的"理"是价值与本体的合一，既是宇宙本体，又是价值理想。近代以前，学者着重宣扬其价值义，以"天理"为"应然"之理；近代、现代以来，学者以西方哲学规范析之，多言"理"的本体义，以"理"为"必然"之理、"实体"之本。

74. 王阳明反复强调要把握他的"知行合一"的宗旨。他说"若知得宗旨时，即说（知行是）两个也无妨，亦只是一个；若不会宗旨，便说（知行是）一个亦济得甚事？只是闲说话。"（《传习录上》）那么，什么是"知行合一"的宗旨呢？在王阳明看来，知行问题有认识论和价值论两个层次，知行"为什么是合一的"是一个认识论问题，而知行合一"有什么意义"是个价值论问题。宗旨则是"知行合一"的价值目的问题。概而言之，"知行合一"的宗旨是扬善惩恶，即把封建道德的"知"化为"行"（不实行不是真知），予以落实；把反封建道德的

"知"（意识、念头）说成"行"（有恶念即是恶行），予以消除。

75. 王阳明曰"物是事"，又说"意之所在便是物"。前一句是以"事"为中介，引物归心，因为"事"以"人"为主体，以"心"为主导；后一句是以"意"为溶剂，化物为心，因为"意"是"心"之所以，"物"是"意"的对象化。二者结合论证了"心外无物"。

76. 王阳明批评朱熹的"天理"与"人心"的关系时，指出了两点：一是"外"，即把"天理"说成外在于"心"；一是"蔽"，即要人于事事物物上求"理"。"外"是本体论批判，"蔽"是认识论批判。

77. 王阳明：
反对教条主义，主张经验主义；
反对科学主义，主张人本主义；
反对知识崇拜，主张道德崇拜；
反对外求，主张内求；
反对工具理性，高扬价值理性。

78. 王阳明哲学的进路，可分为三步：第一步，是把理本论转换为心本论，提出"心外无物""心外无理"；第二步，是把心本论落实到认识论，提出"知行合一"；第三步，是把认识论再升华到主体论，主张"致良知"。把理本论转换为心本论，是为了把价值内化；把心本论落实到认识论，是为了把价值行为化；把认识论升华到主体论，是为了把价值主体化。这一哲学进路的宗旨，是通过不断增强道德价值的主体性，以强化道德价值。

79. 王阳明哲学的根本精神是主体精神。"心外无物""心外无理"是以"心"为主体的本质，"知行合一"是以"行"为主体的表现，"致良知"是以"良知"为主体的动力。王阳明认为，人是主体性的存在，而且是精神主体性的存在。如果说朱熹哲学是以客体制约主体的话，王阳明哲学则是以主体承载客体，驾驭客体，生成客体，甚至消解客体。

80. 王阳明哲学的宗旨是"建立主体"，他所建立的主体不是改造自然的社会主体，也不是认识客体的认识主体，而是作为价值源泉、价值动因和价值标准的价值主体。王阳明建立价值主体遵循的思维进路有五个方面。

（1）"心外无理"（心、理一体化）——取消主体之外的本体，使程朱的本体之"理"主体化，以主体之"心"为本体。为价值主体建立本体根据。

（2）"物即是事"（物、事同一化）——否定物的客观实在性，化客体存在为主体活动，化"实然"所在为"应然"所指。为价值主体确立主导地位。

（3）"知行合一"（知行合一化）——否认认识的独立性，化认知活动为价值活动，使认知价值化；化价值觉悟为价值行为，使价值实践化。为价值主体锻铸实践品格。

（4）"致良知"（良知本体化）——把人的先验的价值意识普化为万物本性，扩充为世界本质，使世界价值化，使本体主体化。为价值主体树立终极宗旨。

（5）"格物即正心"——把格物致知的认知活动归结为主体内心的道德修养，以价值意识修养取代客观认识活动，使客观活动主观化、外向型活动内向化。为价值主体设置优化途径。

81. 苏格拉底认为"不行善者不是真善"，与王阳明的"知行合一"相似。

82. 怀特海把"实体"化为"事件"，与王阳明把"物"释为"事"相似。不同之处在于，王阳明的"事"是人为之事、道德之事，而怀氏的"事"是指相联系、有组织的某种存在。

83. "关中三李"的关学特征：

李二曲是理学形态的关学；

李因笃是经学形态的关学；

李雪木是诗学形态的关学。

84. 观照"关中三李"的三维坐标。

（1）时代学术之维：17世纪启蒙思潮使中国哲学和思想由道向器，由理向欲，由形上向形下，总之由虚（心性之学）向实（经世致用）转向。在学术上的表现是由理学向经济（政治学），由理学向史学，由理学向考据学转向。即由哲学转向政治学、历史学、实证学。

（2）历史传统之维：关学700年的传统中一直体现着"经世致用"的学风。

（3）地域文化之维：关中文化的纯朴、质实、厚重风格。

此三维互用，形成了"三李"的"求实"精神。

85. 熊十力的哲学是原创性哲学，其原创性在于他提出了自己的本体论。即"体用不二"。如果说冯友兰的"新理学"是接着程朱讲、贺麟的"新心学"是接着陆王讲，二者都是"接着讲"的话，那么，熊十力则是"自己讲"。如果冯友兰、贺麟是新儒学的话，熊十力则是"新哲学"。

86. 20世纪80年代以来，中国知识分子又一次并不懈地向西方祈求智慧。向康德祈求主体性的智慧，向西方马克思主义祈求批判异化的智慧，向萨特祈求人的自由的智慧，向尼采祈求重估价值的智慧，向弗洛伊德祈求潜意识、性本能的智慧，向海德格尔祈求人文精神（诗意）的智慧，近些年来又向胡塞尔祈求悬置经验、直观本质的智慧。这种祈求的原因是认为中国传统哲学缺乏这些思想，而当今中国又需要这些观念。这种祈求的相继性历程表明，社会发展遇到的现实问题是思想观念转变和进展的决定因素。

87. 海德格尔不把"真理"仅视为认识论范畴，他以"真理"为"此在"的存在方式，此乃"真理"的存在论意义；又以"真理"为

"此在"从"遮蔽"走向"无蔽"的过程，此乃"真理"的认识论意义；还以"自由"为"真理"之本质，此乃"真理"的价值论意义。海德格尔的"真理"具有融通性特征。

88. 马克思主义劳动价值论的致思趋向是追求规律（商品生产的规律与资本主义生产的规律）与追求价值（为了无产阶级的利益和无产阶级的解放）的统一；运思方式是通过分析劳动的二重性及其所决定的商品的二重性揭示剩余价值产生的根源。因之，劳动价值论的本意是劳动创造价值，实质是商品价值体现着社会关系——人与人的关系，宗旨是揭示剩余价值——资本主义剥削的秘密。

89. 后代学者对古代哲学著作的解释，实质上都是"六经注我"，所谓的"我注六经"只不过是"六经注我"的形式、途径和手段。

90. 中国文化史上的明星相会有两次：一次是孔子与老子的会见，二是李白与杜甫的友谊。

91. 孔子崇尚周礼，所以梦见周公；
　　庄子崇尚自由，所以梦见蝴蝶。

92. 如果说孔子的人生态度是"实然"，老子的人生态度是"自然"，庄子的人生态度是"超然"，那么，陶渊明的人生态度就是"悠然"。陶诗："采菊东篱下，悠然见南山。山气日夕佳，飞鸟相与还。此中有真意，欲辨已忘言"形象地表达了他的人生态度。"悠然"是一种从容而不迫、平静而不浮躁、轻松而不紧张的状态，而这一切都源于随意而不执意、顺应而不作为、纯真而不矫饰的心态。"悠然"的人生态度是自然、实然、超然的融合，但又不等于其中的任何一种。

93. 先秦儒家中，孔子言仁，孟子倡义，荀子主礼，表现为由强调道德情感（仁），到强调道德行为（义），再到强调道德规范（礼）的思想进程。这一由内在到外在、由无形到有形、由自觉到制约的道德要求的演变，原因在于：

（1）社会中道德滑坡日益严重，需要强化约束；

（2）理论上道德评价遇到困难，需要明确标准。

94. 汉儒有将一切政治化的倾向。"儒学独尊""孔子称圣"是学术的政治化，即将先秦时诸子中的一个学术派别政治化为意识形态。"以诗为谏""以诗为鉴"是文学的政治化，即把先秦时的诗歌作为政治活动的工具。学术政治化使真理追求转化为价值追求，文学政治化使生命关怀转化为权力关怀，也就是解释学说的把"实谓"变成了"当谓"。

95. 近代以来，中国知识分子面对贫穷、落后、衰弱的中国，既痛心疾首又奋发图强，急于使它变得富强起来。于是自觉不自觉地形成了一种急功近利、急于求成的价值心态。由此提出了一些以主观代替客观、以情感取代理性、以愿望替代规律的主张，这些主张不是"急中生智"，而是"急中生愚"，结果，欲速不达，事与愿违，不但未能成功，还付出了许多沉重的代价。孙中山的"驱除鞑虏"，胡适的"全盘西化"，鲁迅的"不要读中国书"，毛泽东的"大跃进"，"高速度"，"一万年太久，只争朝夕"，都是这种心态的突出表现。

96. 治疗"精神病"：儒家是"道德疗法"，认为病因在缺德或无德，树立了道德信念，自然病愈；佛家是"心理疗法"，认为病因在"我执"之心，去了"我执"，自然祛病；道家是"人性疗法（自然疗法）"，认为病因在人性异化，违背了自然人性，回归自然本性，则去病。道德疗法靠修养，心理疗法靠智慧，自然疗法靠无为。

97. 五行的宇宙模式：五行——五星——五方——五更——五岳——五湖——五金——五色——五彩——五颜——五音——五味——五香——五谷——五体——五脏——五官——五德——五常——五福。

98. 人总是生存于形下追求与形上关怀的张力之中。这种张力，儒家以"道心"与"人心","极高明"与"道中庸"言之,道家以"为道"与"为学"言之,佛家以"真谛"与"俗谛"言之,王国维以"可爱"与"可信"言之,现代学人以"玄学"与"科学"言之,当代学者以"人文"与"科技"言之。

99. 在中国哲学看来,宇宙是"一个整体",自然是"一片生机",世界是"一团和气"。既是一个整体,便不能分割;既是一片生机,便不可僵化;既是一团和气,便不应冲突。

哲学篇

1. 世界有现象与本质的二分，社会有现实与理想的二分，人生有事实与价值的二分。现象、现实、事实是形下世界，本质、理想、价值是形上世界。本体的意义就在于超越形下世界，支撑形上世界。如果没有本体，人就不会穿透现象的迷惑，不会超越现实的局限，不会突破事实的束缚。哲学上的本体论就是阐明本体的含义和意义的理论。

2. 本体论是哲学的内容，但它基于人的"本体意识"。人的"本体意识"有观念层次，也有感情层次。感情层次的"本体意识"可以称为"本体情结"，其内涵是：人对自己自然生命的有限性的一声叹息，人对自己思想认识的纷乱性的一种梳理，人对自己灵魂的漂泊性的一种安顿，人对自己精神的躁动性的一种宁静，人对自己追求绝对自由的一种安慰，人对自己生存焦虑的一种解脱。人若没有本体依托，就会"六神无主"，甚至会"魂不附体""神不守舍"。本体追求情结与上帝信仰情结虽有不同，却可相通。

3. 本体论是对世界的"提纲挈领""提要钩玄"的把握，是对世界"隐私"的窥视，是对世界"奥秘"的言说，是对世界"内心"的倾诉，是对世界"真相"的描绘，是对世界"内幕"的揭示，是对世界"谎言"的揭穿，是对世界"神话"的谈论，是对世界"故事"的讲述。

4. 哲学的功能有三：一曰反思本体，二曰批判现实，三曰建立理想。本体和理想都是对现实的超越，前者是复归式超越，后者是提升式超越，而为了提升必须复归。因此，反思本体是建立理想的根据和前提。

于是，本体论就成为哲学首先的和根本的内容。它既是批判现实的标准，又是支撑理想的支柱。老子的"道"、孔子的"仁"、王弼的"无"、张载的"太虚"、朱熹的"理"、王阳明的"心"、柏拉图的"理念"、黑格尔的"绝对精神"都具有这种功能。由此可见，哲学的本体论不会终结。

5. 哲学的本质在于超越：
以意义超越存在；
以价值超越事实；
以理想超越现实；
以精神超越物质；
以道义超越功利；
以无限超越有限。

为什么要超越？因为追求超越是人的本性。怎样实现超越？必须建立本体论，因为本体论是超越境界的理论支柱和精神源泉。

6. 近代以来，人类处在一个知识愈益遮蔽智慧的时代。自培根提出"知识就是力量"的口号以来，哲学实现了向认识论的转向。这种转向，既是科学知识发展的结果，又是科学知识发展的导引。于是人类的知识飞速发展，迅速增长，快速更迭，大量积累。至20世纪60年代以降，形成了"知识爆炸""信息泛滥"之势。科学知识增长的结果，一方面推动社会经济的发展，另一方面却导致了智慧的萎缩。人类越来越变得有知识而无智慧，有技能而无境界。正如印度政治家卡兰·辛格说的"知识越来越丰富，智慧却日趋枯竭"。这说明，认识论的哲学很难提升智慧，要提升智慧必须重建本体论哲学。

7. 古代哲学家思考的问题是：本体存在不存在，近代哲学家思考的问题是，本体可知不可知；现代哲学家思考的问题是：本体能说不能说；当代哲学家思考的问题是：本体（关于本体的理论——哲学）有用没用。古代哲学重本体，近代哲学重主体，现代哲学重载体（语言、逻辑、方法、工具都是思想的载体)，当代哲学重具体（现实生活领域中的哲学问题）。哲学问题因时代发展而转换。

8. 古代哲学追问"能在不能在"，近代哲学追问"能知不能知"，现代哲学追问"能说不能说"，当今哲学追问"能用不能用"，大致如此。

9. 古代哲学重本体，近代哲学重主体，现代哲学重载体（语言、逻辑、方法都是思想的工具载体)，当代哲学重具体（主张面向实际生活）。可见，从近代以来哲学家就淡化着本体、遗忘了本体，后现代主义还要消解本体。本体的遗忘使哲学工具化、生活化了，因而使哲学逐渐弱化甚至丧失了其反思、批判现实的力量，及其建构、支撑理想的功能。这种力量和功能的消失，不但会导致哲学本身的消亡，而且会使人类迷失精神家园，失落终极关怀。近代以降，人类越来越功利化、物欲化、世俗化、平面化、消费化，正是人类以工具理性压倒价值理性，以科技知识淹没人文精神，以形下姿态取代形上姿态，以常识思维遮蔽反思思维的结果。这说明，离开本体的主体是无根的浮萍、断线的风筝、无家的浪子，虽然一时会飘浮空中，最终必落入泥潭，陷入歧途。要拯救人类的精神危机和生存困境，哲学必须重建本体。重建本体是未来哲学发展的趋向。

10. 哲学与人生的关系是一个广阔的论域，也是一个深刻的论题。它可以从哲学对于人生的意义和人生对于哲学的意义两个方面论述。而且在探讨这两个方面的任何一面时，由于哲学自身的多元性和人生的多元性，因而会展开一系列论题。例如马克思主义哲学与人生、中国哲学与人生、西方哲学与人生、马克思的哲学与马克思的人生、马克思主义哲学与我的人生等。

11. 哲学是人的生存智慧。本体论、认识论、方法论所阐述的世界观、人生观、价值观，都是为了给人们指明生存的方向和方式、生存的目标和路径，亦即人的"安身立命"之所，人的"精神家园"。然而，生存智慧并非生存的知识和技能，而是指导和驾驭生存知识和生存技能的思想观念。

12. 就一般意义而论，人生对于哲学的意义可以概括为：为哲学提供形下（经验）资源。这种形下资源可以用来理解（别人的，尤其是哲学家的）哲学，也可以用来创建（自己的）哲学。没有人生的经历、经验、体验作为资源，要理解哲学、创建哲学都是不可能的。

13. 哲学对于人生的意义可以概括为：为人生支撑一种形上姿态。形上姿态就是对人生进行反思、批判的姿态，是人提升到超越性层次所具有、所采取的姿态。其内容包括两个方面：一是超越的价值境界，二是反思的思维方式。对于人生的形上姿态可以有许多说法，孔子把它叫作"闻道""谋道"姿态（"朝闻道，夕死可矣""君子谋道不谋食"）。老子把它叫作"守道"姿态（"道常无为而无不为，侯王若能守之，万物将自化"）。庄子把它叫作"以道观之"的姿态。张载叫作立于"天地之心"、立于"生民之命"的姿态。中国古代思想家、哲学家非常关注树立人生的形上姿态，着力引导人们用形上姿态去统率形下姿态，使二者统一起来。例如，《左传》云："太上立德、其次立功、其次立言，此之谓三不朽"，"立德"就是形上姿态；又如《易传·系辞》云："易者，圣人之所以崇德而广业也"，"崇德"就是形上姿态；又如《中庸》云："极高明而道中庸"，"极高明"就是形上姿态；又如《易传·系辞》云："一阴一阳之谓道，继之者善也，成之者性也"，"继道成性"就是形上姿态；又如《大学》云："大学之道，在明明德，在新民，在止于至善"，"止于至善"就是形上姿态。海德格尔说："诗意地栖居在大地上"，"诗意地栖居"就是形上姿态；毛泽东说：做一个"脱离了低级趣味的人"，"脱离了低级趣味"就是形上姿态。借用诗人的话语来说，形上姿态是"会当凌绝顶，一览众山小"的"绝顶"姿态，是"不畏浮云遮望眼，只缘身在最高峰"的"高峰"姿态。就是我们过去说的站于基本立场上、用根本观点和方法看问题的姿态，就是我们现在说的树立了正确的世界观、人生观、价值观之后的姿态。

14. 人生形上姿态的意义在于：

第一，有了形上姿态就能对人生的状态和意义进行审视、反思、批判，从而使人生的意义得到"呈现""澄明"；

第二，有了形上姿态就能对人生进行改造、提升，使人自由而全面的发展。

第一点是解释人生、觉解人生，第二点是发展人生、提高人生。马克思说：以往的哲学家都着力于解释世界，而问题在于改造世界。有了形上姿态就既能解释人生，又能改造人生。也就是说，如果人生有了形上姿态，人就能高瞻远瞩、高屋建瓴地观照平凡的人生，处理好人生的实际问题，使人生的一切活动，有"一个"制高点、大方向。孟子曰："先立乎其大者，则其小者不可夺也。"（《孟子·告子上》）具体地说，有了形上姿态就能用形上姿态观照形下问题、以超越的境界对待现实的生活、以崇高的道义引导功利的活动、以"出世"的精神去做"入世"的事业。从而使人在平常的、现实的、实际的人生过程中不断地去觉解人生的意义、提升人生的价值、创造人生的诗意、推进人生的发展。通俗地说，使人在"人生在世"的本质规定中和"人活一世"的价值活动中，能站得高、望得远、看得深、识得透、举得起、放得下。在社会功利化倾向和人的功能化倾向颇为严重的今天，确立人生的形上（超越）姿态尤为重要，也特别困难，甚至变得严峻。当前，人们采取形上姿态对待物质利益、政治权力就特别必要。这就要求人们不但要有坚持不懈的努力，而且还必须具有坚忍不拔的毅力和坚定不移的定力。走好既"立德"又"立功"、既"崇德"又"广业"的人生之路。

15. 形上追求根源于人的社会性、精神性、超越性。因此对形上姿态的追求本来应是人人都有的共性。那为什么还要学哲学呢？因为人们对形上追求的盲目而不自觉、含糊而不自明。人们并不一定认识形上姿态的必要性。因此需要通过哲学使人们对形上追求达到自觉状态，从而提高人生的质量和层次。

16. 终极关怀是人生追求的最高价值目标，它可以通过人的临终关怀表现出来。一个人的临终关怀可以映射他人生的终极关怀。例如祥林嫂的临终关怀是为土地庙捐一条门槛赎自己一世的罪名，阿Q希望自己画押时把圈画圆，曹操要侍妾在铜雀台上设帐，向自己的坟墓奏乐，严监生要人熄灭一根灯芯草以省油，秦始皇想长生不老等，都是各自的终极关怀的表现。

17. 哲学支撑人生的形上姿态之所以可能就在于哲学有本体论根基。本体论是超越性价值境界的支柱，是反思性思维方式的基地。没有本体的构建，就没有形上姿态的支撑。

18. 本体论的现实功能，可以用几句成语来概括：使人能"提纲挈领"地把握世界，"纲举目张"地解释世界，"明体达用"地改造世界。

19. 本体论的理论功能，可以借用中国古代哲学家的话语来表述："本立而道生"（孔子），"为天地立心，为生民立命"（张载）。

20. 本体论是哲学的基石，也是哲学中的理论难题。要思考和研究本体论，应遵循五个方面。

（1）本体论决定于哲学观，哲学家有什么样的哲学观，就会有什么样的本体论。

（2）普遍性与特殊性相统一，无论哪种特殊的本体论，都是对世界本原、本质、统一性、终极性的追求和思考。都是"末"中求"本"、"用"中求"体"、"在者"中求"在"、"是者"中求"是"。

（3）本体论源于人的生存的内在矛盾以及解决矛盾的企求。这些矛盾主要是有限与无限、杂多与统一、现存与超越、现实与理想、瞬间与永恒的矛盾。

（4）本体论是随着人们认识的发展而发展的，因此，具有历史性。人对本体的探寻永远没终结，没有一种本体论是绝对的终点。

（5）哲学本体论基于人人都有的本体意识，人不但有求未知、解疑惑、得实情的需要，而且还有"追根问底""探本溯源""打破砂锅问（纹）到底"的旨趣。

21. 存在是实体、性质、活动、关系的综合统一体，其中的任一因素都可能抽象出来作为本体。于是有实体本体论、性质本体论、活动本体论、关系本体论等。从不同的本体论出发可以建立不同的哲学体系。

22. 西方哲学对"我何以在"的回答：古希腊哲学曰"存在故我在"；中世纪哲学曰"我信故我在"；近代哲学曰"我思故我在"；现代哲学曰"我说故我在"；马克思哲学曰"我做（实践）故我在"。也就是说，在古希腊哲学看来本体"自在"，而在中世纪哲学看来本体是"信"（信仰）出来的，在近代哲学看来本体是"想"（认识）出来的，在现代哲学看来本体是"说"（言语）出来的，在马克思哲学看来本体是"做"（实践）出来的，在后现代哲学看来本体是"编"（本体不存在）出来的。

23. 哲学的本体论是"有"论，还是"是"论，在学术界是有分歧的。这种分歧直接起源于对西方一词的翻译。若以中文而论，"是""有"都是一种抽象。二者都是从"这是什么""这里有什么""那是什么""那里有什么"中抽象出来的。抽象出来以后，"有""是"标志的问题就成为什么是"是"？什么是"有"？回答这一问题的理论就成为"是之所以为是""有之所以为有"的本体论，亦即对于"是"和"有"本身的追问。因为相对于具体、特殊的"是"和"有"而言，对于什么是"是"？什么是"有"？这个问题是最高层次的抽象，因之，二者都是本体论。说本体论是"是"论或"有"论没有严格区分。然而，从词义来考察，"是"有本质的含义，"有"有存在的含义。说本体是"普遍本质"与说本体是"终极存在"二者仍是有区别的。

24. 宗教上的"人类中心论",是从人是"上帝"的儿子的意义上确立人类中心的;人是"神之子",所以是宇宙的中心,这是创世说的"人类中心论"。哲学上的"人类中心论",是从人是万物的主体的意义上确立人类中心的;人是"物之主",所以是宇宙的中心;这是进化论的"人类中心论"。宗教上的"人类中心论"不能成立,哲学上的"人类中心论"难以否定。

25. 宗教的"上帝"和哲学的本体虽然有"神"与"非神"的性质区别,但在地位和功能上二者却有相同之处:
（1）二者都是宇宙万物的本原;
（2）二者都有派生万物的功能;
（3）二者都是人的价值至境;
（4）二者都是人的超越性的表现。

26. 哲学是学科也是思想,而且思想的价值高于学科;哲学能优化思维也能升华精神,而且升华精神的价值高于优化思维。

27. 哲学是学术,更是思想,是学术和思想的统一。没有学术根基的思想是浅薄的常识,没有思想活力的学术是僵化的教条。而且,在二者的统一中,思想的价值高于学术的价值。因此,搞哲学,既要研究学术,更要思考问题;既要写著作,更要出思想。概而言之,既要治学,更要运思。

28. 自然科学谈"物理";
　　社会科学谈"事理";
　　人文学科谈"人理";
　　哲学谈"天理"。

29. 自然科学是"知物"之道;
　　技术科学是"制器"之道;

社会科学是"治世"之道；

人文学科是"做人"之道；

哲学是"知天"之道。

30. 中国哲学观种种：

（1）老子的哲学观："道可道，非常道；名可名，非常名"——哲学是不能用语言表达的，哲学概念也不同于具体事物的名称；

（2）孔子的哲学观："本立而道生"——哲学是由建立本体而形成的；

（3）孟子的哲学观："行之而不著焉，习矣而不察焉，终身由之而不知其道者众也"（《孟子·尽心上》）——哲学是隐含在日常生活的深层结构中发挥作用的，人们对它的指导作用往往认识不到。

31. 西方哲学观种种：

（1）哲学是"爱智慧"（古希腊）；

（2）哲学是"怀疑"（古希腊）；

（3）哲学是"人类精神的反思"（冯友兰）；

（4）哲学是"理论化的世界观"（马克思主义哲学教科书）；

（5）哲学是"时代精神的精华"（马克思）；

（6）哲学是"科学的科学"（黑格尔）。

32. 中国古代的哲学观包括三个方面。

（1）哲学对象观：如"天地有大美而不言，四时有明法而不议，万物有成理而不说。圣人者，原天地之美，达万物之理"（《庄子·知北游》）。"判天地之美，析万物之理，察古人之全。寡能备于天地之美，称神明之容。"（《庄子·天下》）"夫易，圣人所以极深而研几也。唯深也，故能通天下之志；唯几也，故能成天下之务"，"易之为书也，原始要终，以为质也"，"探赜索隐，钩深致远，以定天下之吉凶"。（《系辞》）"昔者圣人之作易也，和顺于道理而理于义，穷理尽性以至于命。"（《说卦》）"究天人之际，通古今之变，成一家之言。"（司马迁

《报任安书》）

（2）哲学内容观：如"古之所谓道术者，果恶乎在？曰：无乎不在"（《庄子·天下》）；"易与天地准，故能弥纶天地之道"，"范围天地之化而不过，曲成万物而不遗，通乎昼夜之道而智"，"易之为书也，广大悉备，有天道焉，有人道焉，有地道焉"，"六爻之动，三极之道也"。（《易传》）

（3）哲学功能观：如"昔者圣人之作易也，将以顺性命之理，是以立天之道曰阴阳，立地之道曰柔与刚，立人之道曰仁与义"（《说卦》）。"夫易，圣人之所以崇德而广业也"，"夫易，何为者也？夫易，开物成务，冒天下之道，如斯而已者也。是故，圣人以通天下之志，以定天下之业，以断天下之疑"。（《系辞》）"为天地立心，为生民立命，为往圣继绝学，为万世开太平。"（张载《横渠语录》）

33. 哲学解释应走中西互释、古今互释的路径。中西互释就是一方面以西方哲学范畴和观念解释中国哲学，另一方面以中国哲学范畴和观念解释西方哲学；古今互释就是一方面以现代的哲学范畴和观念解释古代的哲学，另一方面以古代的哲学范畴和观念解释现代的哲学。在这种阐释的过程中，难免对所释对象的文本、精神有所扭转、歪曲、误读和遮蔽，但这是无可奈何之事，这是解释活动本身的命运。

34. 哲学是"追本求源""正本清源"的学问，不是"推波助澜"的学问，更不是"随波逐流"的学问。然而，"求源""清源"却不能脱离"流"和"波"，必须沿波以讨源，溯流以穷源。如果因为波涛洪流中泥沙俱下、鱼龙混杂，而企图越过江流，直奔源头，进而达到正本清源的目的，那只能是事与愿违，劳而无功。胡塞尔的"现象学还原法"，要把一切现象"悬置"起来，直观本质，达到纯粹意识，就是一种"舍流求源"的方法。

35. 语言哲学兴起是具有必然性的。近代物质技术、物质工具、物质财富的发展，使语言、文字的使用更加广泛、更加频繁、更加迅速，也更加迫切。于是，语言文字的作用与价值显得愈益重要。这种历史背景使哲学家认识到了语言对于人的生存的重要意义，进而形成"语言是存在的家"这种观念。由语言是思维的工具、传播的工具到语言是存在之家，是对语言的本体化过程。

36. 如果说人在语言中生存，那么由于"书不尽言""言不尽意"，所以人的生存是受制的，永不自由的。

37. 以语言哲学看来，人是语言的存在，亦即"我说故我在"。那么，沉默就是不存在，谎言就是伪存在，空言就是虚存在，浪言就是过度存在。

38. 中西诠释学的共性是确立诠释者的主体地位，发挥诠释者的主体性，但二者的诠释路径有异。西方诠释学是主体用"知识"进行诠释，中国诠释学是主体用"人生"进行诠释。"知识"诠释路径的特点是：诠释图式是通过知识积累而建立的，诠释目的是达到对真理的认识，诠释方法主要是逻辑分析。"人生"诠释的特点是：诠释图式是通过人生体验而形成的，诠释目的是达到对意义的把握，诠释方法主要是直觉体悟。

39. 中国哲学着眼于"人与人"的关系，
　　西方哲学着眼于"人与自然"的关系。

40. 西方哲学本体与现象分离，认为现象不能表现本体，"他在"必定遮蔽"自在"。因此，需超越现象去追求本体之真、"自在"之美，故有裸体艺术；中国哲学本体与现象融通（体用一元），认为现象即现本体、"他在"与"自在"合一，因此无须离用求体、离"他在"求"自在"，故无裸体艺术。

41. 中国哲学与西方哲学都包含着内在的智慧矛盾。这一矛盾归根结底是本体与价值的矛盾，亦即本体探索与价值追求的张力。本体探索以求宇宙之真，价值追求以扬人生之善；本体探索以求终极存在，价值追求以立终极关怀。然而，中西哲学处理这种矛盾的方式却不相同：西方哲学以本体与表现、本质与现象、主体与客体、此岸与彼岸之二分将矛盾对立化；中国哲学以体与用、天与人、道与性的合一将矛盾同一化。具体而言，中国哲学认为"一阴一阳之谓道"与"继之者善也，成之者性也"之间是贯通的，"为天地立心"与"为生民立命"之间是统一的。故中国哲学的智慧是"圆融无碍"的，西方哲学的智慧是"冲突坎坷"的。故中国哲学多智慧之欢乐，西方哲学多智慧之痛苦。

42．"天理""物理""生理""事理""心理""伦理"，本质属于同一层次和范畴，它们相关而不相同，相用而不相合，如果说是从前者推演出后者，或者从后者推出前者，难免不遇到困难，陷入困惑。中国人总是想从"伦理"中推出"心理"（恻隐之心）、"事理"（仁政）、"生理"（仁者生生之意）、"物理"（"民胞物与"）、"天理"（"理乃仁义礼智的总名"），结果陷入道德本位主义，将道德本体化；西方人想从"天理""物理"中推出"生理""事理""心理""伦理"，结果陷入机械唯物主义、社会达尔文主义。"天理"乃哲学理性，"物理"乃科学理性，"生理"乃生命理性，"事理"（"治理"）乃社会、历史、政治理性，"心理"乃情感理性，"伦理"乃道德理性。现代新儒家的"返本开新""内圣开出新外王"就是想从道德理性、道德本体推演，开发出科学（物理）和民主（治理）。

43．中国哲学主张"体用一元"，即以体导用、以用显体、极高明而道中庸、道不离器、理在欲中、性在情中、天人合一等；西方哲学主张"体用二分"，现象和本质、自在与为我、感性与理性、人和事都是分离的、矛盾的。

44．西方哲学起源于对自然的探求，希腊的哲学家多是自然科学家，"求真"是他们追求的目标。至中世纪，宗教取代了科学的地位，宗教的宗旨在于"求善"。科学解决人的技术问题、人的物质生活问题；到了近代科学飞速发展，生产力迅速增长，财富迅速积累，把物质生活水平提高了，但精神境界的问题仍属于宗教管辖的领域。由于"真"与"善"的分离，导致了严重的社会危机，因此，爆发了两次世界大战。因此，哲学家们开始对依附于科学理性的哲学提出反思，说"要重估理性的价值"。现代西方哲学家转向"求真"与"求善"的统一。可见，西方的物文明由科学支持，而精神文明靠宗教支持。哲学其实只是科学的延伸，并没起到自身的作用。

而在中国，哲学从来都是"真""善""美"的统一。析万物之理，判天地之美，求人伦之善，统一于"道"中。所以中国哲学在社会中的位置高于西方，功能大于西方。西方的哲学被科学与宗教分解了，哲学没有自身独立之地了。而中国的哲学既没有依附于科学也没有依附于宗教。或者说，中国哲学没有分化为"求真"的科学和"求善"的宗教。所以，哲学在中国具有独特的功能。

45. 在中国哲学中的"边缘术语"如精神、物质、运动、质、量、度、对立、统一等，在西方哲学里成了范畴；反之，也是一样，在西方哲学里的"边缘术语"如道、器、阴阳、心、气等，在中国哲学里成了范畴。

46. 20 世纪初关于中国哲学合法性的讨论，是为了说明：中国也有和西方相类的哲学，因此用西方哲学的框架解释中国哲学是可能的；21 世纪初关于中国哲学合法性的反思则意在说明：中国有着与西方不同的哲学，中国的思想和学问有自身的独特性，强用西方哲学规范中国传统思想会使中国思想的固有内容或被遗失，或被扭曲，或被遮蔽，从而丧失其在人类智慧丛林中的独特价值和地位。两次关于"合法性"的讨论，一是与西方"求同"，一是向西方"取异"。无论是"求同"还是"取异"，都是为了维护中国文化和哲学的主体性。

47. "存在先于本质"是存在主义哲学的"第一原理"。萨特说：人"这一种存在物，在可受任何概念予以规定之前，就已存在。"人之初，只是虚无，只有"存在"，而无本质，无规定性；他只是存在、露面、出场。后来，他在自我选择、自我创造的过程中，把自己推向未来，才造就了自己的本质，才说明了自身。这种观点，虽然否定了人的普遍本质、先验本性，但却肯定了个人自由选择的主观能动性。

儒家哲学对人的看法与此相反，认为"本质先于存在"。"人是天心""人为至贵""人性本善"是孔孟儒学设定的人的普遍本质、先验本性，其内涵是"仁义礼智"。人的存在过程既是这种本质的展开，也是这种本质的实现。每一个人都应在本质的规定下，安置自己的存在，追求自己的目标，实现自己的价值。既然本质先于存在、本质规定存在，那么，人在存在过程中的个体性、能动性、自由性就受到了限制，而人的群体性、社会性则在共同本质的维系下得到了强化。社会群体也由此得以凝聚和巩固。

由此看来，"本质先于存在"和"存在先于本质"各有优劣。只有辩证地处理人的"本质与存在"的关系——在存在中把握本质，以本质去引导存在，才能使个体与群体全面发展，自由与规范互相协调。

48. 人文精神是尊重人的人格、维护人的权益、热爱人的生命、关怀人的生存、实现人的价值、促进人的发展的精神。但在不同的哲学视域中其含义却有差异：西方哲学重在"尊重人"（尊重人格、维护人权），讲"天赋人权"；中国哲学重在"热爱人"（关爱人生、提升人德），讲"仁者爱人"；马克思主义哲学重在"发展人"，讲"人的自由而全面的发展"。

49. "是否"是关于本体论的问题；

"能否"是关于主体性的问题；

"当否""应否"是关于价值观的问题；

"可否"是关于价值实现的问题（"可否实现"由客观条件、主观条件综合决定，即由客观可能性、主体需要性确定）；

"然否"是关于认识论的问题。

50. "立身处世"是存在论问题；

"安身立命"是价值论问题。

"立身处世"是确立位置；

"安身立命"是寻求家园。

学会"立身处世"是学习做人的道理；

寻求"安身立命"是寻找人生的境界。

"立身"要学；

"安身"要寻！

51. "人生在世"是本体论问题；

"人活一世"是价值论问题；

"立身处世"是方法论问题。

52. "元"在甲骨文中，字形下部像一个面朝左站着的人，上部"一"表示头部；本义指"头"；引申为"为首的""开始的"，又引申为"主要的、根本的"；假借指"构成一个整体的"。"原"字从"厂"从"泉"，"厂"像山崖，意为泉水从崖洞流出；本义指"水源"；递次引申义为"最初的，开始的""原来的，本来的""未经加工的"等义；而本义"水源"被"源"字取代。"源"字本义指"水流所出处"，引申义为"事物的来源或根由"。可见，"元""原""源"三字都有"开始""最初"之义，但"元"有"为首"义，"原"有"本原"义，"源"有"源头"义。如果说"原""源"二字表达的是实然之义的话，那么"元"则含有"开始的"事实之义、"首要的"价值之义，而且还有事实与价值兼备的"整体"之义。

53. "王国维问题"：在哲学中，为什么可信的不可爱，可爱的不可信？

"李约瑟问题"：中国为什么未能产生西方那样的现代科学技术？

"休谟问题"：事实判断为什么不能推出价值判断？

"康德问题"：形而上学究竟如何可能？

"韦伯问题"：儒教伦理为什么不能产生资本主义？为什么学术与政治在实现人生的意义上是矛盾的？

"亚当·斯密问题"：人的本性是自私的还是有同情心？

54. 和"理"对应的概念不同，"理"的含义则不同：

"理气"之"理"，是必然规律；

"理欲"之"理"，是应然价值；

"理情"之"理"，是理性原则；

"理势"之"理"，是历史规律。

55. 自然科学家认为人在"物"中，故有"人是机器""人是动物"之论；社会科学家认为人在"事"中，故有"历史的人""社会的人"之论；宗教家认为人在"神"中，故有"上帝造人"之言；哲学家则认为人在"天（宇宙）"中，故有"人为天地之心"之论。

56. 哲学界有"实践思维"一词，何谓"实践思维"？其含义可能有五：

一曰对实践的思维——以实践为对象的思维；

二曰为实践而思维——以实践为目的的思维；

三曰依实践而思维——以实践为标准的思维；

四曰在实践中思维——以实践为基础（过程）的思维；

五曰像实践那样思维——有实践特性的思维。

前四种含义是唯物辩证法思维的根本特征，把唯物辩证思维叫作实践思维，第五种含义则混淆了实践与思维的界限。因而，实践思维概念能否成立是值得讨论的。

57. 现实的人生有三个基本层面，这三个基本层面在三种学问中凝结沉淀：

历史是人生的记忆；

文学是人生的想象；

哲学是人生的思维。

58. 经济讲利益；
政治讲权力；
道德讲责任；
法律讲权利；
艺术讲形象；
文学讲情感；
历史讲事实；
科学讲真理；
哲学讲道理。

59. 搞哲学者易"大而不当"；
搞文学者易"华而不实"；
搞历史者易"固而不化"；
搞科学者"经而不权"（有原则性而少灵活性）。

60. "信言不美"是科学精神；
"要言不烦"是哲学气质；
"大言不惭"是狂者作风；
"空言不实"是骗子手法。

61. 科学语言，言简而意赅；
哲学语言，言近而旨远。

62. 科学知"真假"；
道德辨"善恶"；
艺术绘"美丑"；
法律明"是非"；
政治争"输赢"；

经济谈"得失"；
哲学论"好坏"。

63. "道术"是哲学；
"学术"是科学；
"艺术"是美学；
"技术"是工具；
"方术"是迷信。

64. 哲学家常说"大话"；
文学家多说"空话"；
政治家时说"假话"；
史学家爱说"旧话"；
道德家尽说"好话"；
老百姓总说"真话"。

65. 懂得哲学，才算真正懂得了理论；
懂得诗歌，才算真正懂得了文学；
懂得音乐，才算真正懂得了艺术；
懂得草书，才算真正懂得了书法。

66. 哲学是从有限走向无限的思维，
诗歌是从有限走向无限的情感，
美是从有限走向无限的愉悦。

67. 哲学、宗教、诗歌都是人对超越境界的追求，但超越的方式不同。哲学是以反思方式超越，宗教是以信仰方式超越，诗歌是以想象方式超越。可以说，宗教和诗歌是哲学的左邻右舍。

68. 人的生存环境决定人的生存方式，人的生存方式决定人的思维方式。希腊人的生存环境为半岛、海域，土地瘠薄、资源匮乏、气候恶劣、景象多变，故形成了改造自然的生存方式；为了改造自然，必须探索自然；而探索自然必然形成人与自然的主客对立关系。就决定了希腊人认识自然的思维趋向和"主客二分"的思维方式。中华民族的生存环境为大陆，土地辽阔、气候温和、水土肥沃、灌溉便利、四季分明，故形成了适应自然的生存方式，在此基础上形成了亲近自然的致思趋向、"天人合一"的思维方式。总之，以改造自然为生与以适应自然为生，决定了"天人相分"与"天人合一"两种不同的思维方式，"矛盾""和谐"的思维方式与"胜天""顺天"的生存方式是相适应的。

69. 中华民族发育于大陆的自然环境，地势平坦而辽阔，四季分明而循环，所从事的农业生产活动日出而作，日入而息，日复一日，年复一年，季节清晰，程序循环。天道（自然）和人事（农业），都以明确、简易、循环为特征，少变异、少奇险，因而中国人缺乏对自然的惊异感、怀疑感、神秘感，也缺乏探索精神和批判精神。

70. 西方文化的疯狂：火烧布鲁诺和十字军远征是宗教的疯狂，"圈地运动"（"羊吃人"）是经济的疯狂，两次世界大战是政治的疯狂，日本广岛原子弹灾难和当代一些科学家提出克隆人是科学的疯狂。中国文化的疯狂："存天理，灭人欲"是道德的疯狂（"以理杀人"），株连九族等酷刑是法律的疯狂，"文化大革命"是政治的疯狂。文化的疯狂必然会给人类带来灾害。而文化疯狂的根源在于哲学的疯狂，如毛泽东所说的"形而上学猖獗"。

71. 西方人讲"灵肉冲突"——灵魂与肉体的矛盾，认为人生的基本矛盾在"灵肉矛盾"，基督教以"灵魂"扼杀"肉欲"。文艺复兴后，"肉欲"升值，不求"灵魂"入天国，只求"肉欲"满足。

中国人讲"理欲矛盾"，特别是理学，重"理"者言"存理灭欲"，重"欲"者言"酒色财气不碍菩提路"，"酒肉穿肠过，佛印心中留"。

"理欲矛盾"是道德与人欲的对立，"灵肉矛盾"是宗教与现世的冲突。"理欲矛盾"源于孔子的"义利"对立观。

72. 西方人讲"灵肉冲突",中国人讲"理欲冲突"。二者都是关于人的精神境界和物质欲求、道德理想和功利目标的矛盾观念。然而二者的具体内涵却有差异。由于在信仰宗教的西方人看来,灵魂追求的是天国、是上帝,因此"灵肉冲突"体现了上帝与人、天堂与尘世、彼岸与此岸、信仰与现实的矛盾;由于在关注现实的中国人看来天理是天的法则、人的道德、圣人精神的合一,因此"理欲冲突"体现了天道与人心、圣人与凡人、君子与小人、道德与功利的矛盾。概而言之,"灵肉冲突"的实质是天国与现世的冲突,"理欲冲突"的实质是道德与利欲的冲突。

73. 西方文化精神中存在着理性精神与信仰精神的分裂,所以,人的内心世界有着激烈的冲突,很难和谐。中华文化精神把情感与理性、道德与知识、真理与价值都统一在"仁爱"精神之中,使"仁爱"既有理性意义又有信仰价值,因此,人的内心世界容易和谐。

74. 中西学者,对对方文化的认识,都难免有雾里看花之蔽;对对方文化的批评,也难免有隔靴搔痒之失。因为,他们各自都囿于自己的文化传统之中而不自觉。

75. 哲学精神是哲学观点与哲学方法的凝结,是哲学思想和主体人格的统一。哲学精神是"道",哲学方法是"术"。道寓于术,道统率术。因此,哲学精神重于哲学方法。哲学精神对于人生的功能,是提升人的境界;哲学方法对于人生的功能,是优化人的思维方式。以发挥哲学功能而言,发挥哲学精神的功能,比发挥哲学方法的功能更加重要。也就是说,发挥"道"的功能,比发挥"术"的功能更加重要。如果说,一个学哲学的人,其思维方式没有优化,是未学好哲学,那么,其精神境界没有提升,则等于未学过哲学。

76. "哲学"的希腊语本义是"爱智慧"。19世纪70年代,日本最早的西方哲学传播者西周用古汉语将"爱智慧"一语译作"哲学",

1896年前后,黄遵宪、康有为等把日本的译名介绍到中国,后渐通行。之所以用"哲学"二字译"爱智慧",这是由于在汉语中"哲"有聪明、智慧之义,"学"有学习、追求之义。在中国文字中与"哲"字字义相通、相关的字有"知""识""智""慧"等。那么,西周何以不用其他字译"爱智"而独选"哲"字呢?这就需要辨析诸字字义的异同了。(1)"知"的本义是"知道""了解",是动词,后引申为"知识",作名词。(2)"识"的本义是"知道""认识",是动词。引申为"记住""知识",作名词。作动词时,"知"是一般的知道,"识"是比较深的认识;作名词时,"知"指"知识","识"指"有知识""有见解"。(3)"智"的本义是"聪明""智慧"(与"愚"相对),是形容词。又与"知"相通,名词。古代有时"智"写作"知"。多知为智,故"知""智"同源。(4)"慧"是"聪明""有才智"的意思,形容词。与"智"相通,故"智""慧"连用曰"智慧"。《孟子·公孙丑上》:"虽有智慧不如乘势。"(5)"哲"是"明智"的意思,形容词。如《书·皋陶谟》:"知人则哲",《诗·大雅抑》:"其维哲人,告之话言",又《下武》:"下武维周,世有哲王",又《瞻卬》:"哲夫成城,哲妇倾城。"引申指"明智的人"。为名词。《左传·成公八年》:"夫岂无辟王,赖前哲以免也。"由此可见,第一,"智""慧""哲"三字都可以为形容词,而"知""识"则不作形容词用。作形容词是性质规定,其抽象性高于名词。第二,在"智""慧""哲"三字中"哲"字的含义有强烈的主体性。除形容一般的智慧而外,常常用以赞美有崇高智慧的人如"哲人""哲夫""哲妇""哲王""前哲"。

77. 智慧是统摄经验、知识、情感的一只"看不见的手"。它无形却有力,在人的精神世界里发挥着神奇的作用。它能将零碎的知识编织在一起使之成为一个整体的心灵。智慧与知识的区别,古代的希腊哲学家已经认识到了。赫拉克里特曾说:博学并不能使人智慧。否则,它就已经使赫西阿德、毕达哥拉斯、克塞诺芬尼和赫卡太智慧了。

78. 古人以"词"为"诗之余",亚里士多德以哲学为"物理学之后"(形而上学)。以此言之,哲学是知识的剩余,当人把知识学完之后,剩余的没有学的就是哲学,当人用科学把握世界之后,剩余的没有被把握的要靠哲学把握。

79. 在"地理——物理——生理——心理——伦理——事理——道理——天理"这一递进的系列中,体现着从物到人、从简单到复杂、从科学到哲学的逻辑线索和丰富内容。哲学是讲道理的学问,是对具体科学的升华,也是具体科学的归宿。

80. 哲学对于常识、经验、科学,既有超越的一面,又有依赖的一面。超越是指对常识、经验、科学的思维前提的反思,依赖是指对常识、经验、科学的认识成果的汲取。如果没有超越,哲学就丧失了自己的品性和功能,如果没有依赖,哲学就失去了自己的资源和营养。

81. 哲学是对智慧的热爱,而不是知识的堆积,虽然它包含着知识;哲学是对本体的探究,而不是对现象的描述,虽然它要通过现象;哲学是反思性的思维,而不是直接性的思考,虽然它也是思维活动;哲学是形而上的终极关怀,而不是形而下的功利沉溺,虽然它也注意形下问题;哲学是超越性的理想追求,而不是现存事物的维护,虽然它并不脱离实际。

82. 相对于实践之源而言,常识、经验、科学和哲学都是流。然而,常识、经验是浊流,科学是清流,哲学是洄流。洄流既面向着源头,又追问着流水。

83. 常识是边走边看,科学是边走边知,艺术是边走边欣赏,宗教是边走边求保佑。而哲学是走了一段路后,停下来回头看。此之谓"反思"。它已经不是在回头看景,而是回头看路,回头看人怎样走路。李商隐诗云:"永忆江湖归白发,欲回天地入扁舟。"

84. "反映"是科学的功能；

"反观"是历史的功能；

"反应"是艺术的功能；

"反省"是道德的功能；

"反思"是哲学的功能。

85. 哲学不仅是"提问"之学，而且是"追问"之学。"追问"有持续性（"追问"的精神）、递进性（"追问"的方式）和穷究性（"追问"的趋向）的特征。哲学正是通过持续不断地"问"，逐层递进地"问"，穷根究底地"问"，为世界探究终极本体，为科学探索最后基地，为人生寻求至上意义。持续不断地"追问"下去，最终就成了对"追问者"的"追问"本身的"追问"。而对"追问者"的"追问"本身的"追问"，就是"反问"。"反问"也 就是"反思"。

86. 反思的具体表现是追问，但追问却不一定是反思。因为不是所有的追问都能达到反思的水平。反思是最高层次的抽象思维，它是用最抽象的概念来表达的；而追问却不一定使用最抽象的概念，它可以用概念，也可以用名词。

87. 通过反思才能使我们在主观热情和客观理性、价值追求和规律遵循、乐观精神和忧患意识、"善于说是"和"勇于说非"、"热风吹雨洒江天"和"冷眼向洋看世界"的统一中，既乐观积极、昂扬热情又冷静清醒、严肃谨慎地持续发展、稳步前进、健康上升。

88. 反思有二义：一曰"反面而思"，相对于"正面之思"言；二曰"反向而思"，相对于"正向之思"言。哲学的"反思"指后者。"正向而思"的对象是存在，"反向而思"的对象是进行"正向而思"的思维。"反思"的实质就是"返思"。"正思"是"向前看"，"反思"是"回头想"——对"向前看"时的"思"回头想。

89. 反思是哲学特有的思维方式。反思的主体是人，反思的对象是人的思维和精神。具体地说，就是对人的常识观念、科学理论、艺术思想、信仰意识的根据、方法和意义进行审视、追问。反思的特点是：

（1）主体性——反思是主体发出并面向主体的思维，面向客体的思维是思；

（2）置后性——反思总是在思之后进行；

（3）间接性——反思与思的关系是直接的，而与思之对象的关系是间接的；

（4）超越性——反思的目的和意义是实现对思的超越。

90. 哲学既是对人类精神的反思，亦即对意识、经验、知识、观念、思想的反思。那么，它就不是以客观世界为对象的学科（一切知识体系都是以客观世界为对象的），而是以思想、精神为对象的学科。正由于是反思，所以，它是智慧而不是知识，是对智慧的热爱，而不是对知识的追求。

91. 哲学是反思，可以说哲学是"归家"之学。"归家"就是老子所谓的"归根曰静"，就是回到原来的出发点。"归家"不是指"守拙归田园"（陶渊明诗）的生活回归，而是"乘化以归尽"（陶渊明诗）的生命回归。生活回归是形而下的回归，生命回归是形而上的回归。人生是个人离家出征的过程，历史是人类离根长征的过程。物质文化、精神文明、科学、艺术、道德是长征过程中的各种收获。而哲学总是怀着归意，怀着乡情，追问来路，探寻归路，免得人在路上漂泊无依、游离无根，所谓"苶然疲役而无知其所归"（庄子），"行而不知归"（列子）。那么，第一，人何以在出家后又想回家，总担心离家之后失家呢？这是因为，人在宇宙中要为自己找到一个根基，找到一种维系，找到一个根据地，然后才会有位置，有能放能收、能进能退的自由。所以，家、根是人的位置基础、力量源泉（是精神的寄托所在，精神的力量来源）。"失家"就会失去这种力量。第二，人既在离家后要归家，何不一开始就守家、在家而不出不离呢？因为，不离家则无收获，也无法生存。当人出而后回、离而后归之时，虽未必能衣锦还乡，但也会果实累累；即使不能果实累累，也会伤痕累累，这依然是收获。成败、得失的收获充实了人的生活，满足了人的生存，保证了人的生命。生存——生活——生命的满足是人的本质力量的证明。但是它们有多少价值、多大意义，只有回家后才能体味，才能认识，也才能呈现。经过出家到回家、离家到归家的周期，人发生了变化：今日归家之我已非昔日离家之我了。所谓"少小离家老大回，乡音未改鬓毛衰，儿童相见不相识，笑问客从何处来"。所谓"君问归期未有期，巴山夜雨涨秋池，何当共剪西窗烛，却话巴山夜雨时"。哲学就是"少小离家老大回"的学问，是"却话巴山夜雨时"的学问。"老大回"是回到了精神故乡，"话巴山夜雨时"是回来后对"少小离家"后的征程进行反思。

92. 爱因斯坦、玻尔等物理学大师对哲学主动亲近。因为他们的工作更接近物理理论的根基，而在根基深处，物理学与哲学已浑然一体。美国著名物理学家惠勒说："爱因斯坦永远是一个局外人"，就是说，他有超越局内人的哲学视野。他还说他的老师玻尔也是"局外人"，玻尔用"互补哲学"阐释量子力学非局内人可及。惠勒指出：许多科学家不喜欢哲学，甚至讨厌哲学，以为多余，以为无所谓，以为门面语。而玻尔则自觉地以继承古希腊自然哲学传统自命，并称自己从事的事业是自然哲学。而美国著名物理家费曼却坦言，他对哲学绝无好感，他远离哲学。例如，他从来都鼓励儿子自由发展自己的爱好，但当听说儿子居然要学哲学时，他却不能同意。费曼为什么反感哲学呢？他说：招惹我的不是哲学而是浮夸。可见，在他看来，哲学有浮夸之弊，而浮夸是不能解决任何问题的。对于自己的科学工作他曾俏皮地问道："怎么样？作为一个哲学家，我做得成功吗？"

93. 近代以降，哲学生机的衰退与哲学家生活的优裕形成了"二律背反"。哲学在学科上成为专业，哲学家在社会上成了职业（哲学家多是大学教授或研究院的专职研究员），这固然保证了哲学家的生活，但却扼杀了哲学的生机。因为，哲学在本质上是"爱智"，而不是"谋生"。在当代，哲学虽然可以用来谋生、求职，但当把哲学完全当作谋生、求职的工具时，哲学的"爱智"本质就被异化了，哲学的"独立"精神、"自由"品格就失落了。此乃哲学命运的"二律背反"。

94. 德里达在《明信片》一书中说，在特定的电信技术王国中（从这个意义上说，政治影响倒在其次），整个的所谓文学的时代（即使不是全部）将不复存在。哲学、精神分析学都在劫难逃，甚至连情书也不能幸免。这就是说，在信息技术时代，哲学就要终结了。这种哲学终结论，在西方学界颇为流行，甚有影响。然而，他们所谓的哲学终结不过是"某种哲学"的终结而已，整个哲学是不会终结的，因为，形上追求是人的本性，而哲学是人的形上追求的唯一表达。

95. 哲学是一个人、一个民族的精神庙宇，它虽然没有实用价值，但却维护着人们的信仰，支撑着人们的精神，提升着人们的境界，美化着人们的心灵。如果没有哲学，人们的心灵就会被污染，残缺，甚至死亡。里尔克说："灵魂没有了庙宇，雨水就会滴在心上。"诚哉斯言！美哉斯言！

96. 著名的国际问题专家、"欧洲学"的首倡者、中国社会科学院欧洲研究所研究员陈乐民先生说："任何学问就像剥笋一样，一层一层地剥下去，剥到核心，是哲学。没有文史哲的素养，也可以滔滔不绝地讲国际问题，讲得天花乱坠，但是如果有文史哲的厚度，再说出同一番话来，穿透力就不一样了。"[①] 学问的核心之所以是哲学，是因为哲学为一切学问提供世界观的出发点、方法论的立足点和价值观的归宿点；它是一切学问的最初根据和终极关怀。

[①] 引自陈乐民《中西之间，欲罢不能》，《中华读书报》2006年3月1日第5版。

97. 哲学是一门学了之后"什么都干不了",但却"什么都能干好"的学问。

98. 哲学是智慧之学、世界观之学、人之学,而人从事任何职业、创建任何事业,都必须认识人,认识世界,具有智慧,因此,哲学对于任何人都是必要的,对于任何职业、任何事业都是有益的。

99. 如果说某些东西在学习之前认为它有趣、有用,而学后却觉得无趣、无用的话,那么哲学则是学之前认为无趣、无用,学之中觉得虽然无用但很有趣,学之后在人生的实践中会越来越感到它不但有趣而且有用,不但有用而且终身受益无穷,哲学之用是人生之用;如果说有的学科只是对从事某一职业有意义的话,那么哲学则是对从事任何职业都有意义,哲学之用是素质之用;如果说有些知识主要是对于做事有价值的话,那么哲学则对于做事、育德、成人都有价值,哲学之用是人文之用;如果说某些理论仅以求真为目标的话,那么哲学则以求真、启善、判美三者的统一为理想,哲学之用是价值理性之用。总之,哲学之用不是功利之用、知识之用,也不仅是思维之用、方法之用,而是智慧之用。

100. 哲学之"用"的特点:
(1) 隐用而非显用;
(2) 久用而非暂用;
(3) 大用而非小用;
(4) 道用而非技用。

101. 哲学的形象:
运上天下地之思;
提非古非今之问;
说似懂非懂之言;
做可有可无之事;
具半人半神之性;

处忽高忽低之位。

102. 哲学的境界：

（1）哲学境界是"至人无己"的大心境界。孔子曰"毋我"（"毋意、毋必、毋固、毋我"），老子曰"无身"（"吾所以有大患者，为吾有身，及吾无身，吾有何患"），庄子曰"无己"（"至人无己，神人无功，圣人无名"），慧能曰"无心"（无住、无相、无念、无心），都昭示人们，智慧境界是超越自我的大心之境。

（2）哲学境界是"民胞物与"的博爱境界。孟子云："老吾老以及人之老，幼吾幼以及人之幼。"张载云："民吾同胞，物吾与也。"

（3）哲学境界是"归根曰静"的宁静境界。

（4）哲学境界是"玄览神遇"的超验境界。

103. 哲学的内容包括：

（1）自然之天论——自然观；

（2）必然之势论——规律观；

（3）实然之事论——历史观；

（4）应然之理论——价值观。

104. 在哲学中认识论的困境是"越多说，越混乱"（如真理的相对与绝对问题），本体论的尴尬是"不可说还要说"。可以说，认识论的困境是"花如解语还多事"，本体论的境界是"石不能言最可人"。因此，对待哲学的最佳态度应该是："欲说还休，欲说还休。却道天凉好个秋。"

105. 防止哲学由"画龙点睛"之学沦为"画蛇添足"之学。

106. 哲学的根本精神在于对世界本体的不断追问和探究，而不在于对"本体是什么"的现成回答。尽管哲学家对"本体是什么"的问题会有自己的答案和观点（例如老子的"道"）。然而，答案和观点本身还不是哲学，只有展开、推演、论证以及阐发这一答案和观点的思维过程，才是哲学。而这一思维过程是从现象探究本体、从在者追问存在的过程。

107. 哲学运思有两个指向：一是终极追问，二是终极关怀。终极追问是探究世界的本原，即求终极之真；终极关怀是确立人生的价值，即求终极之善（包括求终极之美）。终极追问的理论形式是本体论，终极关怀的理论形式是价值论，二者统一起来就是"爱智"之学。"真"的内涵是"必然"，"善"的内涵是"自由"，因此，哲学的基本问题是"真"和"善"、"必然"和"自由"的关系问题，哲学的终极目标是"真"与"善"、"必然"与"自由"的和谐统一。科学也求"真"，伦理学也求"善"，但它们所求的"真""善"，既无终极意义，也不思考"真"与"善"之关系。

108. 把对世界各方面问题的探索和回答，按范畴的哲学逻辑推演次序，建构成一个包罗万象体系哲学的研究方式，在当代已经终结了。其原因在于：

（1）科学分化日细，难以整合；
（2）科学认识日深，无须思辨；
（3）信息流量骤增，难以统摄；
（4）社会文化多元，无须统一；
（5）思维节奏加速，难求稳定；
（6）社会问题丛生，难以总归。

109. 实现哲学的理论创新必须处理好以下几个关系：
（1）普世性原理与时代性内容的关系；
（2）范畴更新与体系重建的关系；
（3）形下关怀与形上追求的关系；
（4）思想内容与表达方式的关系；
（5）反映实践与遵循逻辑的关系。
哲学理论创新是在这些关系所形成的张力中实现的。

110. 当代哲学是淡化体系、强化问题的时代。企图建构一个庞大的包罗万象的体系，来说明世界上甚至宇宙间的各种问题，既不可能也无必要。而只有着力于对当今人类面临的诸多重大问题，进行深层次的形而上的思考，才能发挥哲学的功能，从而找到哲学新的生长点。体系的终结并非哲学的终结，而是哲学的转向。由体系哲学转向问题哲学，是当代哲学发展的大趋势。可以说，哲学果真进入"多谈些问题少谈些主义"的时代了。

111. 哲学的未来走向是：回归生活，重建本体。所谓回归生活，就是使哲学走出象牙塔，关注现实生活中的重大问题；所谓重建本体，就是使哲学避免庸俗化，重新提升到以本体论为基础的形而上学地位。只讲回归生活，不提重建本体，就会消解哲学；只讲重建本体，不提回归生活，就会窒息哲学。只有把回归生活与重建本体二者结合起来，才能既反思生活又发展哲学。

112. 一个完整的哲学体系应由本体论、认识论、价值论三部分基本理论构成，其余的历史观、人性论、方法论等都可以由基本理论引申出来。而这三大理论又形成"一体两翼"的逻辑结构，研究世界终极存在和终极关怀，从而揭示主客统一性的本体论是"体"；研究主体意识如何反映客体、认识客体，进而达到与客体本性相符合的真理境界的认识论是"一翼"；研究客体属性如何适应主体、满足主体，进而形成与主体需要相符合的价值关系的价值论是另"一翼"。认识论的致思趋向是主体走向客体，主体客体化，主体以客体为尺度，即"人依于物"；价值论的致思趋向是客体走向主体，客体主体化，客体以主体为尺度，即"物依于人"。因此，只有认识论而没有价值论的哲学，必然会导致"见物不见人"的理论后果和"人被物役"的实践后果。

113. 文化在社会发展中的重要地位和作用是由文化的特性决定的。因此，要正确认识文化的重要地位和作用，必须深刻理解文化的特性。文化的特性是：

（1）文化本质的精神性——构成文化要素的科学知识、思想观念、道德意识、情感意志、审美情趣、思维方式，其本质都是精神的；

（2）文化存在的渗透性——文化渗透于社会结构、社会生活、社会实践的各个层面、各个领域、各个过程之中，文化无所不在；

（3）文化作用的能动性——文化作为观念形态，属于上层建筑，属于社会意识，它是社会存在的反映，是由社会存在决定的，但是当它形成之后，却不是消极、被动的，而是对社会存在有着能动的反作用；

（4）文化与人的内在同一性——文化是人的生存方式，是人的生活样式，是人的本质的符号化，它根源于人的超越性需要，标志着人的超越性追求。

人的生命过程既是创造文化的过程，也是受制于文化的过程；既是体现文化的过程，又是陶冶于文化的过程。人创造着文化，体现着文化，所以，文化的本质是"人化"；文化制约着人，铸造着人，所以，文化的功能是"化人"。人对于文化既"身临其境"，又"身处其中"，还"身体力行"。文化与人有着内在的同一性。

114. 文化是对人的生存意义的诠释：文化是人按照自己的生存需要，改造自然的成果和方式。因此，文化的主体是人，文化的本质是"人化"。然而，当文化形成之后，又对人发挥重要作用。其作用有三：

一是"化人"，即培养人的生存意识，陶冶人的精神风貌，培育人的人格特征；

二是"制人"，即制约人的思维方式、语言方式、行为方式、生活方式；

三是"释人"，即反映人的生存方式，解释人的生存历史，诠释人的生存意义。

这种重要作用，使文化成了人的"安身立命之所"。美国人类学家韦德·戴维斯说："文化是社会稳定的根本。如果剥去语言和语言所包含的文化，人们剩下的就只有孤僻、绝望和极大的愤怒了。"他又说："如果你失去一种文化，你虽然不一定会失去现代化，但你失去的却是一整套对人类生存意义的诠释。"① 这是对文化的功能和作用的精辟论说。

115. 文化是人认识自然的方式和成果，也是人超越自身的自然状态的方式和成果。前者是科技文化，后者是人文文化。科技文化是实然性的，其内核是真理；人文文化是应然性的，其内核是价值。

---

① 《参考消息》2003年6月4日第6版。

哲理篇

1. 闲暇不等于休闲，更不等于懒惰。懒惰是不想作为、不愿作为；休闲是为了更好地作为而暂停作为；而闲暇是超越工作世界、超越现实生活的状态。在闲暇状态，人进入了形上世界、精神境界。在这种境界中，人的精神与宇宙本体相通，人的心灵与"上帝"相通。人站在本体和"上帝"的立场观照工作世界和现实人生，即庄子所谓"以道观之"。人工作的目的是闲暇，闲暇的目的是实现精神超越，因此，闲暇状态是哲学的基础。西方闲暇意识起源于基督教的"安息日"，它是上帝把天地万物造齐之后歇工的日子（"第七日"）。由于是造物的终结，所以上帝赐福"第七日"为"圣日"。可见，闲暇是一切工作的终结，是工作世界的超越。后来基督教徒在星期日做礼拜、做祷告，就是在这一日让心灵与"上帝"沟通、与"上帝"合一。可以说星期日是"哲学日"。

2. 什么是"心"？
一是思维器官；
二是意识主体；
三是精神境界；
四是感情状态。

3. 以"人心"为基点，分析一件事情的发生，可能有以下原因：
（1）心外因——客观条件原因；
（2）心智因——主观认识原因；
（3）心力因——主观能力原因；

（4）心态因——态度作风原因；

（5）心术因——目的动机原因。

凡做坏事者，总是用前因依次地掩盖后因，以减轻责任；凡做好事者，总是用后因依次地代替前因，以美化动机。

4. "信仰"是一种向往，"信念"是一种意识，"信任"是一种态度，三者本身并不是价值。只有确定了具体的对象或内容时，它们才可能成为价值。例如，对真理的信仰是价值，对神鬼的信仰就不是价值；正确的信念是价值，错误的信念就不是价值；对诚实者的信任是价值，对骗子的信任就不是价值。

5. "环境"就是"环"人之"境"，这一概念本来就含有以人为中心之意，它是从人的生存处境上立义的。如果没有人，就无所谓环境。因此把保护环境与人类中心对立起来，是不合逻辑的。

6. 伦理是人所特有的关系准则，道德是人所特有的生存方式。人和自然的关系无所谓伦理，人对自然的态度无所谓道德。爱护自然、保护环境、维护生态，是人对自然应有的态度，也是人应具有的高尚品格，但这并不是一种道德行为。因为，道德的特征是义务性、奉献性、牺牲性的，是完全为人的，利人而毫不为己、利己的。而人爱护自然、保护环境、维护生态的目的，并不是为了自然，而归根到底是为了人类自己。因此，所谓"环境伦理""生态伦理"是不能成立的。

7. 空间内容的贫乏，会使人觉得时间过得单调而漫长；空间内容的丰富，会使人觉得时间过得充实而短暂。空间状态的变化会引起人的时间感觉的变化。

8. "思路"是意识活动的线索，"思维"是意识活动的过程，"思想"是意识活动的结果。人的思考是沿着思路，通过思维，形成思想的过程。所以，要不断地开拓思路、活跃思维、激发思想。

9. 学科上的科学、文学、哲学，心理上的认知、情感、意志，智力上的智商、情商、灵商，价值上的真、善、美，基本上是一一对应的。这种"对应"源于人的精神结构的规律性、秩序性。

10. "志大才疏"——理想与能力失衡；
　　"力不从心"——目的与手段脱节；
　　"事与愿违"——结果与动机错位。

11. "精神""思想""观念""意识"，这几个词语的功能意义是不同的。"精神"有动力义，"思想"有指导义，"观念"有认识义，"意识"有觉悟义。

12. "感触""感想""感悟"三者间具有递进层次：
　　"感触"所得是经验；
　　"感想"所得是观念；
　　"感悟"所得是智慧。

13. "水涨船高""水落石出""水大鱼多""水清影明"等成语，都可以作为对规律的形象说明。它们表示了规律的三个特征：
　　（1）关系性——规律是事物之间的关系；
　　（2）比例性——规律是事物之间的比例关系；
　　（3）秩序性——规律是由比例关系而形成的秩序。
　　因此，唐代刘禹锡在《天论》中把规律叫作"数"。

14. "望文生义"是主观想象；
　　"顾名思义"是逻辑分析；
　　"断章取义"是有意歪曲。

15. "事与愿违"——价值创造的结果（事）违背了价值创造的目的（愿）。创造的目的未能实现。
　　"力不从心"——价值创造的工具和手段不适应价值创造的目的。

"工欲善其事，必先利其器"——为了实现目的价值（"善其事"），必先实现工具价值（器）。

"道不同，不相为谋"——没有价值目标的认同，没有共同的价值观念，就不能合作共事。这体现着价值观念的凝聚作用。

16. 有意栽花花不开——有为而不得；
无心插柳柳成林——无为而无不为；
踏遍铁鞋无觅处——有为而不得；
得来全不费功夫——无为而能得，无为而无不为。

17. "书不尽言"——文字对语言的制约，语言比文字更丰富；
"言不尽意"——语言对思想的限制，思想比语言更自由。

18. "言不及义"是说语言不表达价值，"言不尽意"是说语言未尽达思想。"言不及义"是对语言的价值评判，是语言的价值论问题；"言不尽意"是对语言的能力描述，是语言的认识论问题。"不及义"之言，说了等于没说，"不尽意"之言，说了还可再说。

19. "词不达意"是说语词未准确地表达思想，"书不尽言"是说文字未完全地表达语言。这两句成语，蕴含着关于书（文字）、言（语言）、意（思维）三者有内在矛盾的哲学观念。这种矛盾在于：一方面，语言可以表达思维，文字可以表达语言；另一方面，语言又会束缚思维，文字也会制约语言。

20. "要言不繁"，如画龙点睛；
"赘言不止"，如画蛇添足。

21. 语言和思想不"明确"会遮蔽真理，语言和思想不"准确"会偏离真理，语言和思想不"正确"会违反真理。

22. 语言以思维为内容，为动因；思维以语言为载体，为工具。思维主导着语言，语言制约着思维。语言密度太大，则使思维没有活动的空间，语言速度太快，则使思维没有运行的时间。表达思维结果的语言语速快、密度大，而表达思维过程的语言语速慢、密度小（有时甚至哼哼哈哈、结结巴巴、吞吞吐吐）。一个人的语言节奏，表现着他的思维节律和思维风格。沉思者的语言从容不迫，性急者的语言滔滔不绝，烦躁者的语言喋喋不休。

23. 语言节奏的本质是思维的节奏、情感的节奏。因而，不能把握好思维节奏和情感节奏的人，在讲演时是调控不好语言节奏的。

24. 人对语言的制约有两种情况：一是"对什么人说什么话"——这是由说话的对象制约语言的特点；二是"是什么人说什么话"——这是由说话的主体决定说话的特点。

25. "见什么人说什么话"是对象意识，弄得不好，就言不由衷，失之于油滑；"是什么人说什么话"是角色意识，弄得不好，就不通世故，失之于死板。说话时如果能够将二者结合起来，既看对象（不对牛弹琴），又合身份（不牛作马鸣），就会形成适宜之言。

26. 语言和心理有内在的联系：
　　"危言耸听"是为了哗众取宠的心理需要；
　　"大言不惭"是为了欺世盗名的心理需要。

27. "街谈巷议"的不一定都是谬论；
　　"道听途说"的不一定都是谣言；
　　"高谈阔论"的不一定都是真理。

28. "深入深出"会流于艰涩，"浅入浅出"会流于浅薄，而"深入浅出"是最佳的阐释和表达境界。做到"深入浅出"却非易事，它首先要求对理论与实践、智慧与常识、道与器、形上与形下、体与用、神与形两个层次的问题都有透彻而准确的理解，并能体认二者之间的内在联系；其次要求对学理话语与生活话语（"理语"与"常语"）有丰富而熟练的掌握，并善于运用生活话语去表达学理；再次它要求对上述理论与实际、理语与常语两方面的贯通度、差异度要有辩证的把握，既不隔离又不混一。

29. "我行我素"是个体本位意识；
    "自给自足"是自我价值意识。

30. "快乐"是心理状态；
    "快感"是生理反应。

31. "大象无形"，是指无静止、固定的"形"，而非绝对无形；
    "至人无为"，是指无私意、无特定的"为"，而非绝对无为。

32. "识时务者为俊杰，合时宜者为智人。"这两句话要求人们应适时而动。"识时务"是认识问题，"合时宜"是行为问题，只有在认识上识时务，才能在行为上合时宜。然而，识时务不一定观念正确，合时宜也未必行事合理。关键在于"时务""时宜"的价值内涵与价值走向是什么。

33. "知识"易言，"智慧"难说。浅述之，"举一知一"是知识，"举一反三"是智慧；识"一叶"是知识，"见一叶而知秋"是智慧；"见微知微"是知识，"见微知著"是智慧；感到"风满楼"是知识，见"风满楼"而知"山雨欲来"是智慧；"彰往"是知识，"彰往而知来"是智慧；"由此知此"是知识，"由此而知彼"是智慧；"由表知表"是知识，"由表而知里"是智慧；认得"蚁蝼之穴"是知识，知"蚁蝼之穴可以溃千里之堤"是智慧。

34. 价值实现三原则：
    地尽其利；
    物尽其用；

人尽其才。

35. 普鲁斯特说："普遍是在个别的顶点上孵化出来的。""个别的顶点"就是共性，"孵化"就是抽象，将共性从个性抽象出来就是普遍。

36. 普遍价值何以可能？一是人类的共同人性，二是人类的共同利益。共同人性是从来就有的，只是人们长期以来对此无自觉认识或故不承认。而共同利益是随着全球性问题的突现和全球化浪潮的涌动才形成的，正是在此共同利益驱动下人们才自觉地反思共同人性，也据以探索普遍价值。因而，普遍价值之必要性也在于保持人类的共同人性，维护人类的共同利益，促使人类的社会和谐。当然，普遍价值的建构和人们对它的认同及遵守是一个漫长而曲折的历史过程。其间充满着复杂而激烈的价值矛盾和价值冲突。

37. 经验主义是把个人的经验作为真理的标准，教条主义是把书本上的理论作为真理的标准。就背离真理的客观标准——实践而言，二者都是唯心主义真理观的表现形式。但书本上的理论具有普遍性的内容和普适性的意义，因之从书本出发尽管可能是不符合客观实际的，但却有可能是符合客观性理论的。因此教条主义并非是主观主义的。而经验主义者的出发点却完全是个人的主观经验，毫无客观性内容。它才是真正的主观主义。

38. "仁"的理想："天下归仁。"

39. 天地之"仁"是"生"；
  人间之"仁"是"爱"。

40. "自强不息"是"勇"；
  "厚德载物"是"仁"；
  "格物穷理"是"智"。

41. "和"相对于杂乱冲突而言,"合"相对于分散而言,"和合"指既和谐又成为整体。

42. "诚"——存在的真实性;
    "宜"——性质的适合性;
    "中"——状态的适度性;
    "和"——关系的和谐性。

43. 物以"稀"为贵;
    地以"远"为贵;
    器以"古"为贵;
    情以"别"为贵;
    事以"难"为贵——难能可贵。

44. 容易得到的东西也是最容易被人轻视、被人遗忘的东西,难以得到的东西也是最被人珍惜、被人铭记的东西。人常说"物稀为贵",事实上是"难得为贵"。稀有物之所以可贵也是因为人难以获得。人付出的代价越多,所得到的东西也越有价值,人是价值的最终尺度。

45. "物稀"之所以为"贵",原因在于稀有之物难得。难得则意味着人若要得到它必须付出沉重的代价。既然付出了沉重代价,此物就会给人带来很大利益。因此,"物稀为贵"与"难能可贵"有内在的一致性。

46. 何物有价值?
    (1)"物稀为贵"——稀少之物,难以满足主体需要,故可贵;
    (2)"难能可贵"——开发难度大、生产难度大、制造难度大的事物可贵;
    (3)"奇货可居"——有独特性而不同于他物者可贵;
    (4)"妻以夫贵""母以子贵"——依附于、不离于贵重之物的物可贵；所谓"一人得道，鸡犬升天"。

47. 表达一个民族文化精神的话语有三种："江湖"话语，"庙堂"话语，"圣贤"话语。

"江湖"话语是民间的百姓话语，生动性强而准确性弱；

"庙堂"话语是官方的政治话语，意识形态性强而真诚性弱；

"圣贤"话语是学院的精英话语，学理强而生动性弱。

比较而言，"圣贤"话语最能体现和表达一个民族的文化精神。

48. 在书中读自己；

在史中观现在；

在诗中听心声；

在画中看精神。

49. 艺术、技术、方术三者的关系是重叠的，三者都含有"术"的要素。然而，三者的层次和性质是有差别的，如果忽视差异，就会将高层次的"术"，降低到低层次。艺术的庸俗化就是技术，技术的神秘化就是方术。

50. 作为政治权力的"势"与作为文化价值（包括知识、真理、道德、信仰等）的"道"在历史上表现出来的基本关系是：

（1）以道抗势——以文化对抗权力；

（2）以道制势——以文化制约权力；

（3）以道饰势——把文化作为强权政治的装饰品；

（4）以势扼道——用政治强权制约、扼杀文化；

（5）以势行道——以政治权力来实现美好的价值理想。

51. 西方人善创新；

中国人善继承；

日本人善模仿；

印度人善"逃避"。

52. 经济是以"钱"管人；
法律是以"力"管人；
政治是以"权"管人；
道德是以"心"管人；
宗教是以"神"管人。

53. 壮丽的日出是壮美，
苍茫的日落也是壮美，
壮美不只指雄伟之形、昂扬之势；
纤弱的眉月是优美，
圆润的满月也是优美，
优美不仅指细小之形，柔弱之态。

54. 中华民族从传统走向现代化的过程中所包含的种种矛盾和张力：

（1）人的完善——物的成功；

（2）启蒙——救亡；

（3）精神文明——物质文明；

（4）教化——技术；

（5）人的价值——物的价值；

（6）真、善、美——利；

（7）和——利；

（8）清——浊；

（9）群——己；

（10）公——私；

（11）心理——物理；

（12）天理——人欲；

（13）道——功；

（14）古——今；

（15）中——西；

（16）礼——法。

55. 一位管理者说：竞争的关键是品牌，品牌的关键是特色，特色的关键是文化，文化的泉源是历史。这是十分有见地的看法。有深厚历史积淀的文化，蕴含着丰富的精神、智慧资源，具有自己鲜明的特色，品牌优势才能形成。对于商品竞争是如此，对于其他的竞争也是如此。

56. 尊重一个民族，首先要尊重它的文化传统；尊重一个人，首先要尊重他的文化素养。具有优秀文化传统的民族必然会受到尊重，具有良好文化素质的人必然会受到崇敬。

57. 民间的精神生产产品，无论是文学艺术创作还是理论思维成果，往往有粗糙、简单甚至幼稚、笨拙的缺点，显得有些乡土气；但却有生动活泼、质朴自然、充满生机、富有活力的优势，没有贵族气。因此民间的精神生产者，应该扬长避短，保持特色，不要一味向庙堂派、学院派看齐，不要执意把"小家碧玉"打扮成"大家闺秀"，把"小媳妇"装扮成"姨太太"。如果执意如此，就会弄巧成拙，失去本真。

58. 全球化浪潮对民族文化的主体性造成很大的冲击。世界上的各个民族，都在探索既适应全球化潮流又保持民族文化主体性的途径。于是，一方面在自己的传统文化中，发掘与全球化相适应的因素，另一方面又竭力弘扬民族文化的独特价值。力求达到"外之不落后于时代之潮流，内之又不失固有之血脉"（鲁迅）的两全境地。然而这其中所蕴含的共性与个性、现代与传统的矛盾却是很难处理的。因此，世界各民族的精神世界中，都有激进主义和保守主义、世界主义和民族主义的激烈冲突。

59. 东半球伤风，西半球打喷嚏，这说明全球经济已一体化，息息相关；而东半球伤心，西半球流泪，这说明全球伦理已共同化，休戚与共。"息息相关"是经济全球化的特征,"休戚与共"是伦理全球化的表现。现在经济全球化已成气势而伦理全球化尚难建立。

60. 反对全球化的有三种力量:
    一是反对霸权主义的民族独立主义者;
    二是反对对外开放的文化保守主义者;
    三是反对全球问题扩大化的环保主义者。

61. 认识中华民族的文化传统,就是认识我们自己。我们每个人都是由同一中华文化塑造、陶铸而成的,都是这一文化的载体之一。

62. 中国历史久而不暂;
    中华民族聚而不散;
    中华文化续而不断;
    中华观念守而难变;
    中华哲学序而不乱。

63. 中华传统文化意义的多层次性:
    (1) 对人类历史发展的意义;
    (2) 对解决全球问题的意义;
    (3) 对现代化的意义;
    (4) 对市场经济的意义;
    (5) 对道德建设的意义。
    中华传统文化意义的多元性:
    (1) 儒家文化的意义;
    (2) 道家文化的意义;
    (3) 墨家文化的意义;
    (4) 法家文化的意义。
    中华传统文化意义的多维性:
    (1) 经济意义;

(2) 政治意义；

(3) 精神文明意义；

(4) 道德建设意义。

64. 长安文化精神：

重"家"意识；

敬德观念（周）；

法治精神（秦）；

博大精神（汉）；

开放精神（唐）；

保守意识（宋以后）；

封闭心态。

65. 西安传统文化的形式特征：

(1) 都城文化——历史上十三个王朝在西安建都；

(2) 先进文化——在西安建都的朝代中，西周是奴隶社会的繁荣期，秦朝是封建社会的创建期，西汉是封建社会兴盛期，唐代是封建社会的繁荣期；

(3) 盛世文化——西周有成康之治，西汉有文景之治，唐代有贞观之治；

(4) 农业文化——农业经济基础上形成的文化；

(5) 西部文化——从地域环境而言，西安的传统文化是西部文化；

(6) 封建文化——西安传统文化主要是在封建社会中长期积淀而成的。

66. 血缘关系是客观的绝对性关系，父子、兄弟、姐妹等关系无论人主观上承认与否，它事实上总是存在的。非血缘关系是主观的相对性关系，如夫妻、朋友、君臣、师生、同志等关系都可随着主观意志而改变。

67. 中国人认为血缘关系地位最高、价值最重，因此，总想把亲切友好的人际关系血缘化，视师生如父子，视朋友如兄弟。刘、关、张桃园三结义，《水浒传》朋友称兄弟，就很典型。西方人重视社会关系，希望把血缘关系也社会化，认为父子、兄弟关系应该是朋友关系。血缘关系是等级性的，社会关系是平等性的。由此可见中西文化差异之一斑。

68. 中国传统世俗文化的价值核心是"富贵"。民间神有"福、禄、寿"，福者富也，禄者贵也。相术以富贵之相为最佳，春节灯笼上常写"长命富贵"，民间家庭常以成为"富贵之家"为理想，祝人生子曰："早生贵子"，问人姓氏曰："贵姓？"问人年龄曰："贵庚几何？"问人籍贯曰："贵乡？贵府？"而在"富贵"二价值中，"贵"高于"富"。

69. 中国传统文化有雅俗之辨，二者既有同一性，也有差异性。例如，关于富贵，二者的价值观念就大相径庭。孔子云："不义而富且贵，于我如浮云。"（《论语·述而》）认为仁义的价值高于富贵。而民间却把富贵作为人生的最大价值，予以追求。赞人之相曰"富贵之相"，羡人之家曰"富贵之家"，祝人之词曰"荣华富贵"，贺人生子曰"喜得贵子"。又，问人姓氏曰"贵姓？"问人年龄曰"贵庚？"问人籍贯曰"贵乡？"灯笼上常写"长命富贵"四字，神龛上常奉"福禄寿"三星。

70. "寿"在中国传统文化中的价值意义有二：一是生命价值，二是伦理价值。道家重"寿"之生命价值，主张通过长寿以延长人的自然生命。炼丹、吐纳、方术都是为了长寿；儒家重"寿"之伦理价值，认为长寿的人，一可多生子女，二可四世同堂，形成家底伦理系统，三可弘扬孝道，享受天伦之乐。可见，儒、道两家都主张长寿，但是价值取向不同。

71. 中国建筑的特点是平面铺开、平面扩展，而不是向上提升、向高发展。向上、向高走向的建筑有强烈的时间感，而平面走向的建筑有鲜明的空间感。时间抽象无迹，有神秘性；空间形象可见，有简易性。

时间感的神秘性把人引向宗教，空间感的简易性使人面对现实。

72. 中国人的餐具筷子，形象地体现了中国哲学的特征。取材于自然，有"天人合一"之意；两根合力，有"阴阳相济"之功；一手操持，有"太极统摄"之象；五指运转，有"五行相生"之征。

73. 对联的上下两联，含阴阳相合之意，而横批则有太极统率之象。一副对联就是一幅太极图。

74. "阴阳"观念可能是母系氏族时代形成的，因而，"阴"在先，"阳"在后。

75. "糊涂"是中国人的重要价值意识，但它包含着两种相反的价值意向。有时它指的是一种头脑不清、辨认不明、是非不分、处事混乱的精神状态，如说"糊里糊涂"，"稀里糊涂"，"一塌糊涂"，"小事清楚，大事糊涂"，"人生识字糊涂始"；有时它指的是一种不拘小节、不责小过、超越是非、淡化界线的处世态度，如说"难得糊涂"，"大事清楚，小事糊涂"。儒家以"不得糊涂"教育人，道家以"难得糊涂"开导人，因此，既不能一概地赞美糊涂，也不能一概地反对糊涂，要因人、因事制宜。

76. 崇尚"厚重"、鄙视"轻薄"是中国重要的传统价值观念之一。具体表现为对世风淳厚、道德纯厚、品格敦厚、处事宽厚、心底仁厚、态度温厚、为人忠厚、风格浑厚大加赞赏，而对世风儇薄、为人刻薄、认识浅薄、态度轻薄、作风佻薄甚为鄙视。中国传统价值观念中的这种崇"厚"鄙"薄"意识，起源于什么，很值得探索。我想它可能源于大地崇拜，大地是厚重、厚实的，它是人的德性的榜样，《易传》云："地势坤，君子以厚德载物。"

77. 中国人有自觉的"崇实"观念，总是赋予"实"以崇高的价值意义。赞赏诚实、笃实、朴实、真实、厚实、老实、坚实、结实、信实、务实、翔实、忠实、殷实等品格、性质和状态。赞美实行、实际、实学、实干、实践、实绩、实感、实情、实话、实力、实心、实意、实用、实事求是等风格、作风。反对华而不实、秀而不实、浮而不实、虚假不实、名不副实、言过其实、誉过其实的品行和状态。

78. 记忆是人生经历在意识中的保存，而人生过程则是记忆的基础。还没有获得记忆和完全失去记忆的人，其人生是没有意义的。从出生到童年时期的一段时间，人是没有记忆的，因而在此阶段，人只有生命，没有人生。由此也可以说，记忆力强的人比记忆力弱的人人生内涵要丰富、要复杂，然而却沉重；记忆力弱的人比记忆力强的人人生内涵要简单、要单纯，然而却轻松。为了摆脱沉重，故古人主张"太上忘情""贵人善忘""忘怀得失""忘情荣辱""宠辱皆忘""物我两忘"。为了防止简单，故古人反对"忘恩负义""忘乎所以""数典忘祖""居安忘危""好利忘义"。善忘者，会减轻生命的负担；不善忘者，会损伤生命的价值。

79. 叶嘉莹先生说，她的老师教育她要"以无声的自觉，做有声的事业；以悲观的情怀，做乐观的事业"。这与朱光潜说的"以出世的精神做入世的事业"，都是中国哲学"极高明而道中庸"的人生观的具体化。

80. 《礼记·乐记》言音乐之起源云："人心之动，物使之然也。感于物而动，故形于声。"其实人的一切意识，包括情感、知识、观念、思想等从根本上说都是"感于物而动"的。

81. 孙晓云在《书法有法》一书中说：书法即笔法，笔法即指法。指法就是古人执笔写字时，手指使笔向左或向右转动的方法。由于转动方法不同，所以形成了不同的艺术风格。这种把艺术归结为技术的观点，可谓有得有失。得之于实而失之于偏。书法作为一种艺术，既是技法的运用，又是情感的抒发，还是心意的表达。仅言笔法、指法不足以论书法。

82. 书法与写字不同：

书法是艺术创作，写字是技术操作；

书法是供审美的，写字是供应用的；

书法体现的是价值理念，写字体现的是工具理性。

因此，写得再好的字也不是书法，个人最不喜欢的书法也是艺术。

83. 文学的自觉就是文学的自我觉悟、自我认识。文学自觉的标志是文学理论的形成（文学理论就是文学的自我认识）。鲁迅和李泽厚等学者，把魏晋称为文学自觉的时代，就是因为当时出现了曹丕的《典论·论文》、陆机的《文赋》、钟嵘的《诗品》、刘勰的《文心雕龙》等文学理论著作。而其他一些学者以文学创作作为文学自觉的标志，那么屈原创作《离骚》的时代，甚至《诗经》时代也都可以说是文学自觉的时代了。其实当人们从事某种实践活动时，并不一定对所从事的活动的本质、特征、规律、价值等有自觉的认识。正如西方哲学柏拉图所言："未经审视的生活不是真正的生活。"亦如中哲所言"百姓日用而不知"（《中庸》）。魏晋以前有文学创作，而无文学自觉。因此，中国文学的自觉时代当以魏晋为宜。

84. 散文的特质是由两个方面规定的：一是"文"，二是"散"。"文"者，文章也、文学也。散文首先必须是文章、是文学作品，符合文章和文学的规范，达到文章、文学的标准，而不是信口说话，不是口头语言，更不是语无伦次、啰唆重复的随意口语。孔子曰："言而无文，行之不远。"可见，文不等于言。文的特征在于有文采，即有艺术性。"散"者，散漫、松散、散开之义，其实质是自由。这种自由不是无文章规范，而是无诗歌、小说、戏剧、辞赋等文体的规范。也就是说相对于这些文体的规范而言散文是自由的、松散的。所以，散文是规范（文章文学规范）与自由相统一的文学作品。就规范言，其形神皆不能散；就自由言，其形神皆可以散。

85. 诸葛亮说："淡泊以明志，宁静以致远。"把"淡泊"和"宁静"，分别作为"明志"和"致远"的条件。然而，"明志"必须"淡泊"，但"淡泊"不一定非要"明志"不可；"致远"需要"宁静"，但"宁静"不一定非去"致远"不可。"淡泊"和"宁静"本身就是一种有价值的人生态度，而并非仅是实现其他价值的手段。

86. "文以载道"是文章的本体论，意谓文章是用来表达道理的。语出唐李汉《昌黎先生集序》："文者，贯道之器也。不深于斯道，有至焉，不也。"宋周敦颐《通书文辞》亦云："文所以载道也，轮辕饰而人弗用，徒饰也。况虚车乎？"南宋陆九渊引梭山语云："文所以明道，辞达足矣。"

"文如其人"是文章的主体论，意指文章的风格与作者的性格相似，语出宋苏轼《答张文潜书》："子由之文实胜朴，而世俗不知，乃以为不如；其为人深不愿人知之，其文如其为人，故汪洋淡泊，有一唱三叹之声，而其秀杰之气终不可没。"又宋林景熙《顾近仁诗集序》云："盖诗如其文，文如其人也。"

"文可经世"是文章的价值论。语出曹丕《典论·论文》。

87. "替天行道"是《水浒传》中梁山泊英雄的崇高理念。这一口号的政治含义是为造反制造舆论。而哲理含义却具有深义：

其一，它承认天道的存在。"天"是本体，"道"是法则，"天"和"道"是体与用的关系。

其二，它认为天道是最高的价值标准，是人应该追求的最高目标，是人应该遵循的至上原则。违背天道应该受到惩罚。

其三，它认为天道的呈现要通过人为的作用，人有实现天道的能动性，可以替天行道。

其四，它认为替天行道是符合必然的合理的行为，因而也是道德的不容置疑的正义行动。

正由于此，替天行道就成了梁山泊从事政治活动的哲学根据。

88.《三国演义》云：刘备曾嘱孔明："马谡言过其实，不可大用。"后孔明用马谡，果失街亭。所谓"言过其实"，含义有三：一曰自我评价高于实际能力；二曰情况估计远离客观实际；三曰成绩报告大于真正事实。三者的共同性是"反映失实"。"反映失实"是产生一切错误、导致一切失败的主观原因，所以其人"不可大用"。

89. 鲁迅的国民性反思与批判，深刻、精辟，具有很高的认识价值，但其破坏性有余而建设性不足。破而未立，必然造成精神空缺、思想混乱，由此会形成国人"魂不附体""神不守舍"的精神状态。

90. 封闭主义者闭关自守，闭目塞听，作茧自缚，画地为牢，拒绝开放，不图创新，并非因为强盛，已无须向外界学习，而恰恰是因为自己衰弱而丧失了保持主体性的自信和接受新事物的魄力。鲁迅先生在《看镜有感》一文中说：遥想汉人多么闳放，唐人也还不算弱，"汉唐虽然也有边患，但魄力究竟雄大，人民具有不至于为异族奴隶的自信心，或者竟毫未想到，凡取用外来事物的时候，就如将彼俘来一样，自由驱使，绝不介怀。一到衰弊陵夷之际，神经可就衰弱过敏了，每遇外国东西，便觉得仿佛彼来俘我一样，推拒、惶恐、退缩、逃避，抖成一团，又必想一篇道理来掩饰，而国粹遂成为孱王孱奴的宝贝"，深刻地揭示了封闭主义的弱者心态。

91. 人是时间的存在。时间不是外在于人的物质流，而与人有内在的统一性——时间即人的生命过程。因此，时间状态的变化，决定着人生存状态的变化。美国作家阿兰·莱特曼在科幻小说《爱因斯坦的梦》中依据相对论原理构筑了三十个时间世界，在各种不同的时间世界里，人的生存状态各不相同。充分表达了人的存在对于时间的依赖性，深刻而形象地阐发了人是时间的存在这一哲理。

92. 维特根斯坦说："人类一思维上帝就发笑。"其实，人类不思维，上帝也发笑。因为在"上帝"眼里人类的一切行为都是可笑的。

93. 黄帝既是历史人物、传说人物,又是文化人格,是三维一体的人物形象。因此,研究黄帝,就要在历史研究和文化研究、人类学研究和民族学研究之间保持必要的张力。

94. 中华民族精神在进入封建社会后期以来屡受伤害:

清政府的骄傲自大、闭关自守,使民族精神僵化;

清政府对侵略者的妥协退让态度,使民族精神畏缩;

五四运动时期的自由主义西化思潮,使民族精神断裂;

中华民国时期的军阀混战,使民族精神松散;

社会主义建设时期某些极"左"政策尤其是"文化大革命",使民族精神异化;

市场经济的负面效应(拜金主义),使民族精神扭曲。

95. 怪圈:孙中山打倒了皇帝,而袁世凯成了皇帝;蒋介石打倒了军阀,而自己成了军阀。

96. 没有了支撑精神世界的信仰支柱,人们只剩下信仰自己、信仰金钱,于是个人主义泛滥,拜金主义猖獗。

97. 20世纪70年代有"农场知识分子",20世纪80年代有"广场知识分子",20世纪90年代有"市场知识分子",21世纪初有"官场知识分子",这是三十年来中国知识分子的"在场"。

98. 文艺复兴:从神的桎梏中释放人的灵性;

现代哲学:找回失落在"物"中的重累中人的心灵;

"市场经济"负效应:人的价值失落于"利"的迷宫。

99. 社会公正是社会安定的基础,社会安定是社会发展的条件。凡是存在不公正的地方就不会有安定,因而也难以发展。

100. 无政府主义者反对一切政府,无论好政府还是坏政府;和平主义者反对一切战争，无论正义战争还是不正义战争；自由主义者反对一切规范，无论法律规范还是道德规范。所有这些反对一切的"主义"，都不可能成功。

101．"无政府"并不比"坏政府"好，坏政府统治下总是伤害好人，无政府状态下必然放纵坏人。专制主义是政府功能的"过度"，无政府主义是政府功能的"不及"。子曰："过犹不及。"

102．当普通民众身受外国侵略者和本国独裁者的双重压迫，而且二者又处于敌对状态时，其政治态度的选择是非常困难的。抵抗侵略，会被独裁者所利用；反抗独裁，会被侵略者所利用。周灭殷后，伯夷、叔齐面临"以暴易暴"的战争，不愿支持任何一方，只好逃亡于首阳山中饿死。在伊拉克战争中，伊拉克人民就处于这种两难境地之中。

103．美国自第二次世界大战后国运大昌，国步甚阔，国力日强，成了世界上最强大的国家。然而，随着国力的增强，美国人越来越骄傲自满，狂妄自大。在国际上趾高气扬，飞扬跋扈，横行霸道，欺小凌弱。而且，从不自省，更不自责，越来越缺乏自知之明。于是，物极必反，盛极而衰，必然走下坡路，入衰落地。这说明，一个国家、一个民族，在强盛的时候，必须谦虚谨慎，戒骄戒躁，居安思危；常怀忧患意识，具有反思精神，才能保持生命活力，立于不败之地。《易》云："亢龙有悔"，语云："骄兵必败"，实乃不易之论。中国在近代的衰败，就是证明。

104．特殊利益集团的形成必须具备两个条件：一是成员利益的共同性，二是成员利益的相关性。而利益的相关性是形成利益共同性的基础。当成员利益的相关性形成之后，共同利益把成员紧密联结在一起，一利俱利，一害俱害，一荣俱荣，一损俱损。此时虽然谁也不愿意由于他人的倒台而危及自己，但谁也不能够在他人倒台时保住自己。于是他们只得互相利用、互相交易，出了问题互相包庇。因为，保住他人就是保住自己。

105. 古代人崇拜上帝（西方）、崇拜圣人（中国），近代人崇拜英雄，现代人崇拜明星。上帝崇拜、圣人崇拜的时代是精神文化时代，英雄崇拜的时代是物质文化时代，明星崇拜的时代是消费文化时代。

106. 人类的崇拜历程：神灵崇拜（上古）——圣人崇拜（中古）——君主崇拜（近古）——英雄崇拜（近代）——明星崇拜（现代）——自我崇拜（后现代）。

107. 有悠久传统的世界三大宗教及其他民族性的传统宗教，足以支撑人类的信仰大厦，人类再不需要新的宗教以安置灵魂，因此宗教的创立已经终结了。现代以来及其以后的所谓新兴的宗教，都不可能取代三大宗教而成为人类的信仰支柱。

108. 依宗教言，"神"在彼岸世界，人在此岸世界。彼岸世界的"神"，支配、主宰着此岸世界的人。人是见不到"神"的，所以只能通过信仰，感受神的力量，获得"神"的保佑。如果有人在此岸世界竟然自诩是"神"，自诩是由天上降临人间的"神"，那不是疯子，就是骗子。

109. 基督教的担当精神、献身精神、忏悔精神是佛教所缺少的；佛教的消解精神、出世精神、平和精神是基督教所缺少的。

110. 科学认识不能完全取代宗教信仰，客观事实不能完全取代艺术想象。从猿到人的进化论至今已近二百万年以上，仍有不少人相信上帝造人的教义；月亮是一个死寂星球的科学发现已成定论，人们依然仰望明月，歌唱明月，诗咏明月，借以寄托相思、抒发情思、驰骋想象。这是因为，宗教、艺术的意义是安抚心灵，而科学认识的目的是发现事实。

111. 人类的"英雄时代"随着20世纪的逝去而终结了，21世纪是平凡人的时代。无论是政治英雄、经济英雄、文化英雄、艺术英雄，还是思想英雄，在当今和未来都不可能产生。这是因为，在当今的信息时代，知识、信息、技术、思想等精神活动和精神产品，不可能被少数人所垄断，人人都可以参与和掌握；全球化潮流把过去归一些人独占的精神资源，广泛扩散到几乎人人可触及的地方，成了人人可利用的东西，于是人人都可以从事创造，而且所创造的成果，也会为众人所知，并得到认可。当人人都可能成为英雄的时候，也就没有英雄了。所以在当今时代，还有人以英雄自居，摆英雄架势，装英雄模样，只会弄巧成拙，画虎类狗，贻笑大方。

112. 人的知识既可以陶铸智慧，又可以遮蔽智慧。知识是人们在实践中获得的认识和经验，而智慧是人们理解世界、辨析疑难、判断是非、发明创造的见识和能力。知识既是智慧的资源，又是智慧的工具；智慧既是知识的结晶，又是知识的指针。当人善于把知识转化、升华为能力的时候，知识就可以陶铸智慧；当人把知识僵死化、固执化的时候，知识就会遮蔽智慧。把经验知识僵死化、固执化的经验主义和把文本知识僵死化、固执化的教条主义，是知识遮蔽智慧的两种典型形式。对于知识遮蔽智慧的现象，古人也有清醒的认识，成语云："食古不化""两脚书橱""尽信书不如无书"，李白诗云："鲁叟谈五经，白发死章句；问以经济策，茫如堕烟雾。"就是对这种现象的批评。为了防止知识对智慧的遮蔽，老子主张"为道日损，损之又损，以至于无为"，张载提出"不以见闻梏其心"。王阳明认为对于朱熹"格物致知论"具有的"务外遗内""博而寡要""玩物丧志"等以知识遮蔽智慧的弊病，只有通过心与物、心与理、知与行的合一才能克服。在当今这个重知识的时代，人们往往注重知识对智慧的支撑，甚至认为知识即智慧，而往往忽视知识对智慧的遮蔽。因此导致了知识泛滥，智慧匮乏。

113. 知识升华为智慧的环节是：在学习知识内容的基础上，融通知识的领域，体悟知识的精神，批判知识的局限，阐释知识的价值，反思知识的运用。

114. 既不能因求"真"而舍弃"善",也不能因求"善"而遮蔽"真"。"真"不能遮蔽"善",只能遗弃"善","善"既能遗弃"真",也能遮蔽"真"。

115. "真"不能遮蔽"善","善"却可遮蔽"真"。因为"善"总有多出"真"的部分。

116. 由于宇宙的物质统一性,决定了生物存在条件的相似性,因此星际人的差异性,不会比地球上种际人的差异性大多少。

117. 生命无限(长生不老)的人生没有意义;
　　无矛盾、困难、逆境的人生没有意义;
　　需要完全满足的人生没有意义;
　　绝对自由的人生没有意义;
　　只有成功没有失败的人生没有意义;
　　只有欢乐没有悲哀的人生没有意义;
　　只有自己一人活在世上的人生没有意义。

118. 财富、权力、伟大、勇敢、美丽无论达到何种程度,都不能抵御死亡;贫与富、贵与贱、强与弱、勇与怯、美与丑、善与恶,无论其差异多么悬殊,在死亡面前都一律平等。死亡是公正的。

119. 富贵与贫贱、享乐与受苦、荣华与屈辱、伟大与平凡、杰出与平庸,这些人生的差别无论多么悬殊,在死亡面前全都消释。因之,死亡是最公正的标尺,死亡面前人人平等。

120. 中国人常用"永垂不朽""精神不死""流芳千古""音容宛在"等词,表示对死者的悼念。这些词语蕴含着人对超越有限肉体生命的希冀和企求。人对有限肉体生命的不满足性和实现肉体生命无限的不可能性，使人只能去追求精神生命的永恒，以精神生命的无限去超越肉体生命的有限。

121. 人的生命的有限性，以及人对自身生命有限性的自知和不满，是人追求人生意义、人生价值的根本原因。也就是说，人对"人生在世"的有限性的自觉和不满，决定了人对"人活一世"的价值性的追问和追求。可见，追求人生意义和人生价值，就是追求超越——超越生命的有限以达无限。超越有两条道路：一是肉体的永生，二是精神的永垂。道教走的是第一条道路，儒家走的是第二条道路。肉体的"长生不老"之路，事实证明是走不通的，于是，人只能走精神"永垂不朽"的超越道路，即在有限的肉体生命终结之后，使精神进入无限之域。而实现这种超越的方式，概括言之，就是中国古人所说的"立德、立功、立言"。通过"德、功、言"的永在，使生命超越有限，进入无限。由此看来，人生的价值，也就是人超越有限生命的方式。

122. 因为人的生命的有限，才有人生的价值问题；生命的有限性使人产生了超越有限的追求。价值的实质就是超越。假如人的生命是无限的，人就不会有主体意识、能动精神、创造活动、超越追求。因而，也就是不会有价值问题。由此看来，死亡是价值问题之源。

123. 沉思生命的价值，是人的自我意识形成的标志，也是人生苦恼意识产生的开始。人生的苦乐感、悲欢感、吉凶感、安危感、祸福感，都是由人的价值意识派生的，因而都与价值意识息息相关。

124. "盖棺论定"这一成语蕴含着深刻的生命哲学意义，它意味着：生命是过程，而死亡是终点；生命是认识，而死亡是真理；生命是存在，而死亡是本质；生命是有限，而死亡是无限；生命是选择，而死亡是界限；生命是自由，而死亡是必然。因之，人的存在是向死而生，人的存在先于本质。可以说，"盖棺论定"是中国人的一个存在主义哲学命题。

125. 人存在于主客体关系之中，所以受到客体和主体两个方面的制约。客体的制约使人"身不由己"，主体的制约使人"力不从心"。人是在"身不由己"与"力不从心"的双重制约中创造生活、实现价值的。因此，就不可能一帆风顺，更不可能心想事成。

126. 客观条件的限制使人"身不由己"，主观条件的限制使人"力不从心"。精神有能动性所以才会"心有余力"，认识有主观性所以才会"各执己见"。

127. 人生的矛盾：（1）理智与情感；（2）道义与利益；（3）物质与精神；（4）功利与审美。

128. 人生的一些矛盾是超越时代、超越个人，而具有永恒性与普遍性的。如德与智、情与理、欢与悲、苦与乐、离与合、群与己、义与利、爱与恨、福与祸、生与死等，都是永远存在、普遍存在的。所谓"自是人生常恨水常东"，"人有悲欢离合，月有阴晴圆缺，此事古难全"。

129. 人生是什么？人生是人以自然生命承载价值生命的过程。用王夫之的话说是"以生载义"的过程。人生的差异，不在于自然生命而在于价值生命。富贫、贵贱、穷达、祸福、顺逆、甘苦、荣枯、寿夭……不同的人生际遇和人生状态，都体现着某种价值，也都是人生的内容。因此，不能说富、贵、达、福、顺、甘、荣、寿的际遇是人生，而贫、贱、穷、祸、逆、苦、枯、夭的际遇不是人生。因此，当人失去了富贵、幸福、荣达、甘甜等价值的时候，得到的仍然是人生——虽然是另一种价值的人生。

130. 在现实生活中，人们往往重视客观处境的价值，而忽视主体态度的价值，其实主体态度的价值比客观处境的价值更高、更重要。因为，很多客观处境是不以人的意志为转移的，而主体态度却完全可以自由选择。例如，面临困难，可以采取"知难而进"与"知难而退"两种态度；面对顺利，可以采取"乐以忘忧"与"居安思危"两种态度。张载云："富贵福泽，将厚吾之生也；贫贱忧戚，庸玉女于成也。存，吾顺事；没，吾宁也。"高度弘扬了对待富、贫、生、死的一种崇高的主体态度。

131. "居安思危"是蕴含辩证法的思维，它要求人们在顺利中认识困难因素，在平安处看到"危机四伏"，在前进时防止"险象环生"，在"柳暗花明又一村"中想到有"山重水复疑无路"的可能。从而做到未雨绸缪、有备无患，使自己处于主动地位。而"居安思安""居危思危"则是一种形而上学思维方式。

132. "安身立命"有两种方式：一曰安居乐业，二曰安贫乐道。儒家重前者，道家重后者。乐业者是现实主义，乐道者是超越主义。然而无论是"业"还是"道"，只要能乐在其中，就是高境界。

133. 和谐的人生，是形神并健、理欲统一、情理平衡、义利兼容、义生俱立、德智兼备、德业并举的人生。亦即真、善、美统一的人生。

134. 人有"两个家园"——生活家园和精神家园。生活家园是有限的，精神家园是无限的；生活家园是现实的，精神家园是理想的；生活家园是经验的，精神家园是超越的；生活家园是形而下的，精神家园是形而上的。人运用科学设计生活家园，通过哲学追求精神家园。

135. 人的价值是在人与人的关系和人与物的关系中确定的，在人与人的关系中，人可以是主体也可以是客体，在人与物的关系中人总是主体而物总是客体。因此，人的类价值不过是说人是主体而已，除此之外，别无他意。至于个人的价值，应该是作为客体的个人对于作为主体的个人、群体、社会的意义。

136. 人的生命与人生价值——人生价值的生命学阐释：

（1）人的肉体生命的有限性和人对这种有限性的自知、不满和不安，是人生价值的根源；

（2）追求生命的超越性（超越肉体生命的有限性而追求无限性）是人生价值的本质；

（3）人的生命过程的生活性（实践性、能动性）是人生价值的寓所，有意义追求和价值实现的生命过程才是生活，动物有生命而无生活；

（4）"立德、立功、立言"是人生价值的实现方式。

137. 人的价值包含人类价值与个人价值两个层次。人类价值的实质是人类是价值主体，既是创造主体，又是享有主体。也就是说，一切价值，既是"人为"的又是"为人"的。个人价值也包含两个层次：一是个体的自我价值，即自给自足（自己满足自己的需要），二是个体的社会价值，即我为人人（自己满足社会的需要）。有人把社会满足个人的需要（人人为我）误认为个人的价值，其实它指的恰恰是社会对于个人的价值，也就是社会价值。因此，个人的价值可以概括为自我实现和贡献社会的统一。

138. 人生价值的衡量标准，概括言之，约有三种：一曰自然寿命的长短；二曰物质享受的多少；三曰社会贡献的大小。自然寿命如果脱离了后两者，只不过是纯粹的形式，所以不能孤立地作为标准。或者说它是一个假标准。享受的多少是自己作为主体对社会和他人给予自己的东西的衡量，并不是对自己人生价值的衡量，因而，也不是真正的标准。所以，只有社会贡献的大小是衡量人生价值的真正标准。

139. 人类每前进一步都会遇到新的问题，当代人在技术日进、物质日富、生活日裕的同时，却面临着生态失衡、环境污染、资源短缺、精神危机的困扰。为了探寻出路，哲学家们又重新反思人的本质、确立人的位置。于是"人是什么""人与万物是何关系"的问题又提上哲学议程。而对问题的回答又难免重蹈覆辙：或把人提升为"神"，或把人还原为"物"。走前路者较少，走后路颇多。哥白尼的日心说曾把人的居所还原为物，达尔文的进化论曾把人的种类还原为物，社会达尔文主义曾把人的社会还原为物，弗洛伊德的精神分析学说曾把人的意识还原为物（性本能），而今，把人的精神还原为物者有之（如精神细微物质说），把人的情感还原为物者有之（如爱情化学分子说），把人的道德还原为物者有之（如自私基因说），把人的文化还原为物者有之（如人文物性延伸说）。固然，"以神论人"，有利于确立人的崇高地位；"以物律人"，有助于打破人的中心地位。然而，人既非"神"，亦且非"物"；宗教神创论者把人神秘化，庸俗进化论者把人动物化，庸俗唯物论者把人物质化，都不是正确的定性定位。人源于动物又高于动物，人具有精神又不是神灵，西方哲学有"人神之辨"，中国哲学有"人禽之辨"，都为确定人的性质、确立人的地位作出了贡献。特别是孔子说的"天地之性（生）人为贵"，既承认了人的自然来源，又高扬了人的价值地位，可谓不易之论。

140. 当以绝对上帝、无限宇宙、整个地球为参照系来看人的时候，人是渺小的，当以地球上某一物为参照系来看人的时候，人是伟大的；当以受制性为视点观察人的时候，人是渺小的；当以能动性为基点来看待人的时候，人是伟大的；当以物的优势估价人的时候，人是渺小的，当以人的优势傲视物的时候，人是伟大的。人的伟大与渺小，是从不同的参照系进行考察而形成的不同观点。因此，人是伟大和渺小的统一，是一种二律背反的存在体。

141. "天地之性（生）人为贵"，是说人是天地之间最高贵的存在，即最高的价值。这里的价值不是指个人的价值而是指人类的价值，不是指人类的社会价值而是指人类的自我价值。人类的自我价值的含义有三：（1）人是宇宙间唯一的价值主体；（2）人是宇宙间最高的价值客体；（3）人能通过自己的劳动和创造满足人自身的需要。人作为类的价值没有社会价值，只有（人类）自我价值，即（人类）自己与自己构成价值关系，（人类）自己既是主体又是客体。

142. 人的优越性与人的主体性是相关相依的概念，二者都是相对于物而言的。人具有高于物的优秀品质，是人能处于支配物的主体地位的原因；而人处于支配物的主体地位，又是人具有优秀品质的证明。所以，用人的优越性来规定人的价值，必然会推导出用人的主体性来规定人的价值。于是乎，"人的价值"与"人是价值主体"实质上就成了内涵相同的命题。

143. 人的存在不同于动物的存在，二者的存在都是"生存"。动物的"生存"仅是"生命存在"，而人的生存含义是：（1）为生而存——以生活为存在的目的；（2）以生而存——以生产为存在的手段。

因而，人的存在是自觉性存在而非自然性存在，是能动性存在而非适应性存在。自觉性和能动性统一于实践，所以，实践是人的生存方式。动物在"生存"而人在"生活"。

144. 人的生存是生产和生活的统一，生产是工具使用过程，生活是价值实现过程。人们常说"搞生产""过生活"。生活中体现着人的生存意义、价值理想，是值得"过"的；生产是人谋取生存条件的基本活动，是需要"搞"的。人依靠工具理性指导生产，依靠价值理性指导生活。动物只有生存而没有生活。

145. 生产是为了物质生活能够持续，生育是为了自然生命能够延续。二者是人的基本需要，故孟子曰："饮食男女，人之大欲存焉。"（《礼记·礼运》）

146. 生产是生存的基础；
生活是生存的意义；
生育是生存的延续。

147. 生存是人生的前提，而生活是人生的内容，生活中蕴含着人生的意义与价值。人生中的生老病死、富贵贫贱、悲欢离合、喜怒哀乐、吉凶祸福等各种不同境遇，都是生活的内容，其中都包含着一定的意义与价值。所以，张载说："富贵福泽，将厚吾之生也，贫贱忧戚，庸玉女于成也。"（《西铭》）就是说，富贵贫贱对于人生都是有意义的。

148. 人的生存方式包括六个方面：

一曰生产方式；

二曰生活方式；

三曰生育方式；

四曰教育方式；

五曰思维方式；

六曰交往方式。

149. 人的意义、人的价值是人追求的最高目标和终极关怀。西方文艺复兴，是人在神的统治下追求自身价值的运动，西方的现代哲学和文化思潮又表现了人在"物"（钱）、"技"（科学技术）的奴役下追求自身价值的意向。中国"文革"中，人在"个人崇拜""个人迷信"的笼罩下，在革命运动推动的"政治机器"上，失落了价值和自由。于是有解放思想、批判"文革"、提倡人道主义、反思人的异化等思想文化热，以此求人的价值复归。然而，在当前的商品市场经济的大潮中，有人又成了"经济机器"上的零件，成为"金钱"的奴隶，成了市场运转、竞争中的被动者，于是又一定程度地失落了自由的价值（精神、道德、自由）。于是一定程度地出现了"精神文明"弱化、道德沦落、世风日下、官场腐败、社会治安不好、犯罪严重的现象。人们又对此不满，希望能强化精神文明。可见，切身利益与终极关怀，社会发展与人的增值，物质文明和精神文明……不可偏，偏向任何一边，就会出现价值失衡。

150. "人被物役""己被群役""我被人役""心被形役"是人异化的四种方式和状态。儒家只批判"人被物役""心被形役"的异化状态，却陷入了"己被群役""我被人役"的困境，道家对这四种异化状态都持批判态度，但又有弱化人的主体能动性之弊。就中西方比较言之，西方人主要处于"人被物役""心被形役"的状态，中国人主要处于"己被群役""我被人役"的状态。人类至今仍处于克服异化的漫长、艰苦的征途之中。

151. 中国古代哲人反对"人被物役",是为了确立和强化人的主体性;当代哲人反对"物被人役",却又要弱化和消解人的主体性。由此看来,"与物为友"才是人与物的最佳关系。而要建立这种关系,人类还须走漫长而艰难的道路。

152. 科技是处理天人关系的工具,人文是调协人际关系的方式。人是社会的存在物,只有调协好人际关系才能结成社会,只有结成社会才能运用科技改造自然,"制天命而用之",因此,人文在逻辑上先于科技。

153. "欲"是人对外物贪恋、追求、征服、占有、享受的欲望。"欲"的对象越多,力度越强,持续越久,人对外物的依赖性就越甚。于是,"人被物役"(成为外物奴隶)的程度就越深。反之,"欲"的对象越少,力度越小,时间越短,人对外物的依赖性就越弱。从而,"人被物役"的程度也越浅。可见,"人欲物"与"物役人"的程度成正比。"人欲物"本来是人的主体性的表现,然而却潜藏着使人丧失主体性的危机。由此看来,古人说"无欲则刚"正是要通过"无欲"来维护和强化人的主体性的。

154. 人应"安分守己"。"克隆人"是人替"上帝"做事,"揠苗助长"是人替自然做事。二者都越出了人的"权利界限",都是人不"安分守己"的表现,必然归于失败。

155. 人的价值目标是"多元一体"的系统,是"多样和谐"的结构。它表现了人的需要的多维性、多层性和有序性。因此,顾此失彼的单一价值取向必然导致价值的失衡和价值的不和谐,从而引起整体的社会危机和个体的精神危机。"文化大革命"中,政治路线的绝对化导致了道德沦落、信仰异化；市场经济体制下，经济利益的绝对化导致了道德失范、信仰缺失，就是有力的证明。

156. 人既要学会做事，又要学会做人。做事是处理"人与物"的关系，做人是处理"人与人"的关系。人与人的关系包括"群己关系"和"人己关系"两类，前者是个人与社会的关系，后者是自我与他人的关系。自我与他人的关系，又可分为人伦关系（父子、兄弟、姐妹等）和人际关系。

157. 人的精神调控系统由法律意识、道德观念、思维方式、心理素质四种要素构成，任何一种因素欠缺，都会引起精神的失调或失控，进而导致行为的失调或失控。

158. 自律的价值高于他律，自律的精神贵于他律，因为自知、自明、自觉、自律都是人之为人的本质力量的表现，都是人的主体性的标志。然而，人的自律是有局限性的。自律的局限性在于它只在一定的范围内、一定的程度上、一定的条件下才会发挥作用，产生效果。这种有限性源于人的内在的复杂性、矛盾性，即人的私利、私欲和私心的存在。因此，无论在道德领域还是在法律领域，都不能把遵守规范完全寄希望于人的自律，而应该在提倡自律精神的同时，辅之以外在的制约力量，即他律。

159. 外在的道德规范，内化为人的心灵就是良知，沉淀于人的品格就是德性。规范表现于道德行为，良知决定着道德自觉，德性塑造着道德人格。

160. 什么是良心？良心就是人心中的"天地之道"或"公道"。这里所谓的"道"，不是天地的客观规律，而是人世共通的价值标准。人们的价值标准共识，内化于个人的心灵就是良心。人如果违反了共通的价值准则，就是昧了良心。所以，俗语说："天地良心"，又说："公道自在人心。"

161. "道德"对于人的意义：

（1）人的生存条件——人只有生产才能生存，只有结群才能生产，而要结成社会就必须有道德来协调人际关系；

（2）人的为人标志——道德是人与动物区别的标志之一，儒家以道德为人禽之辨的根据；

（3）人的价值动力——人的价值在于贡献，愿意为社会贡献是道德自觉的表现；

（4）人的才能统率——才能的动力靠道德激发，才能的方向靠道德指导。

162. "自我完善"是私德的目标；
　　"与人为善"是公德的标志；
　　"与物为友"是天德的要求。

163. 道德的外延构成包括个人私德、家庭美德、职业道德、社会公德。道德的内涵构成包括道德认识（德言）、道德情感（德感）、道德意志（德心）、道德行为（德行）。

164. 谦虚是一种美德，但却有深刻的认识论根据：世界是无限的，未知领域是无限的，而个人的认识总是有限的，即使对于其他个人而言我的认识也会有缺欠。谦虚就是建立在承认自我认识有限性基础上的待人态度。这种态度，会推动自己不断求知、不断进取。所以说"虚心使人进步，骄傲使人落后"。

165. 道德上处理"公私关系"的状态是有层次的。由高而低的递降层次是：大公无私——先公后私——公私兼顾——私而不公——损公肥私——化公为私。

166. "见利忘义"与"见利思义"是人类生活中永恒的价值矛盾。

这是因为"义"与"利"表现了人的两大需要：物质需要与精神需要。物质需要源于人的个体生存本能，精神需要源于人的群体生存本性；物质需要源于人的自然本能，精神需要源于人的社会属性，而人的这种二重性是永恒的。因此，"义利矛盾"具有永恒性。

167. "义与利""理与欲""情与性"都是人生的双重火焰，双方都是必要的。但"蓝色火焰"——义、理、情比"红色火焰"——利、欲、性更美丽，更能表现生命的本质。因为，"红色火焰"是生命的初步燃烧，而"蓝色火焰"是生命的充分燃烧；前者近自然性，后者具社会性；前者源于本能，后者基于自觉。

168. 道德不排斥功利，但却超越了功利。所谓"不排斥功利"，就是说道德与功利可以兼顾，可能统一。如果"见利思义""以义导利""义而后取"的话，可以做到"既义且利""既富且仁"。所以，追求功利并不一定会导致道德沦落，"见利"未必"忘义"，"为富"未必"不仁"。所谓超越功利，就是说道德的意义高于功利、多于功利、大于功利。所以，功利目标的达到不等于道德境界的实现。而且，唯功利目标的追求，无论是"唯权是争"于官场，"唯利是图"于市场，"唯名是求"于文场，都必然会引起道德的沦丧。因此，当道德与功利不能兼得、发生冲突时，人应该"舍利求义"，以至于"杀身成仁""舍生取义"。

169. "公利"与"私利"是一对矛盾，"道德"与"利益"是一对矛盾。然而，不能简单地将"公利"等同于"道德"，将"私利"等同于"非道德"。因为，作为与"道德"对立的利益既可以指"私利"，也可以指"公利"。以"公利"言，其谋取之途径既可以是道德的，也可以是非道德的。如果不顾诚信、不顾正义，用投机取巧、诈骗作伪、行贿收买的手段去谋取，也是不道德的。以"私利"言，其谋取之途径也既可以是道德的，也可以是非道德的。如果用辛勤劳动、诚信不欺、光明正大的途径去获得，就是道德的。因此，为"公利"不一定合"道德"，"公利"未必就"合义"。

170. 如果说"需要"是价值动因的话,那么,"利益"就是思维的动力。人们思维的指向、思维的强度、思维的境界,归根到底都是由"利益"驱动的。首先,人们总是在思维那些与自己利益攸关的对象,而不去思考那些与自己利益无关的对象,所谓"事不关己,高高挂起","各人自扫门前雪,不管他人瓦上霜";其次,越是与利益关系密切的对象,越是关涉自己重大利益的事物,人们对它思维的力度越强,程度越深,持续越久;再次,人们对与自己相关的公共利益认同的层次越高,思维的境界就愈高。个人利益认同于公共利益的层次可分为家庭、群体、民族、人类、宇宙五个层次,由此,思维的境界也会逐层升高。当一个人的思维达到为人类利益而思维的层次,进而再上升到为宇宙大全而思维的境界,那他就是圣人、哲学家。哲学家应是思维境界最高的人。

171. 认识论要求人站在世界之外认识世界,认为只有如此,才能获得客观真理;伦理学要求人处在利益之外去服务公众,认为只有如此,人才有为公的美德。其实,认识者总在世界之中,所以认识中不可能没有认识者的主观烙印;为公者总有个人利益,所以为公众利益服务的活动中,不可能完全超越服务者的个人利益追求。前者可称为"客观中有主观,主客互渗",后者可称为"公利中有私利,公私互融"。

172. "见异思迁"的原因在于:"异"者具有不同于常物的特殊性质,它能够给人们带来新的感觉、新的认识和新的经验,从而开拓新的视野,提供新的知识,创造新的境界。

173. 人有时会说违心话、做违心事,然而,何谓违心?人为什么要违心?却有待深思。"违心"即违背内心的意愿。人之所以违背内心的意愿说话、做事,原因有三:

(1) 遵从规律,规律是不依人的主观意愿为转移的(违心从理);

(2) 服从多数,少数服从多数是民主制度的运作方式(违心从众);

(3) 屈从压力,外在压力强大,如果违背会遭损失,对己不利(违心从力)。

174. "真理与价值""科技与人文""知识与道德""人欲与天理""利益与道义",都是基于人的自然属性与社会属性,源于人的物质需要和精神需要,反映人的现实生活和理想境界的矛盾范畴。

175. 在终极关怀上立宗旨,
 向最高境界处下功夫。

176. 付出心血,耕耘心田,栽培心花,美化心境;播种爱心,培育善心,坚守良心,升华道心,就能使人心旷神怡,心安理得。

177. 孤独是无依感,寂寞是无助感,二者是一种崇高的内心感受,也是一种极大的创造源泉。

178. 自在——自己决定自己的存在;
 自然——自己顺应自己的性状;
 自主——自己确立自己的地位;
 自由——自己支配自己的取向;
 自觉——自己认识自己的意义。

179. "赤条条来去无牵挂",在《红楼梦》中被引用来形容超脱红尘、四大皆空的境界。然而,现实的人却不能达到这种境界。他虽然可以"赤条条来"——生,但却不能"赤条条去"——死。人生来时是"自然人",而死去时是"文化人"。人从生到死,都处于"文化化"的过程中。到死亡时,已积累成一个带着沉重负担、怀着无数牵挂的厚重的文化载体。并非来时那种"赤条条""无牵挂"的状态了。

180. 人是自然的入侵者,
 病毒是人的入侵者。

181. "入乡随俗"是对社会的适应;
 "与时俱进"是对时代的适应。

182. 与时俱进；

与民同心；

与人为善；

与物为友。

183. 俗语"蛋"的诠释：

思维不清的人是"粘蛋"；

能力不强的人是"笨蛋"；

意志不坚的人是"软蛋"；

心术不正的人是"混蛋"；

作恶多端的人是"坏蛋"。

184. "通天理""知国情""懂人伦""明世故"，此四者，为智者的标志。

185. 畏惧有"道德性畏惧""心理性畏惧"和"认知性畏惧"三种。"道德性畏惧"是由于担心私利的丧失和私欲的暴露而产生的畏惧；"心理性畏惧"是因为情感脆弱、意志薄弱而产生的畏惧；"认知性畏惧"是由于认识不正确、能力不自信而产生的畏惧。因此，要克服畏惧，必须从淡化私欲、优化心理、服从真理三个方面提高修养。人云："无欲则刚""仁者有勇""无私无畏""义正辞严""知耻近乎勇"是从道德上言勇；又云"艺高人胆大""智者有勇""理直气壮"是从认知（包括技能）上言勇；又云："定心广志，余何畏惧"，是从心理上言勇。

186. 人与人不同的根本不在于外貌，也不在于外在的生活方式，而在于精神境界、内在世界。精神包括心理、感情、思想、观念的差异，使人与人产生了极大的不同。有魅力的人，就在于其精神、气质的魅力；平庸的人，就在其精神、气质的平庸。

187. 心中的酸甜苦辣：

酸——嫉妒心；

甜——满足心；

苦——伤感心；

辣——愤恨心。

188. 常发议论易使人心烦意乱；

常发牢骚易使人心灰意懒；

常发感慨易使人心浮意动。

189. 人生应该：

立实然之地；

识必然之理；

做应然之事；

呈自然之态；

养浩然之气；

葆超然之心。

190. 人即使没有"挽狂澜于既倒"的能力，也要有"出淤泥而不染"的品质。

191. 只有"乐天知命"，才能"安身立命"；

只有"通情达理"，才能"合情合理"。

192. 止，而后能观；

静，而后能思；

空，而后生慧。

193. 水静则清，人静则灵。

194. 语云："大其心容天下物，平其心论天下事，虚其心受天下善，潜其心观天下理，定其心应天下忧。"可谓得道之言。特别是"平心论

事""潜心观理""定心应忧"之说,甚有见地:

"平心"即公平之心,无公平之心,论事必偏,偏则有失;

"潜心"即潜入之心,事物之理,蕴于深层,浮浅之心,岂能认识;

"定心"即坚定之心,可忧之事,或险或阻,唯心志坚定,心态稳定,心绪宁定,方可处之泰然,应对有方。

195. 心境要宽畅;

　　心情要舒畅;

　　心理要晓畅;

　　心态要和畅。

196. 心境宜广;

　　心力宜强;

　　心路宜宽;

　　心气宜和;

　　心情宜平;

　　心事宜简;

　　心态宜静;

　　心性宜善;

　　心意宜真;

　　心志宜高。

197. 虚心之境:

　　万籁俱寂;

　　万色皆空;

　　万物俱隐;

　　万事皆忘;

　　万念俱灰;

　　万虑皆消。

198. 少年时要有进心；
青年时要有热心；
中年时要有定心；
老年时要有退心。

199. 老无所求，老有所用，就会有一个美好的夕阳。

200. 坚信不疑者，往往易执迷不悟；
疑心惴惴者，往往会忧心忡忡。

201. 执着而不执拗；
迷恋而不迷信；
热衷而不热昏；
自信而不自负；
自省而不自侮。

202. 太好强其实软弱，因为他不能承担失败；
太要好也是私心，因为他不能容忍缺失。

203. "人各有志"——选择的自主性；
"人各有命"——选择的制约性。

204. "回头是岸"是复归；
"立地成佛"是升华。

205. "随遇而安"是无为主义；
"转危为安"是有为主义。

206. 浪费金钱是劳动的浪费；
浪费时间是生命的浪费。

207. "以小人之心度君子之腹"，不能理解君子的善良、宽宏、高尚；反之，"以君子之腹度小人之心"，也不能认识小人的狭隘、卑鄙、奸诈。原因在于，人都以自己的心地为尺度测度别人。因此，准确地认识人，实属不易。

208. 处人之道：
　　　了解——了解情况；
　　　理解——理解心情；
　　　谅解——谅解缺点；
　　　化解——化解矛盾；
　　　和解——和谐关系。

209. 大义凛然地立世；
　　　大气磅礴地做事；
　　　大度宽宏地待人；
　　　大智若愚地求知；
　　　大心无外地体物；
　　　大公无私地修德。

210. 人情亦应有，
　　　人格要坚守。

211. "不期而遇"是缘分；
　　　"不约而同"是机遇；
　　　"不谋而合"是知音；
　　　"不劳而获"是奢望；
　　　"不求而得"是侥幸。
　　　不期而遇、不约而同、不谋而合，乃人际关系的最佳境界。

212. 一个人如果从不反思自己而整日对人评头品足、挑肥拣瘦、说三道四，甚至指指点点、敲敲打打，其品必不足论，其人必不可交。

213. 责人太严则无徒，

　　责己太严则多悔。

214. 仁者的待人方式：

态度："己所不欲，勿施于人"——对他人宽容、尊重；

感情："仁者，爱人"——对他人关怀、爱护；

行为："己欲立而立人，己欲达而达人"——对他人帮助、支持。

215. 记得人的好处；

　　理解人的难处；

　　学习人的长处；

　　宽容人的短处。

216. 露才扬己，恃才傲物，是学品失落的"有效途径"，是人格贬值的"快捷方式"。

217. 自己把自己看得很重的人，众人必定会把他看得很轻。所谓"自视甚高者，他视必轻"。

218. "自视甚高""自命不凡"是主观主义的自我提升，并不反映这个人的客观实际。因此，当他遇到胜过于或相当于他的人时就会有失落感。《小王子》一书中说：小王子来到地球上，看到花园里有许多玫瑰花，他感到很伤心。因为"他的花儿曾经告诉他，她是全宇宙仅有的一朵玫瑰。而这里，单是这个花园里就有五千朵玫瑰花，长得跟他的花儿一模一样！"而且小王子还设想，如果他的玫瑰看到这种景象一定会气得要命，甚至会因为羞辱而自杀。这个寓言故事很好地描绘了自负者的失落感。

219. 甘愿吃亏的人，不但不占人的便宜，而且总是让利于人，所以总有一种不欠于人的自足感、不畏于人的安全感、无愧于人的光明磊落感，所以人常说"吃亏是福"；知道满足的人，不但没有过分的贪求，而且对自己已经得到的十分满意,所以总有一种不被欲望所苦的快乐、不为竞争煎熬的快乐、不受挫折困扰的快乐,所以"知足常乐"。

220. 尽管有的人"不可理喻",甚至嘲笑"理性"的古板,谩骂"说理"的迂腐。但是你对他还是要"晓之以理",而不应"施之以力"。这并非因为"理"的功效重于力,所谓"千古胜负在于理,一时强弱在于力"。而是因为"以理服人"是文明的表现,是人自己的价值标志。

尽管有很多人见利忘义,唯利是图,甚至讥笑你"淡薄功利"是不识时务、不合潮流,但你仍然要"义以为上""义然后取"。这并非因为道义可以换来更大、更多的利益,或者可以获得好的名声。而是因为道义的价值高于利益,热爱道义、实现道义是人的超越性的价值标志,是人生意义所在。孔子曰:"君子喻于义,小人喻于利。"

尽管有人怀疑你做善事的动机,非议你做善事的意义,但你仍然要多做善事。这并非因为"做善事"终归会获取人们的理解,甚至会得到人们的好评和赞扬,从而为自己赢得荣誉和好处。而是因为"善"本身就是崇高的价值,与人为善、与世为善是人生的意义所在。尽管事业会有挫折和失败,也会因挫折和失败给自己造成损失,甚至还会受到他人的嘲笑和讽刺。但你仍然要创造事业,这并非因为事业的成功会使你名利双收,而是因为建功立业是人生价值实现的一种方式。

尽管有人对你怀有戒心,甚至怀有敌意,你仍然要以温和的态度、诚恳的善意待人,这并非因为温和、诚恳的态度,会获得他人的好感,而是因为"温和""善良""诚恳"本身就是一种美好的品德。

221. "赞扬人"的意义(不是吹捧,更不是拍马)在于"处事"和"为人"两方面:

从"处事"说,人是做事的主体,只有肯定他的工作,赞扬他的功绩,就会激发人积极参与、热心服务、乐于奉献、甘于牺牲的精神的能动性;

从"为人"说，赞扬人是对人的劳动的尊重和崇敬，特别是对那些默默无闻，也不求闻达的平凡劳动者的尊重和崇敬，人是以工作和劳动而显示其存在意义和存在价值的，赞扬人的工作和劳动就是尊重人的价值。

就自己来说，做好事应不求人去赞扬，对他人来说，做了好事一定要去赞扬。尊重他人是一种道德。唐人诗云"平生不解藏人善，到处逢人谈项斯"即是此意。

222. 吹捧是赞扬的异化；
　　 巴结是亲近的异化；
　　 谄媚是热情的异化；
　　 奉承是尊敬的异化；
　　 吹牛是自信的异化；
　　 标榜是坦率的异化。

223. "表里如一"是真；
　　 "心口如一"是诚；
　　 "言行如一"是实。

224. 心口不一者，伪而不诚；
　　 表里不一者，假而不真；
　　 言行不一者，虚而不实。

225. 言不由衷者伪；
　　 名不符实者虚。

226. 不诚者，言不由衷；
　　 寡智者，言不及义。

227. 以花言巧语辩护自己，也往往会以甜言蜜语媚惑别人。

228. "浮"是一种停留在表面上而又能移动的状态和性质,这种状态和性质如果用于对人的评价几乎都是贬义的。如浮夸、浮躁、浮华、浮浅、浮滑、浮光掠影等。之所以用"浮"作为贬义评价,是因为"浮"是虚而不实、伪而不真的外在表现。而人的品质是以真实为贵的。

229. 玩物者未必丧志;
　　玩命者未必丧身;
　　玩人者必然丧德;
　　玩世者必然丧心。

230. 没有精神追求的肉体是无价值的"行尸走肉",离开肉体基础的精神是无生命的"孤魂野鬼"。灵与肉的和谐、统一是人存在的最佳状态。

231. 浮躁的心态、空虚的头脑、漂泊的灵魂,都是不幸。但灵魂的漂泊比头脑的空虚更不幸。给头脑充实内容,给灵魂寻找家园,给心情安排宁静。

232. 当一个民族沉溺于物欲享受,执迷于物质利益,受缚于功利意识,就必然会淡化和消解道德、哲思和诗意,从而使这个民族精神空虚、思想贫乏、人格低下、语言粗俗,日渐脱离人类文明上升的轨道。

233. 古人言性爱、情欲,认为性与爱、情与欲的统一是两性关系的美好境界。人如果有性无爱,有欲无情,那就沦为动物了。

234. 情感依人际关系可分为亲情、爱情、友情、人情。亲情以血缘关系为基础,爱情以异性关系为基础,友情以朋友关系为基础,人情以人际关系为基础。人际关系的基础不同,情感的内涵和方式各异。其界线不宜混淆。

235. 人做事,人是事的主宰;事炼人,事是人的熔炉。是什么人就会做什么事；做什么样的事，也就会成为什么样的人。事是人本质的显现，也是人之本质形成的条件。

236. 人做善事应具有：
坚定不移的信心，
坚忍不拔的决心，
坚持不懈的恒心。

237. 思想认同是行动一致的主导，"齐心"才能"协力"；
观念更新是行为变革的先导，"革心"才能"易行"；
精神提升是性格养成的前导，"存心"才能"养性"；
心灵优化是形象美化的动因，"洗心"才能"革面"；
心意正直是语言流畅的前提，"心直"才能"口快"；
心术端正是动机真诚的主导，"正心"才能"诚意"；
精神专一是志向实现的保证，"专心"才能"致志"。

238. "同舟"是缘分，"共济"是义务；既已"同舟"，应该"共济"。"并肩"是平等，"携手"是和睦；只有"并肩"，才能"携手"。

239. 对于事业可以有三种对待方式：
一是将其作为谋生手段；
二是将其作为生存方式；
三是将其作为人生乐趣。
而人生乐趣才是事业的最高境界。冯友兰以哲学为"概念的游戏"，陈省身以数学为"数字的游戏"，就达到了以事业为人生之乐的境界。孔子曰："知之者不如好之者，好之者不如乐之者"，此之谓也。

240. 个人在历史上总是有作用的，但个人的作用总是有限的，是完全可以由他人取代的。一项由众多人参与和从事的社会性事业，它的成功，参与者都发挥了应有的作用，但是在由众多人组成的群体中，任何一个人的作用都可以被另一个人取代。所以历史不能离开众人，却可以离开某一个人。古人云："功成不必在我"，俗话说："离开我地球照样转动"，说的就是个人作用的可取代性。如果一个人有了这种认识和胸怀，就能够正确估价自己在群体事业中的地位和作用，就不会因为自己没有受到重视而耿耿于怀，也不会因自己的离去而对事业的命运和前途忧心忡忡，更不会以自己的去留为要挟给群体施加压力。

241．"自我标榜""言过其实""贪天之功"，乃为人不诚的三大表现。"自我标榜"者"傲"，"言过其实"者"浮"，"贪天之功"者"伪"，凡有此三病者，不宜深交，不可大用。

242．对待错误的态度有五种：

一曰闻过则喜——欢迎批评；

二曰悔过自责——自我批评；

三曰改过自新——改正错误；

四曰文过饰非——掩盖错误；

五曰诿过于人——把错误推给别人。

243．对工作宜默默无闻；

对善事应津津乐道；

对成绩不沾沾自喜；

对名利勿孜孜以求；

对权位勿扬扬得意。

244．凡是达到合度就应停止，避免过度，此谓"适可而止"；凡是获得最佳成果就应回归，避免向对立面转化，此谓"见好就收"。然而，适可而止谈何易，见好就收也难。

245．"做成"一件事，有知识和技能就够了；而"做好"一件事，不仅需要知识技能，还需要意志、情感、理想、美感、精神、人格的全面投入。如果说,"做成"一件事,需要"全力"投入的话,那么"做好"一件事,则须"全人"投入。

246. 老生常谈的话,最不易谈清,因为人们往往对它谈而不思;
习以为常的事,最不易做到,因为人们往往对它漠而不尊。

247. 性急则易患冒进主义,因为情势未至即做决定;
性缓则易患保守主义,因为情况已变才做决定。

248. 对小成绩沾沾自喜,必然对小失败闷闷不乐。

249. 志大才疏之人必然眼高手低。

250. 热衷于"以虚论实"易犯教条主义;
拘泥于"以实论实"易犯经验主义。

251. "力不从心"是能力问题;
"漫不经心"是态度问题;
"漠不关心"是感情问题。

252. 应养成:
平静的心境;
平和的态度;
平实的作风。

253. 勤为立身之基,
仁为道德之本,
孝为百善之首。

254. 合情合理为世间立法;
全心全意为人民服务;
无私无畏为自我养德。

255. 要做好一件事，必须具有客观物质和主观精神两方面的条件。主观精神条件是：心境要宽，心智要明，心力要足，心态要好，心术要正。如果心境不宽，心智不明，心力不足，心态不好，心术不正，必定坏事。

256. 一个人要想取得事业的成功，必须德、才、时、空四者兼备，四者得宜，做到度德而处、量才而行、应时而动、择地而居。即发挥自己的道德优势与人相处，根据自己的才能特长选择职业，及时抓住机遇发展自己，善于利用环境创建基地。

257. 只要出之以公心，持之以诚意，用之以良方，就无事不可为，无难不可克，无坚不可摧。

258. "虽不能至，心向往之"，"取法乎上，仅得其中"是人设计目标、追求目标应该采取的积极态度和心理艺术。因为目标的高远可以使人振作精神、激发活力、克服惰性、排除困难，还可以使人努力创新方法、优化工具。总之，可以推动人最大限度地发扬主体能动性。西方人说："不想当元帅的士兵不是好士兵"，也表达了这种观念。

259. 沉潜而不张扬，稳健而不慌张，付出而不贪求，灵敏而不麻木，勤奋而不懈怠，是做好工作的重要条件。

260. 明哲保身者很难临危受命。

261. 只有具有强烈的问题意识、敏锐的问题感觉、主动的问题态度，才会使思想充满活力，使工作富有生机。如果对问题厌倦无趣、麻木不仁，把有问题当成无问题，把大问题说成小问题，把问题的搁置当成问题的解决。那就不但会使思想萎缩、工作衰退，而且还会使问题积累得越来越多，达到难以解决，甚至无法解决的地步，从而使自己完全丧失了主动性，最终被问题打倒。

262. 即使得到的是沧海一粟、九牛一毛，也要学会举一而反三、闻一以知十，这就需要思考。

263. 风景美丽的地方必定有益于美化人的心灵，但适宜于人居住的地方却未必适宜于人工作。

264. "画虎类狗"是歪曲真相；
　　　"画人成鬼"是颠倒黑白。

265. 对于婚恋的追求，如果沉湎于白马王子和白雪公主的"双白童话境界"，就必然在现实中陷于只有"白马"而没有"王子"，只有"白雪"而不见"公主"的失落境地。

266. 如果一个人谈话或发言时，不分场合，不顾身份，不识时宜。只顾喋喋不休、滔滔不绝地陈述自己的观点。那么，即使观点正确，见解深刻，也会显得不成体统。因而，不受赞许，甚至使人反感。

人类一出现在大地上，就为把自己从动物界提升出来而不懈努力。而到了今天，人类中一些人似乎觉得自我提升太累了，又想把自己下放到动物中去，于是不断放纵自己的自然本能、膨胀自己的生理欲求。

267. 功利冲击道德、科技冲击人文、世俗冲击高雅，是现代化的负效应。

268. "发乎情止乎礼""从心所欲不逾矩"这两句话蕴含着感性与理性、自由与规范、酒神精神与日神精神的统一。中国儒家希望以这种统一来实现人的精神生态、价值世界的平衡。这一观念对"重情轻义""重欲轻理"的当今社会，甚有警示意义。

269. 系统哲学家欧文·拉兹洛在《巨变》一书中说：全球系统遵循着复杂巨系统的进化历程，人类而今已经处于系统发生突变的临界状态，如果人类继续盲目追随西方工业化国家的生产和消费方式走下去，世界人口和消费增长的曲线同全球生态承载能力下降的曲线迟早会交汇，从而引发全球性生态灾难。人类要避免这种灾难的发生，必须进行一场"意识革命"，改变现在人类社会占主导地位的世界观、价值观和思维方式，并且创造出一种新的可持续发展的文明——新理性整体文明。为了创建这种未来文明，首先，应该尽快抛弃五大"恶性迷思"，即（1）大自然取用不竭；（2）自然是个大机械；（3）人生是为生存斗争；（4）市场能分配利益；（5）消费越多越出色，以及一系列过时的观念。其次，采用尊重文化、国家和民族差异的双赢博弈。最后，推行全球伦理和采用"以让别人也能生活的方式来生活"的原则。他还认为，由老子的"自然主义"、孔子的"社会纪律"和佛陀的"追求自我证悟"所形成的中华文化，在现代，"即便无法避免科技导向的市场经济的负面影响，仍可毫无困难地适应甚至改良西方科技"。由此看来，拉兹洛所说的"新理性整体文明"，在世界观、价值观和思维方式上，既是对包含五大"恶性迷思"的西方理性的超越，又是对中华文化智慧的吸纳。这对于我们如何对待和研究中华文化，很有启发。

270. 人的能动性的发挥是有限度的，超过了限度，能动性不但无益而且有害。这个限度就是规律，包括客体事物的规律和主体自身的规律。现代人遭遇的诸多重大问题，例如生态失衡、环境污染、资源短缺、人口爆炸等，莫不是过度发挥人的能动性而造成的。在这种情况下，老子的自然无为哲学确有纠偏救弊之益。

271. "科学发展观"是规律与价值的统一。从规律的意义上说，"科学发展观"揭示了经济社会发展的客观规律，即人与自然之间、人与社会之间、社会的各领域各构成要素之间、当代人与后代人之间相互联系的矛盾统一关系和相互作用的运动发展规律。社会发展应遵循这种客观规律。从价值意义上说，以人为本、全面、协调、可持续都是社会发展的理想状态，所以是发展所应该坚持的价值取向。因此，坚持以人为本，使人与自然的关系相和谐，使社会进步与人的发展相统一，使物质文明、政治文明、精神文明的建设相结合，使城乡之间区域之间的发展相协调，使当代人的发展与后代人的发展相兼顾，这些既是社会发展规律的遵循又是对美好价值的追求。

272．"以人为本"的含义有四：

（1）相对于"神灵本位"（上帝、祖先、神）的以人为本（人文主义）；

（2）相对于"物质本位"（财富、工具）的以人为本；

（3）相对于"官权本位"的以人为本（民本）；

（4）相对于"天命本位"的以人为本（人道、人力）；

（5）相对于"社会本位"的以人为本。

273．"以人为本"的哲学理论定位：

（1）作为世界观的以人为本，认为人是世界的本体，以费尔巴哈为代表；

（2）作为认识论的以人为本，认为人是认识的真理性的最高判定尺度，如普罗太哥拉说"人是万物的尺度"；

（3）作为历史观的以人为本，认为人（人民）是历史的主体，是历史的创造者，以马克思为代表；

（4）作为价值观的以人为本，认为人是世界上最高的价值存在者，其他价值都是由人的价值派生的，以康德的"人是目的"为代表。

274．"以人为本"的含义有二：一是作为"工具理性"的以人为本，其含义是把人作为实现某种目的的基本工具和根本力量，即"依靠人而发展"；二是作为"价值理性"的以人为本，其含义是把促进人的发展、实现人的价值、满足人的利益作为社会发展的目标，即"为了人而发展"。

275．"以人为本"有"工具理性"和"价值理性"双重含义。作为"工具理性"的以人为本是指人是实现某种目的的决定性因素和力量，从事任何工作、完成任何任务，都要立足于发挥人的主动性、积极性、创造性；作为"价值理性"的以人为本是指人是价值主体、价值尺度，也最重要的价值目标，任何工作都应以人的生存和发展、人的利益和幸福、人的权利和尊严为出发点和归宿点，为至上目标和终极关怀。

276. 我们要树立"以人为本"的发展观，反对"以物为本"的"目中无人"的发展观；我们要树立经济、政治、文化相互协调的发展观，反对只追求经济增长的"见利忘义"发展观；我们要树立人与自然相和谐的发展观，反对"伤天害理"的破坏自然的发展观；我们要树立当代人的发展需要和后代人的发展需要相兼顾的发展观，反对以牺牲后代人利益为代价的"断子绝孙"的发展观。

277. 中国人头上悬着三把"双刃剑"：

一是市场经济，其积极作用是通过多元利益主体的竞争机制，使资源配置合理化，从而促进生产力的发展；其消极影响是易导致利益追求的唯一化，使道德价值、人格精神贬值，即唯利是图、见利忘义、拜金主义盛行。

二是现代科学技术，其积极作用是推动生产力快速发展，使物质生活迅速提高；其消极影响是易导致工具理性绝对化，使价值理性、人文精神失落。

三是全球化，其积极作用是给资源共享、资金引入、人才引进、技术交流、经验学习、文化合作提供了广阔的空间和良好的机遇；其负面作用是在霸权主义、西方价值和普世价值的冲击下会导致国家主权控制力和民族文化主体性的弱化，使传统美德、民族精神失陷。

因此，如何在"双刃剑"的挥动下趋利避害，是中国人在21世纪所面临的重大历史课题。

278. 中华民族的伟大复兴是相对于近代以来中华民族的衰弱、落后而言的，所以"复兴"意味着使中华民族重新强盛起来、文明起来，重新进入世界先进民族的行列。因为，这种处于世界前列的发展状态和水平，是中国历史上曾经出现过的，所以，谓之"复兴"。然而，复兴并不是重复，而是在新的历史条件下的发展和繁荣。

279. 中国社会转型过程中的矛盾：
文化矛盾：传统与现代；
工具矛盾：手工工具与机械、电子工具；
产业矛盾：农业与工业；
经济矛盾：产品与商品；
体制矛盾：计划与市场；
政治矛盾：专制与民主；
方略矛盾：德治与法治；
观念矛盾：一元与多元；
价值矛盾：道义与利益；
主体矛盾：群体与个人；
社会矛盾：乡村与城市；
阶层矛盾：农民与市民；
意识矛盾：感情与理性；
分配矛盾：平均与差距。

280. 市场经济的原则以经济学言之是商品等价交换原则，以哲学言之是利益交换原则。就是说每一个商品生产者都希望在市场上获取利益，而且是最大利益。所以"唯利是图"是市场经济的根本原则。因此，道德、情感、信仰、知识、艺术等非利益因素对于从事市场经济活动而言，在实质上是没有意义的。这样，市场经济的存在和发展在本质上必然导致真、善、美等价值的失落。所以，当人们或国家采取市场之外的方式如行政方式、教育方式等来维护、提升这些超功利价值时，诚然会起到一定的价值保持作用，但并不能从根本上挽救价值危机。要使非利益、超利益的价值得到根本上的维系和弘扬，就必须超越市场经济本身。

281. 公众人物对社会风气、道德风尚影响巨大。官员和明星是当今的两大类公众人物。官员的腐败和明星的放荡是导致世风败坏、道德沦丧的重要原因。

282. 当代人文的际遇是：
以功利为目的的知识在遮蔽智慧；
以大众为主体的文化在取代哲学；
以消费为取向的娱乐在毁坏诗歌；
以金钱为尺度的价值在消解精神。

283. 有的人：
对批评，老虎屁股摸不得；
对工作，大象屁股推不动；
对学习，猴子屁股坐不住；
对公财，泥牛屁股擦不净。

284. 焦虑是陷入矛盾之中，企图摆脱而又难以自拔的心理状态。难以自拔故"焦"，企图摆脱故"虑"。现代社会，矛盾交织，困难重重，易陷其中，难寻出路，所以，人的焦虑比以往任何时代为甚。使人常有"拔剑四顾心茫然"之叹。

285. 即使世道沦落到官场无真人、市场无真货、文场无真作、情场无真爱的地步，杀场也会有真刀，战场也会有真枪。

286. "个人主义"是世界观问题，其信条是"人不为己天诛地灭"，"人人为自己，上帝为大家"，"老子天下第一"，"各扫自己门前雪，莫管他人瓦上霜"；"拜金主义"是价值观问题，其信条是"有钱能使鬼推磨""人为财死，鸟为食亡"；"享乐主义"是人生观问题，其信条是"人生在世，吃穿二字"，"嫁汉嫁汉，穿衣吃饭"，"酒足饭饱，活着就好"。

287. 在"言论与道德"的关系上要反对"言而无信"的虚伪主义；在"理论与实践"的关系上要反对"知而不行"的空谈主义；在"内容

与形式"的关系上要反对"华而不实"的形式主义。

288. "虚而不实"是空谈主义；
"玄而不实"是抽象主义；
"华而不实"是形式主义。

289. "浮而不入"——现象而无本质，表面主义；
"大而无当"——抽象而不具体，抽象主义；
"华而不实"——形式而无内容，形式主义；
"述而不作"——守陈而无新意，保守主义。

290. 浮躁风气：
理论基础脆而不坚；
学习态度浮而不入；
思想观点浅而不深；
志趣目标游而不定；
办事作风华而不实；
待人接物伪而不诚。

291. 经商的最低层次是"见利忘义"；
做官的最低层次是"仗势欺人"；
治学的最低层次是"抄袭剽窃"。

292. 官做"疲"了就拖沓；
官做"油"了就圆滑；
官做"懒"了就应付；
官做"狂"了就挥霍。

293. 官场斗争的实质是争权夺利，官场斗争的方式"贬低别人，抬高自己"。

294. 中国当前一些官员权力蜕化的基本特征是"化公为私"。其具体表现为：把"立党为公"的政党观蜕化成"结党营私"，把"执政为民"的权力观蜕化为"以权谋私"，把"大公无私"的用权方式蜕化为"假公济私"。

295. 一些官员大搞政绩工程，然而，却把应该为民造福的政绩，变为了为己升官的资本。在这种异化的政绩中，人民已不是政绩的利益主体，而成了政绩的工具。人民成为政绩工具的同时，也就成了官员的工具，于是所谓创造政绩为人民服务，实质上成了一些官员利用人民创造政绩为自己服务了。

296. 语云"政声人去后"。当一位官员在位的时候，人们或乞于权力，或畏于权势，或待于权绩，不愿意、不敢于或不便于对官员做出真实的评价；而当一位官员离开岗位之后，这些制约人们评价的因素都不存在了，人们才会如实地评价一位官员的政绩、政德和政风。因此，那些在位官员受到的赞扬，往往是虚而不实的，甚至是伪而不真的。

297. 言过其实、私重于公、才高于德的人不可大用。

298. 思想无新见、语言无生气、工作无创意、人格无魅力的人不会成为一个好的领导者。

299. 秩序是一种状态，是各种因素排列、组合而成的有条不紊、有序不乱的平衡状态。秩序有两类：一是客观事物自身固有的秩序，二是由人建立的秩序。人所建立的秩序是由制度、规范来维护的，因而，它可能是对社会发展有利的好秩序，也可能是对社会发展有害的坏秩序。对前者要维护，对后者则要破坏。所以，不应对一切秩序都唱赞歌。

300. 任何人、任何社会，都是在瞻前顾后、左顾右盼中前进的。前者是时间纵轴上的认识，后者是空间横向上的观照。在一纵一横的双向交叉中，既继承历史（顾后）又设计未来（瞻前），既借鉴东邻（左顾）

又学习西舍（右盼）。进而，确认自己现在的处境，决定自己前进的道路和发展的方式。

  301. 能自立才能自主；
    能自主才有自由；
    有自由才会自然。
    民自富是自立；
    民自定是自主；
    民自化是自由；
    民自性是自然。

  302. 政治文明包括政治人格文明、政治制度文明、执政方式文明三大方面。其中，政治人格文明包括勤政、善政、廉政三种品格。

  303. 坏的制度或体制可以使好人变坏，可以使常人受害，可以使无辜者受累。而好的制度或体制不但可以使好人受益，还可以限制坏人为恶。

  304. 不受监督的权力必然走向腐败，没有权力的监督必然走向失败。如果群众监督，没有权力作为支撑，依然不能产生效果。因此，要实现有效的监督，必须赋予群众以权力；民主是赋予人民群众权力的方式，所以，民主的实质是民权。

  305. 少数人拥有的权力，应该维护多数人的权利，如果侵犯了多数人的权利，权力就变成了权势。对于普通人来说要争取权利，制约权力，反对权势。

  306. 正义是社会利益分配的公正问题，仁爱是人际关系的情感关怀问题。一个社会的道德风貌、社会秩序，取决于正义和仁爱两个方面，而且，正义是仁爱的基础。如果只讲仁爱，缺乏正义，脆弱的情感纽带，是难以维护社会安定、推动社会进步的。中国传统儒家文化仁爱多有，正义缺失；等级制度下的仁爱（爱有差等），终究会导致社会的崩溃，封建社会后期，农民起义多以"等贵贱，均贫富"为口号，就是对社会正义的呼唤。任何社会，如果贫富分化、分配不公、特权严重、等级森严，必然会激起人们的正义呼声。

307. "合理性"的含义有三：
一是合天理——客观事物的规律；
二是合公理——人民群众的共识；
三是合思理——思维活动的逻辑。
由于人民群众的共识是以共同利益为基础的，所以，合公理就是合公利。

308. 社会的发展变化有物质层面和精神层面，物质层面的变化是表层的，精神层面的变化是深层的。而深层变化比表层变化对一个社会前进来说地位更重要，影响更深远。所以，衡量和评价一个社会的发展变化，仅有物质性标准是不全面的，还应有精神性标准。意大利女记者访问中国时曾说："这么大的社会，变化如果仅仅是在经济上，而忽略文化精神方面，那么任何变化都不会是真正的变化。"其言甚有见地。

309. 文化传统是一个民族的精神家园，无论是社会如何发展，时代如何前进，国家如何变迁，一个民族都会固守自己的精神家园，这是因为，在文化传统中，积淀着这个民族生成以来长期形成的价值观念、思维方式、心理情感和生存意识。如果离开了文化传统，这个民族就不会处理人类与自然、个人与社会、历史与现实的关系，于是，这个民族也就无法生存和发展。在历史上，凡是丧失了自己的文化传统的民族，都会丧失自己的民族个性，而丧失了民族个性，就意味着这个民族的消亡。因此，文化传统是一个民族的文化命运、精神命脉，它关系一个民族的生死存亡。

310. 在当今时代，每一个民族，都只能在共性与个性的矛盾中探寻自己的文化位置。因为全球化的浪潮把普世性的价值推广到世界的每一个角落，而民族文化的个性保持又是每一个民族的内在要求。于是一个民族就只能在认同共同价值准则和固持自我价值个性的矛盾中，求得文化的生存和发展。在当今时代，一个游离于共同价值之外的民族很难得到发展，而一个失去自己文化个性的民族又很难生存。如此看来，文化价值共性与文化价值个性的矛盾是一个民族生存和发展的矛盾。

311. 在综合国力中，经济实力可以计算，军事实力可以看见，政治力量可以感受到。而文化力量却算不出、看不见，感受不到，只能通过心灵去体悟。因此，人们往往容易忽视文化的力量。人感受不到文化的作用，犹如鱼感受不到水的作用一样。

312. 对一个国家的发展来说，经济、政治、文化都是推动力，然而，由于三者的力量源泉不同，其作用的性质和特点也各异。经济力量源于利益，故是一种物质性力量；政治力量源于权力，故是一种制度性力量；文化力量源于心灵，故是一种精神性力量。经济力量最实，可以计算；政治力量"虚实兼备"，可以看见；而文化力量最"虚"，只能领悟。

313. 文化的意义：对于国家的主体地位而言是精神支柱，对于国家的团结统一而言是精神纽带，对于国家的生存发展而言是精神力量；对于个人的素质结构而言是精神素质，对于个人的价值实现而言是精神动力，对于个人的人生品位而言是精神境界。因之，国家要大力推进文化建设，个人要不断加强文化修养。

314. 在阶级社会中，文化的创造主体与享受主体是分离的，劳动人民是文化的创造主体，却不能充分享受文化；剥削阶级是文化的享受主体，却并非都去创造文化。在社会主义社会，文化的创造主体与享受主体一体化，劳动人民既是文化的创造者，又是文化的享受者。

315. 西方有学者云：知识分子不但应当是社会的良心，而且应当是社会的天线。此言甚是！作为社会的良心，知识分子应当热切地关心人类的命运，承担历史的使命，体现终极的价值；作为社会的天线，知识分子应当敏锐地感应人民的疾苦，感知社会的问题，感触时代的脉搏。而且，作为社会的良心和作为社会的天线二者是统一的："良心"是"天线"的基础和动力，只有热切地关怀而不是麻木不仁，才能够敏锐地感应；"天线"是"良心"的工具和标志，只有敏锐地感应而不是冥顽不灵，才会去热切地关怀。"良心"和"天线"都体现着知识分子与人类命运息息相关、休戚与共的关系，"良心"是情感上的息息相关、休戚与共；"天线"是认知上的息息相关、休戚与共。

316. 哲学、社会科学的学科性质的精神性、观念性，使社会科学人才的功利性尺度失效；其活动方式的独立性、个体性，使社会科学人才的公众化程度降低；其成果实践效应的长期性、无形性，使社会科学人才的速效性价值失落；其社会作用的反思性、批判性，使社会科学人才的受欢迎度被消解；其学科领域的意识形态性，使社会科学人才的认可度难以普遍化。因此，哲学社会科学人才在当今社会往往不被重视。

317. 提高全民族的道德素质，必须把国家的道德建设、社会的道德教育、个人的道德修养三者结合起来。而且应以个人的修养为本。

318. 我国当前道德的主要问题：一是善恶不辨，二是言行不一。善恶不辨是"失范"，言行不一是"失真"。善恶不辨的主要表现是见利忘义、化公为私，言行不一的主要表现是洁言污行、美言无行。因此，道德修养的关键是：义利统一，以义导利；言行一致，以行践言。

319. 道德建设本质上是人的建设，其宗旨是立人（确立人的价值），其内容是为人（为人民服务），其途径是依人（依靠人的自觉性）。

320. 社会主义荣辱观对塑造道德主体的意义在于：

（1）确立道德基线；

（2）划清道德界限；

（3）形成道德系统；

（4）继承传统美德；

（5）体现时代精神；

（6）增强道德自律。

321."形而上者谓之道，形而下者谓之器。"尊道、用器是人的生存方式。然而，要处理好尊道与用器的关系，却非易事。若离器言道，会犯教条主义、理想主义、信仰主义，失之于"虚"、失之于"玄"；若离道执器，会犯经验主义、功利主义、世俗主义，失之于"陋"、失之于"俗"。而要真正做到既以道观器、用器，又依器见道、立道，从而实现"形上之道"与"形下之器"在为人、处事、立世、修身、养性等方面的有机统一，必须有大智慧，必须有高境界。《中庸》云："极高明而道中庸"，《老子》云："和其光，同其尘"，此之谓也。

322."中国"一词有多重意义：有政治的中国（作为政权主体的中国）、民族的中国（作为中华民族大家庭的中国）、文化的中国（作为中华文化载体的中国）。由此，"爱国主义"也就有政治上的、民族上的、文化上的多种意义。

323."爱国主义"有三大基本功能：

一是反对外国侵略；

二是增强民族团结；

三是振奋民族精神。

"爱国主义"有三大理解误区：

一是狭隘民族主义（排外）；

二是文化保守主义（拒变）；

三是绝对忠君主义（愚忠）。

324. "爱国主义"是思想、情感、精神、行动的统一体，而不仅仅是一种情感。思想是对祖国的认同，情感是对祖国的热爱，精神是对祖国的忠诚和信念，行动是指投身于保卫祖国、建设祖国的事业。

325. 中国古代"爱国主义"的基本特征是家国一体（爱国是爱家的延伸）、君国合一（忠君与爱国相交织）。其主体内容是促进民族的生存和发展，维护国家的安全和统一。

近代"爱国主义"的基本特征是爱国与忠君相分离、中学与西学相结合，其主体内容是反侵略、反封建、振兴中华。

现代"爱国主义"的基本特征是爱国、爱党、爱社会主义的统一，其主体内容是自力更生、艰苦创业。

当代"爱国主义"的基本特征是一体多元，其主体内容是开拓创新、实现统一、实现中华民族的伟大复兴。

哲教篇

1. 一言以蔽之，教育的根本精神在于：把知识转化为智慧，把智慧融化为人生。把智慧融化为人生，就能提高素质、强化人文、美化精神、优化人格。

2. 老子言："得道"，孔子言"闻道"，《中庸》云："修道"（"修道之谓教"），韩愈曰："传道。"可见，教育的内容是"道"，教育的目标是"人"。

3. 以人为直接对象的职业有三种：一是医疗，二是管理，三是教育。三者对于人的意义是不同的。医疗的功能是救人，其意义是使人的生命存在；管理的目的是用人，其意义是使人的生命有用；教育的宗旨是化人，其意义是使人的生命发光。医疗追求人的生命价值，管理关注人的工具价值，教育实现人的精神价值。

4. 教育的辩证法：言教与身教相结合，以身教为主；批评与表扬相结合，以表扬为主；智育与德育相结合，以德育为主；文化休闲与娱乐休闲相结合，以文化休闲为主。

5. 官员道德的核心是"公"（以权为公），商人道德的核心是"信"（以信交易），教师道德的核心是"敬"（以敬处业、以敬待人、以敬为学）。"敬"包括关爱、尊重、严谨三重含义。"敬"与"爱"相通，并包含着"爱"，但与"爱"有别："敬"字大，"爱"字小；"敬"字阔，"爱"字窄；"敬"字重，"爱"字轻；"敬"字疏，"爱"字密。有爱而无敬，爱就易流于懈漫、轻浮、随意。语云"尊敬""敬重""敬佩""敬仰"而不云"尊爱""爱重""爱佩""爱仰"，由此语感的不同，可见"敬""爱"之差异。

6. 说起"大学"人们往往会说两句话："传授知识，培养人才。"为了与基础教育相区别，还可以增加四个字，即"传授专业知识，培养专门人才"。这种观念虽然是正确的，但却是片面的、肤浅的。"大学"理念包含着十分丰富、十分深刻的内容：

（1）其教育活动理念为既传授知识更发展学术；
（2）其育人目标理念为既培养人才更优化人格；
（3）其社会功能理念为既服务社会更引导社会；
（4）其历史文化理念为既承传文明更创新文明；
（5）其主体标志理念为既建有大楼更拥有大师；
（6）其治学理念为既有严谨学风更有独立精神；
（7）其管理理念为既完善制度更强化素质；
（8）其工作人员理念为既有专业水平更有敬业意识；
（9）其工作理念为既是做事榜样更是做人表率；
（10）其校园文化理念为既有先进的物质文明更有浓郁的人文环境。

7. "大学之道"：大学是培养"大人"的教育场所。这里所谓的"大人"，不是"伟大人物"，更不是权贵人物（例如封建时代平民称当官者为"大人"），而是伟大人格。伟大人格是顶天立地的人，是对人生意义和价值有所自觉的人，是对民族振兴和人民幸福有所担当的人，是对人类命运和前途有所关怀的人，总之，是有人的良知、人的精神、人的品质的真正的人。养成人格即"成人"是大学之道的真谛。如果仅仅着眼于培养人才而不着力于养成人格，那就违背了大学之道。大学当然要传授知识、训练才能，但这些都是手段和工具，而不是目的，"养成人格"才是大学的根本宗旨、终极关怀。"大学之道"是"成人"之道，大学是"大人"之学。从这个意义上说，中国古代的《大学》一书才真正阐明了"大学之道"的本质:"大学之道在明明德,在新民,在至于止善。"

8. "大人之学":怎样才能通过大学学习养成自己的崇高人格、综合素质呢?(1)以事业统率专业和职业。专业是学科分类概念,其意义在知识;职业是谋生手段概念,其意义在生存;事业是人生价值概念,其意义在人生。学习专业、选择职业虽然也是上大学的目的之一,但却不是大学学习的全部目的,更不是最高目的,大学学习的最高目的是培养学生去创立能实现人生价值的事业。因此,要以创立事业为制高点来统率、引导专业学习和职业选择。成就事业固然要有专业知识和特长作为工具,要有职业岗位作为依托,但有专业知识和职业位置却不一定能成就事业,因为成就事业不但要有专业知识和特长,更需要人具有"德、识、才、学"等良好的综合素质。综合素质好,任何专业、任何职业都可以成就事业,所谓"七十二行,行行出状元"。而综合素质差,即使你学习了多么热门的专业,多么前沿的专业,选择了许多人赞赏、羡慕的职业,也不能成就事业。古今中外有知识而无成就的人,可谓多矣。(2)把掌握生存的工具、方法与理解生存的目的、意义结合起来。大学要教导学生"学会生存",而"学会生存"包括两个方面:一是学会掌握生存的工具和方法,二是学会理解生存的目的和意义。即既懂得"何以生存",又懂得"为何生存"。如果只懂得生存的目的和意义(知识的方向),而不掌握生存的知识和技能,那就不能生存,只能空想;反之,如果只掌握生存的知识和技能而不懂得生存的目的和意义,那就会迷失生存方向,失去生存的意义。具体地说,在专业学习的过程中既要学会"如何"运用知识,又要学会"为何"运用知识。"如何"运用是方法问题,"为何"运用是方向问题。

9. 教师不但要做知识的传授者,还要成为知识的思想者。知识的传授者只是把既有的知识和技能介绍给学生,让学生知道、学会。而知识的思想者则不但把知识传授给学生,还要引导学生去思考知识的形成原因、知识的创造方式、知识的内在联系、知识的人文精神、知识的价值评价、知识的应用方向、知识的可能后果等问题。再渊博的知识的传授者也只是一个知识"贩子",而再浅薄的知识的思想者也是一个知识"主人"。

10. 在教学中,教师所传授的知识,不但是自己知道的,而且是自己思考过的;教师所讲授的理论,不但是自己记得的,而且是自己理解了的;教师所教授的技能,不但是自己会操作的,而且是自己有感受的;教师所用的话语,不但是出之于口的,而且是发之于心的。这样,就可以克服"有学无识""有理无思""有技无情""有口无心"的"无人主义"的课堂教学弊端。

11. 课堂教学的艺术在于在诸多因素的张力中保持和谐,达到抒情而不煽情,说理而不拘理,通俗而不庸俗,深入而不深奥,浅出而不浅薄,自然而不散漫,严谨而不拘谨。

12. 教学上的感染力不仅是以情动人,渊博的知识、深刻的思想、新颖的观点、独特的见解、严谨的逻辑、精彩的语言都会产生强大的感染力。教学上的启发式也不仅是提问求答,设置疑问、指点迷津、引导思考、激发想象、引起兴趣、催发灵感都会产生启发作用。启发的特点是给学生的思维留有余地、留出空间,从而调动学生的思维主动性和积极性,使"教"最终达到"不教"的目的。

13. 教师要搞好教学,应处理好"师与道""师与生"的双重关系。处理"师与道"关系的原则是把外在的"道"(知识、理论)内化为自己的知识、思想、兴趣、情感、心灵、精神、人格,使人与"道"融为一体(同化),这样,传授知识的过程就与呈现人格的过程相融通。处理"师生关系"的原则是对学生的认知规律、思维能力、理解障碍、心态情绪,要有准确深入的了解和设身处地的理解,在此基础上引导、启发、感染学生,与学生思维互动、情绪互通,从而达到知识上、思想上的互化。总之，"师道同化""师生互动"是教学的最高境界。

14. 针对研究生的学位论文中出现的问题，应该向研究生强调的观念是，要他们认识到：
（1）论文的学术意义大于学位价值；
（2）论文的规范遵守先于观点创新；
（3）论文的学风培养重于方法训练；
（4）论文写作过程的实践锻炼高于论文完成后的质量评价。

15. 王蒙在给《松窗随笔》一书写的序言中说，好的文风应该是："有实事求是之意，无哗众取宠之心；有平等切磋之态，无装腔作势之姿；有以理服人之诚，无居高临下之威；有与人为善之心，无刻薄恶毒之状。不搞假大空，不搞浮夸，不搞欺世盗名，不搞煽情作秀，不想一鸣惊人，没有吓人战术。"这不仅是一种好的文风，更是真诚、朴实、善良的做人之道。

16. 学习和写作过程中的弊病：
（1）对文本和理论没有理解——"生吞活剥"；
（2）文章用拼凑连缀的办法写成——"东拼西凑"；
（3）文章的意思不连贯、逻辑不清晰——"南辕北辙"；
（4）文章的文字不晓畅、不通顺、不准确——"佶屈聱牙"。

17. 做文时要顺理而成章（遵循理论以形成逻辑、章守法）；读文时应沿章而求理（通过逻辑、篇章结构分析来把握其思想）。

18. 使"学"与"写"融为一体，以"写"来凝结和升华"学"的心情、收获、意义，例如：学有所乐，写兴趣；学有所得，写体会；学有所长，写专业；学有所用，写现实；学有所通，写未来。

19. 学风的退化的表现：
原典价值失落，二手资料升值；

理性态度淡出，情绪色彩浓烈；
学术精神脆弱，任务观念强化；
独创因素减退，借鉴成分加多；
论证方法缺失，叙述内容加大；
庄重气象消解，轻薄趣味增强。

20. 当前优化学风的关键是：
"诚"的警觉（诚而不伪），
"实"的自觉（实而不浮），
"学"的执着（学而不厌），
"创"的追求（新而不陈），
"矩"的遵守（谨而不漫）。

21. 学风的误区和学风的异化：
把"主观臆造"误认为"思维创新"；
把"情感性赞扬"误认为"客观性评价"；
把"言之有理"异化为"强词夺理"；
把"自信不疑"异化为"自命不凡"；
把"成才自信"异化为"恃才傲物"；
把"借人之力"异化为"贪天之功"。

22. 读书的功用约有四点：一曰增长知识，二曰启发思想，三曰陶冶情操，四曰美化心灵。即为人展示一个真善美的境界，使人的精神得到提升。当然，并不是每本书都兼有这四种功能，能有其一，即好书。

23. 书籍是文化的载体，教育是文化的承传，读书是教育的方式。因此，一个人的阅读史，表现着他接受教育的过程和程度，蕴含着他吸取文化的历程和水平；一个民族的阅读史，决定着民族的精神发育过程，影响着民族的文化发展路径。所以，苏联教育家苏霍姆林斯基说："无限相信书籍的力量，是我教育信仰的真谛之一。"

24. 读书的智慧境界：保宁勇禅师在《示看经警策文》中指出，读佛经"当净三业"，即"端身正坐，如对圣容，则身业净也；口无杂言，断诸嬉笑，则口业净也；意不散乱，屏息万缘，则意业净也"。并说，只有如此才能达到心灵与佛经合一的境界："内心既寂，外境俱消。方契悟于真源，庶研穷于法理。可谓水澄珠莹，云散月明。义海涌于胸襟，智岳凝于耳目。"这不只是读佛经的境界，而是读一切书的最高境界——智慧境界。

25. 巴尔扎克说："真正懂得诗的人，会把诗句中只透露一点半点的东西，拿到自己的心中去发展。"这与孔子说的"举一反三"，含义相类；都希望读者在学习时充分发挥主动性和创造性。

26. 讲课、讲话必须具备启发性和感染力两种功能。启发性要靠说理之深，感染力要靠抒情之真。以理启人，以情感人，二者兼顾，必收良效。

27. 课堂教学有其独特的模式，它不同于时政讲演、学术报告、诗歌朗诵、论文宣读，也不同于电台播音、戏剧独白、讲述故事。其根本特点是既讲述又解释，讲述即传道、授业，解释即解惑、释疑。韩愈所谓传道、授业、解惑，可以说是对课堂教学特征的高度概括。

28. 哲学的学习方式有三种：

一是素养性学习，这种学习的目的是提高自身的人文素质，包括提升人生境界和增强思维能力；

二是专业性学习，这种学习是把哲学当作一门学科、一门知识来学习，其目的是成为从事哲学学科的专业工作者；

三是研究性学习，这种学习的特点是把哲学作为学术研究的对象，通过学习，掌握从事哲学学术研究的能力与方法。

29. 哲学教学和哲学研究应该处理好形上姿态与形下姿态的关系、

理论品格与实践品格的关系、真理精神与时代精神的关系、学术价值与人生价值的关系。处理的方式是：用形上姿态（世界观）观照经验问题；用理论思维把握实践规律；使真理具有时代意义；使学术化为人生价值。从而，达到"以道观器""以器体道"的境界。

30. 从事任何问题的学术研究，都既要有深厚的历史感，又要有深刻的哲理性。历史感是基础，哲理性是灵魂；历史感使人知道来龙去脉，哲理性使人能够探赜索隐；历史感使人觉得厚重坚实，哲理性使人感到深刻高远；没有历史感会流于浮泛，没有哲理性会显得肤浅。

31. "自得"既是一种治学方法，更是一种治学境界。从方法说，它强调自主，反对依附；以境界言，它崇尚自由，摒弃制约。郭象反对依附于"言"，云："明夫至道非言之所得也，唯在乎自得也。"（《南华真经注疏》卷七）陆九渊反对依附于"师"，说："自得，自成，自道，不倚师友载籍。"陈献章反对依附于"书"，谓："学者苟不但求之书而求诸吾心，察于动静之有无之机，致养其在我者，而勿以闻见乱之。去耳目支离之用，全虚圆不测之神，一开卷尽得之矣。非得之书也，得之我者也。盖以我而观书，随处得益；以书博我，则失卷而茫然。"（《陈献章集》卷一《道学传序》）他们都通过反对依附而强调治学的自主性。孟子云："君子深造之以道，欲其自得之也。自得之则居之安；居之安则资之深；资之深则左右逢其源。故君子欲其自得之也。"（《孟子·离娄》）居安、资深、左右逢源，是对治学境界的描绘。后来程颢、朱熹在阐发这一观点时，指出"急迫求之"不能自得，"安排布置"不是自得，自得的境界是"所以处之者安固而不摇"，"所藉者深远而无尽"，"日用之间取之不尽，左右逢源"。（朱熹《四书章句集注·孟子集注》卷八）他们都通过对不受制约的状态的形容，来赞赏治学的自由性。所以，"自得"是用自主的方法达到自由的境界的一种治学态度，它是认识与价值的统一。

32. 学术研究应确立四个层次的目标：

一是准确性目标；

二是深刻性目标；

三是独到性目标；

四是创新性目标。

准确性目标是首先的基本的目标。

33. 治学不可不专，治学也不可太专。不专则无根据，太专则无灵活处。语言学家赵元任说："要作哲学家，需念不是哲学的书。"德国化学家希腾贝格也说："一个只知道化学的化学家未必真正懂得化学。"这是因为学科之间不但互相渗透而且互相支持，离开了他方的支持，自方不会完美；人脑两半球之间既各司其职又互相激发，离开了彼一半，此一半就会窒息。

34. 真理的信念、知识的情感、思想的独立、学术的使命，是一个真正学者的基本精神。

35. "学术"是思想观点和理论论证的统一，思想是"学"，论证是"术"。有"学"无"术"是独断，有"术"无"学"是工匠。

36. 强化学问基础，关键是一个"实"字；

提高学术境界，核心是一个"新"字；

培养学者情怀，精髓是一个"诚"字。

37. 一个学术团体：

不开展学术活动，就没有生命；

没有人热心参与，就没有力量；

不关注现实问题，就没有活力；

不推动学术创新，就没有价值。

38. 学术团体既没有利益也没有权力，只能以有意义的学术活动来吸引人、启发人、推动人、凝聚人。

39. 专业、职业、事业三者是辩证统一关系。专业是选择职业的条件又是创立事业的基础,事业是职业的内容又是专业实现的目标。这就是三者的统一性。然而,一种专业知识可以适应于多个职业的需要,同类职业可能需要多种专业人才从事,而掌握任何专业、从事任何职业的人都能够创造事业。这又是三者关系的辩证性。所以,学好任何专业,对于选择职业、成就事业都是有意义的。

哲诗篇

1. 哲学就是"小桌呼朋三面坐,留将一面与梅花"的超越境界;就是"悄立市桥人不识,一星如月看多时"的孤独心态;就是"日暮乡关何处是,烟波江上使人愁"的乡恋情怀;就是"云横秦岭家何在,雪涌蓝关马不前"的忧患意识;就是"永忆江湖归白发,欲回天地入扁舟"的"反思"精神。

2. 人是客体与主体的统一。苏轼的"不识庐山真面目,只缘身在此山中",王国维的"试向高峰窥皓月,偶开天眼觑红尘,可怜身是眼中人",卞之琳的"你站在桥上看风景,看风景的人在桥上看你"等诗句,都形象化地描绘了人处于主客矛盾中的景况。

3. "人生无根蒂,飘如陌路尘。"形象地描绘了人失去精神本体的生存状态。精神本体是人生的"根蒂",人只有在精神本体上才能安身立命,才能生存发展,才能实现价值。精神本体是什么呢?它是人之为人的根据、人之为人的本质、人异于物的标志。

4. 诗人郑敏说:"诗歌与哲学是近邻。"诗歌是感性形态而哲学是理性形态,诗歌是形象思维而哲学是抽象思维,诗歌抒情而哲学论理。二者如此不同,为什么说二者是近邻呢?原因在于二者都表达了人的乡愁冲动、寻根意识、回归愿望,也即人对"安身立命之所"的探寻。于是乎形成了二者在精神指向上的一致性,都指向人生本质、生命本原、宇宙本体。

5. 情与理的融合是诗歌和哲学的最高境界，诗情中应蕴含哲理，哲理中应荡漾诗情。

6. 悟道是诗的最高境界。然而，既悟道而又是诗，颇难。历史上，有"玄言诗"，有"丹道诗"，有"佛偈诗"，亦有哲学家写的诗，如邵雍的《伊川击壤集》等。以言有悟道处，尚可，以言是诗，皆不可。

7. 古人诗文中，"惜春"与"悲秋"之作甚多，究其旨意，无非对人的生命的珍重。"惜春"是对美好生命存在的眷恋，"悲秋"对美好生命失落的哀伤；"惜春"是对美好生命脆弱的担忧，"悲秋"是对美好生命坎坷的感慨；"惜春"是对美好生命易逝的叹息，"悲秋"是对美好生命难再的感慨。

8. 中国传统诗歌中，"乡愁"和"闺怨"是两个重要主题。男性诗人咏"乡愁"，女性诗人咏"闺怨"（包括男性诗人写作的"闺怨"诗）。而"乡愁"和"闺怨"的情感旨意、精神实质则是对"家园"的追求。这"家园"包含"生活家园"与"精神家园"两个层次。"生活家园"是现实的、形下的，而"精神家园"是理想的、形上的。"乡愁"和"闺怨"的"家园"追求的深层结构是精神"家园"。如果这样去理解"乡愁"诗和"闺怨"诗，就可以探索其所蕴含的本体意识了。因为，哲学就是"怀着乡愁的冲动去寻求家园"。

9. 人对自然态度有三种方式。（1）先秦诗人以自然为比兴的工具，如"关关雎鸠，在河之洲；窈窕淑女，君子好逑"；如"子在川上曰：逝者如斯夫，不舍昼夜！"（2）魏晋诗人以自然为愉悦的本体，如"池塘生春草，园柳变鸣禽"；"采菊东篱下，悠然见南山"。（3）唐宋诗人以自然为与人合一的主体，如"野旷天低树，江清月近人"（孟浩然《宿建德江》）；"云想衣裳花想容"（李白《清平调词三首》）；"春风不相识，何事入罗帏"（李白《春思》）；"举杯邀明月，对影成三人"（李白《月下独酌》）；"浮云游子意，落日故人情"（李白《送友人》）；"雁引愁心去,山衔好月来"(李白《与夏十二登岳阳楼》);"江山如有待,花柳自无私"(杜甫《后游》);"感时花溅泪,恨别鸟惊心"(杜甫《春望》);"水流心不竞,云在意俱迟"(杜甫《江亭》);"岸花飞送客,樯燕语留人"(杜甫《发潭州》);"山围故国周遭在,潮打空城寂寞回。淮水东边旧时月,夜深还过女墙来"(刘禹锡《石头城》);"白雪却嫌春色晚,故穿庭树作飞花"(韩愈《春雪》);"天平山上白云泉,云自无心水自闲。何必奔冲山下去,更添波浪向人间"(白居易《白云泉》);"春蚕到死丝方尽,蜡炬成灰泪始干"(李商隐《无题》);"东风不为吹愁去,春日偏能惹恨长"(贾至《春思二首》);"吴山青,越山青,两岸青山相送迎,谁知离别情"(林逋);"云破月来花弄影"(张先);"泪眼问花花不语,乱红飞过秋千去"(欧阳修);"红杏枝头春意闹"(宋祁);"一枝红杏出墙来"(叶绍翁)等,都以景物主体化的特征而成为唐宋诗词意境高远的佳作。——这些是王建疆提出的深刻见解。① 然而,他称先秦以自然景物为喻体来说明道理是"人对自然的玄化",魏晋诗人把自然景物作为描写对象、作为本体对待是"人对自然的情化",唐宋诗人以自然为与人合一的主体是"人对自然的空灵化",似欠准确。三种对待自然的方式应概括为"人对自然的工具化""人对自然的本体化""人对自然的主体化"。

10.《诗经》云"瞻彼日月,悠悠我思"(《邶风·雄雉》)表现了人的思维与天合一的观念。

11. 陶渊明的超越方式不是皈依宗教,也不是遁迹山林,而是"归隐田园"。"归隐田园"的超越方式具有突出的特点:它既不沾染俗气("少无适俗韵")又不脱离人间("结庐在人境");既过平常的生活("衣食固其端")又有超常的境界("不慕荣利");既有富裕的希望又有固穷的节操;既有对必然的顺应又有对自由的追求(《桃花源记》)。

---

① 参见王建疆《人与自然关系中的诗歌景物流变》,《光明日报》2006 年 7 月 8 日。

这种超越境界，不是皈依上帝、否定现实生活的宗教式超越，也不是遁迹山林、不食人间烟火的神仙式超越，而是一种复归本体的哲学式超越。"田园"是最近于自然的人间，是人间世的本体。哲学式超越是不能用语言阐明的，所谓"此中有真意，欲辨已忘言"。这种超越境界是怎样实现的呢？"问君何能尔？心远地自偏。""心远"就是心灵的距离感和精神的升华性，即和世俗保持距离，使精神超然物外。陶诗"结庐在人境，而无车马喧。问君何能尔，心远地自偏。采菊东篱下，悠然见南山。山气日夕佳，飞鸟相与还。此中有真意，欲辨已忘言"，可以视为陶渊明哲学式超越的宣言。

12. 陈子昂诗云"前不见古人，后不见来者。念天地之悠悠，独怆然而涕下"，是对有限人生与无限宇宙之间的矛盾的自觉，是对人生有限性的悲叹，也是对追求生命无限性的无奈。然而，人为什么要超越有限而追求无限呢？这是一个颇为深刻的哲学问题。

13. "但愿得者如吾辈，虽非我有亦可喜"是一种非常旷达的得失观，对物、对人，皆应如此。俄普希金诗云"愿上帝赠给您一人，像我一样爱你"亦即此心态也。然而，人多有贪得、占有之心，达到此旷达心境并非易事。

14. 杜甫《后游》诗云："江山如有待，花柳更无私"表现了一种开阔、无私、弘远的胸襟。江山好像等待着人的观赏，而敞开了自己的风景；花柳更是为了使人心情愉悦，而贡献着自己的美丽。宇宙万物都乐奉献、无私心，人应该有与此同一的胸襟和境界。

15. 饶宗颐先生说杜甫"视诗为己分内事"，认为"宇宙一切气象，应由诗担当之"。"诗，充塞于宇宙之间，舍诗之外别无趋向，别无行业，别无商量。此时此际万物森然于方寸之间，充心而发，充塞宇宙者，无非诗材。……几乎无物不可入诗，无题不可为诗，此其所以开拓千古未有之诗境也。"① 作诗如此，做他事亦如此。只有视事业为"分内"事，即把自己从事的工作内化为自己的生活内容、生存方式、生命意义、人生价值，才能使事业达到终极标准、极致水平、最高境界。如果总是以"分外"态度处事业、做工作。把自己所从事的工作视为外来的命令、强加的任务、多余的负担，那必然使事业停止于低水平、低层次。"分内"与"分外"的价值态度，可谓有天壤之别。

16. 人的肉体只能局限于一定的时空之中，"前不见古人，后不见来者"；"怅望千秋一洒泪，萧条异代不同时"。（杜甫《咏怀古迹五首之二》）但人的心灵、精神却可以神交古人，意想来者，超越当前的存在境遇。所谓"身无彩凤双飞翼，心有灵犀一点通"，所谓"摇落深知宋玉悲，风流儒雅是吾师"（杜甫《咏怀古迹五首之二》），就是诗人的精神对肉体的超越。

17. 李白诗"众鸟高飞尽，孤云独去闲；相看两不厌，只有敬亭山"。王维诗"独坐幽篁里，弹琴复长啸，林深人不知，明月来相照"。柳宗元诗"千山鸟飞绝，万径人踪灭，孤舟蓑笠翁，独钓寒江雪"。都以孤独与寂寞之景况，来寄托诗人对超越境界的追求和坚守。李白的"看山"、王维的"坐月"、柳宗元的"钓雪"都是对人间世的疏远、脱离，都是在追寻一种超越世俗污浊的境界。

18. 唐人司空曙《江村即事》诗："钓罢归来不系船，江村月落正堪眠。纵然一夜风吹去，只在芦花浅水边。"可以借用为对自由与必然关系的形象描绘。"不系船""风吹去"是自由，"只在芦花浅水边"是必然。没有绝对超越必然的自由，也没有完全消灭自由的必然。自由与必然是对立统一关系。诗意的主旨是以必然统率自由。这首诗还可以作为对孔子"从心所欲不逾矩"的形象注释，"不系船""正堪眠""风吹去"是"从心所欲"，"只在芦花浅水边"是"不逾矩"。自由与规范也

---

① 饶宗颐：《澄心论萃》，上海文艺出版社1996年版，第64页。

是对立统一关系。

19. "月落乌啼霜满天，江枫渔火对愁眠。姑苏城外寒山寺，夜半钟声到客船。"（张继《枫桥夜泊》）描绘了一种宁静、寂寞、孤独、凄清的境界。这是一种远离身外俗物、回归内心世界的境界，是一种走出尘世喧嚣、回归心灵宁静的境界，是一种反思现实生活、寻觅精神故乡的境界。在这种境界中，人总是有一种无名的哀愁和伤感。这正是形而上的超越境界的特征。所以这首诗是有深长的人生哲学意味的。

20. 唐代诗人张若虚的《春江花月夜》，是一首情景交融、情境优美、情思缠绵、情怀伤感、情韵回旋的诗歌。它不仅描绘了春江花月夜幽美而迷茫的景色，抒发了离人思妇期盼游子归来的伤感而缠绵的情怀，而且，还蕴含着对宇宙人生的深沉哲思。"江畔何人初见月，江月何年初照人"是对人类起源和人与自然形成相对性关系的追问。"人生代代无穷已，江月年年只相似"是对人世的变迁性与自然的同一性、人生的有限性（人世的变迁和绵延，是以一代人、一个人生命的有限性为条件的）与自然的永恒性的叹息。"不知江月待何人，但见长江送流水"是对自然奥秘（自在之物）的不可知性与自然现象的可知性的反思（也是对未来的不可知性与现实的可把握性的反思）。"玉户帘中卷不去，捣衣砧上拂还来"是对客观存在不以人的主观意志为转移的无奈。"此时相望不相闻，愿逐月华流照君"是对超越身体局限性的精神自由的追求。"江水流春去欲尽，江潭落月复西斜。斜月沉沉藏海雾，碣石潇湘无限路"是对时间流逝不能改变空间距离的感叹。从总体言之，这首诗深刻地蕴含着面对宇宙永恒与人生短暂、宇宙无限与人生有限、自然和谐（春江花月的美景）与人生不幸（生离死别）的重重矛盾，人的伤感、孤寂、无奈和追求超越的愿望。

21. 冯友兰把李商隐的诗句"身无彩凤双飞翼，心有灵犀一点通"，"春蚕到死丝方尽，蜡炬成灰泪始干"，"永忆江湖归白发，欲回天地入扁舟"等阐发为人类精神的反思。因为，它蕴含着诗人对人类精神生活的了解和体会，即对精神生活中有限与无限、本性与责任、出走与回归等矛盾的感慨和体认。

22. 人的生存环境对人的生存样态有重要作用，人的生活道路、个性形成，乃至人格培养，都与环境相关。环境固然也在变化，但对于一个个体而言，它是不以主观意志为转移的客观力量。唐人高蟾《下第后上永崇高侍郎》诗云："天上碧桃和露种，日边红杏倚云栽。芙蓉生在秋江上，不向东风怨未开。"这首诗的本意是对一些士人巴结权贵以求腾达的批判，对自己保持独立人格的清高操守的自许，但可以用来说明环境与人的生存的关系。在这一借题发挥的意义上，该诗以碧桃、红杏、芙蓉的生长与环境的内在联系，形象比喻环境的难以改变性以及环境对人生存的作用，也表达了人对于难以改变之环境的无奈态度。

23. 程颢诗《秋日偶成》云"闲来无事不从容，睡觉东窗日已红。万物静观皆自得，四时佳兴与人同。道通天地有形外，思入风云变态中。富贵不淫贫贱乐，男儿到此是豪雄"，很好地体现了"极高明而道中庸"的人生态度。"四时佳兴与人同""思入风云变态中""富贵""贫贱"，皆"中庸"平易之道也。而"万物静观皆自得""道通天地有形外""富贵不淫""贫贱而乐"，乃"高明"超越之境也。

24. 普遍性是特殊性事物的共同本质，因此，认识了普遍性就能纲举目张、以一统多地认识特殊，把握特殊。朱熹诗《春日》云："胜日寻芳泗水滨，无边光景一时新。等闲识得东风面，万紫千红总是春。""识得东风"就会把握"无边光景""万紫千红"的共同本质——"春"。

25. "天地有心归道德，山河无力为英雄。"（唐·可止《题楚庙》）这两句诗把"道德"作为"天地之心"，认为有德之人会得到天地之助，而有才之人（英雄）只能凭个人努力，山河无力助之，亦无心助之，明确地表达了儒家"崇德轻力"的观念。

26. "每见人心多踌躇,方知世路有坎坷。"这两句诗说明世路的坎坷不平引起了人心的踌躇不前,人心的踌躇又表现了世路的坎坷。人的心态总是由世态决定的,而人的心态又反映着世态。

27. 古诗云"人生不满百,常怀千岁忧",深切表达了对人的肉体存在的有限性与精神追求的无限性之间的矛盾的感慨。刘禹锡诗云:"人世几回伤往事,山形依旧枕寒流。"苏轼云:"哀吾生之须臾,羡长江之无穷。"深沉表达了对人的生命的短暂性与自然存在的永恒性之间的反差的哀伤。

28. 王国维有"治学三境界":第一境界是"昨夜西风凋碧树,独上高楼,望断天涯路";第二境界是"衣带渐宽终不悔,为伊消得人憔悴";第三境界是"众里寻他千百度,蓦然回首,那人却在,灯火阑珊处"。曹正文有"写文章三境界":第一境界是"山重水复疑无路";第二境界是"为伊消得人憔悴";第三境界是"语不惊人死不休"。[①] 胡马提出"人生三境界",第一境界是"归去,也无风雨也无晴";第二境界是"而今尽识愁滋味,欲说还休,欲说还休,却道天凉好个秋";第三境界是"终是落花心绪好,平生默感玉皇恩"。他解释说:第一境界是超越感性,不侈谈道德担荷,把追求真理作为唯一美德;第二境界是埋藏苦难于心底,以悲剧情怀,从事入世事业;第三境界是感谢上苍,它赋予我们智慧的痛苦,也给了我们高贵的灵魂。[②]

29. 唐诗多气,宋词多情;
   唐诗以力胜,宋词以境胜;
   多气者能激人,多情者能感人;
   以力胜者动人,以境胜者化人。

[①] 曹正文:《秋天的笔记》,上海社会科学院出版社 2002 年版,第 201 页。
[②] 参见胡马《杜甫与王维:中国传统诗学的两个体系》,《中华读书报》2005 年 8 月 24 日第 12 版。

30. 童心和爱心是诗的种子。

31. 真正的诗是生命的声音，是人生的体验。

32. 将每一位大诗人的诗作和人生统一观之，都可以提炼出一种精神。例如，陶渊明的自然精神，李白的自由精神，杜甫的道德精神，王维的空灵精神，李商隐的含蓄精神，苏轼的旷达精神，辛弃疾的功业精神等。诗人的精神是其生命人格、诗歌风格、价值理想的综合和融会。

33. 关于诗的本质，古代有"言志""缘情"之说，且二说时有争论。其实皆不全面。写景、抒情、言志、悟道相融合，才能形成诗的意境，才是诗的本质。四者有其一，非真诗；四者少其一，非优诗。然而，在古今诗人中，能把四者兼顾且融化一体者，鲜矣。屈原、陶潜、李白、杜甫、苏轼可谓凤毛麟角。其次者，或可兼有其二，或可兼有其三。

34. 诗是由各种因素构成的有机的、和谐的统一体，其中的每一要素只有在自己的界限内发挥作用才会使诗保持和谐，从而维持本性。若其中的任一要素越出限度，压倒其他或遮蔽其他，就会导致诗的异化。黄山谷以"典"（典故）异化了诗，易顺鼎以"言"（语言技巧）异化了诗，沈曾植以"学"（学术）异化了诗，袁枚以"智"（机智）异化了诗，更有不少诗人以"律"（格律）异化了诗。

35. 朱彊村说："枉抛心力作词人。"作诗词必须"抛心力"，只有"抛心力"才能写出绝妙好词。对于作词而言，"心力"不存在"枉抛"的问题。因此，所谓"枉抛"，指的不是作词的态度和精神问题，而是词和词人的价值问题。因为词是文学艺术，是对美的追求，是对情的抒发，它无关名利，不涉功业，对它抛的心力再多，也无助于人的生计，无助于人的生活。以此价值尺度衡量，作诗词、做词人当然是"枉抛心力"。当然，词人说自己做词人是"枉抛心力"，显然也有自嘲之意，而这种自嘲，却内含着一种超越平庸的清高和自负，也蕴含着一种不被俗人理解的无奈和无聊。

36. 魏晋人谈哲学有"言意之辨",清人张惠言论词引《说文解字》云:"意内而言外谓之词。"在"言意关系"中,"言"较明晰,即语言所说的形象;而"意"则有志(意志)、情(情意)、义(意义)、理(道理)等多重含义。于是,清代词论中的"寄托说",其所谓寄托的具体内容各有差异:报国之志是寄托,忠孝之义是寄托,男女情爱是寄托,宇宙之理也是寄托。

37. "一语天然万古新,豪华落尽见真淳。"元好问赞陶渊明的这两句诗,以"天然"与"雕琢"相对,"真淳"与"豪华"相对。这不仅是对陶渊明诗风的赞赏,也是对陶渊明人格的赞美。陶渊明是一位"天然""真淳"之人,他既不矫揉造作、伪而不真,也不虚浮夸张、华而不实。他超越了世俗间一切名缰利锁的束缚、俗规戒律的羁绊、成败得失的计较,顺应自然,保持纯真。陶渊明常用"不"字表达自己这种"天然""真淳"的人生态度:(人生)"不慕荣利",(劳作)"不避风日",(读书)"不求甚解",(心怀)"不戚戚于贫贱、不汲汲于富贵"。这种人生境界,只有去掉"雕琢"、落尽"豪华",才能达到。

38. 王之涣的《登鹳雀楼》诗,全写动态。"白日依山尽"写"日动","黄河入海流"写"河动","欲穷千里目"写"心动","更上一层楼"写"人动"。由于天与地、人与物、形与神、远与近皆动,因而形成了磅礴的气势、勃发的态势,这是图画所无法描绘的。

39. "沉舟侧畔千帆过,病树前头万木春。"刘禹锡这两句诗的本意是感叹衰落事物的不幸,而后来人们却把它释为对新生事物战胜陈旧事物的赞美,这种反意之解竟使它成为千古名句。可见,诗无达诂,曲解甚或能生发新义。然而,曲解并非主观臆造,仍应以文本为阐释依据。由此可见解释过程是释者与文本的互动过程。

40. 黄庭坚诗之境界举隅。

景境:"落木千山天远大,澄江一道月分明。"

情境:"朱弦早为佳人绝,青眼聊因美酒横。"

理境:"世上岂无千里马,人中难得九方皋。"

心境:"桃李春风一杯酒,江湖夜雨十年灯。"

意境:"持家但有四立壁,治病不蕲九折肱。"

41. 熊达《闻黄鹤楼重建》诗"重建蛇山百尺台,昔时黄鹤又归来。题诗座上无愁客,吹笛楼中有落梅。江汉滔滔奔眼底,古今历历注胸怀。披襟四顾无遮碍,万里雄风一快哉",写得气势磅礴,气度恢宏,气韵回旋。其精神在一"气"字。然而,深度似有不足。

42. 龚自珍和鲁迅都在黑暗和沉寂中呼唤风雷。龚自珍认为,沉寂是中国的悲哀("万马齐喑究可哀"),只有天降人才才能使中国充满生机("九州生气恃风雷");鲁迅认为中国在黑暗和沉寂中是危险的("万家墨面没蒿莱,敢有歌吟动地哀"),只有风雷才会使中国振兴("心事浩茫连广宇,于无声处听惊雷")。毛泽东对这二诗,都很欣赏,都曾引用。并诗云:"五洲震荡风雷激。"

43. "人淡如菊,交淡如水"是余光中对君子人格的绝妙描绘。

44. 牡丹有贵态;

菊花有清韵;

梅花有幽姿;

莲花有高格。

45. 从文学中把握它所蕴含的对宇宙、社会、人性、人生的认识,体会它所提出的终极问题,探索它对人的终极问题的解答意向和明确答案,就会使文学阅读上升到哲学层次。

46. 人生的处境是戴着锁链跳舞,是照着乐谱歌唱,是带着绳索飞翔。海阔任鱼跃，但鱼不可能跃出大海；天高任鸟飞，但鸟不可能飞出天空。人可以"从心所欲"，但人不能"逾矩"；船可以"纵然一夜风吹去"，但却"只在芦花浅水边"。人可以在没有路的地方走出新路，鲁迅说："走的人多了就变成了路"，但当路走出来以后，路又制约着人的行走。"人各有志"是自由，"人各有命"是局限。人生就是"百年力与命相持"的尴尬、无奈过程。而人生的意义就在这矛盾之中。自由相对于"规范"而言，才会呈现其价值，假如人达到了绝对自由的状态（完全不受规范的束缚），自由就失去了价值。"义"是"利"的规范，"理"是"欲"的规范，"群"是"己"的规范，"天"是"人"的规范，义务是权利的规范。规范就是界限，就是锁链、枷锁、绳索、命运、围墙。衣裳可以御寒，给了人自由，但又使人受到了束缚。野兽不穿衣裳因而不受束缚，在这一点上似乎绝对自由，但野兽不是人，因为它不穿衣裳，不穿衣裳就是没有文化。没有文化就是没有生活，没有生存的意义。生活是有意义的生存，可以说，生活就是人的生存的意义。器物在存在，野兽在生存，而人在生活，生活就是矛盾、困惑、悖论、二律背反。就是有时候"搬起石头砸自己的脚"，就是既"人生识字聪明始"，又"人生识字糊涂始"。就是既"心有灵犀一点通"（自由），而又"身无彩凤双飞翼"（局限）。

47. 深蕴哲理的联语格言。
（1）充海阔天空之量（道家），
养先忧后乐之心（儒家）。
（2）大事清楚，小事糊涂。
（3）人至察则无徒，水至清则无鱼。
（4）大肚能容，容天下难容之事；慈颜常笑，笑世间可笑之人。
（5）神似秋水十分静，性若春醪一味醇。
（6）清风大雅能容物，秋水文章不染尘。
（7）小康三杯酒，大富五车书。
（8）有书真富贵，无事小神仙。

（9）千秋明月澄天海，一片冰心在玉壶。

（10）宝剑锋从磨砺出，梅花香自苦寒来。

（11）天下事，了犹未了，何妨以不了了之；世外人，法无定法，然后知非法法也。

48. 我深思：
蝶，是飞翔的花；
云，是飘着的浪；
树，是站立的绿色；
影，是躺倒的光；
天，是倒光了波浪的海；
雾，是大地热情的蒸发；
太阳，是天地跃动的心脏。

49. 庄子在李白的诗中歌唱，
李白在庄子的哲学中深思。

50. 当时代不需要哲学的时候，
庄子躲进到李白的诗中；
当人间不需要诗的时候，
李白逃离到苏轼的字中；
当人间不需要书法的时候，
苏轼隐入到扬州八怪的画中；
当人间不需要画的时候，
八怪们纷纷下海去了。

哲人篇

1. 一个好的哲学史家，首先必须是一个好的哲学家；一个好的哲学家，首先必须是一个好的思想家。

2. 哲学家应该：
"瞻前顾后"以反思"古今"；
"左顾右盼"以观照"东西"（东方与西方）；
"仰观俯察"以贯通"天人"。
此即"究天人之际，通古今之变"（司马迁）；再增加一句曰："论东西之异。"

3. 要真正理解某种哲学，应该具体到它的实在、存在的形态中去把握。一是要到体现这种哲学的人格中去把握。每种哲学都可以找到一个奉行和实现这种哲学的人。庄子的人格和他的哲学是统一的，庄子是其哲学的人格体现。二是到体现这种哲学的文学中去把握。每种哲学都可以通过某种"文学作品"去体现。李白诗体现道家哲学，杜甫诗体现儒家哲学，王维诗体现佛家哲学。《红楼梦》体现了道家（主要的）、儒家、佛家哲学。三是到实践这种哲学的社会统治思想中去把握。每种社会都会实际体现一种哲学特征。秦王朝是法家的社会体现，汉初是黄老的社会体现，汉、宋、明、清是儒学的社会体现，而墨家的社会体现可以在梁山泊、太平天国的社会集团中看到影子。

4. 在学科相互渗透、相互交织的现今时代，职业哲学家已经没有存在的可能性和必要性了。任何人都可以进行哲学思考，都可以进行哲学创造。

5. 当真正面临死亡时，人人都是哲学家。因为，在此时，只有在此时，人人都能进行反思，人人都会追求超越。

6. 一个民族既需要伟大的思想家，也需要平凡的思想者。只有对所有思想者的优秀思维成果，都予以珍视和弘扬，这个民族的理论思维水平才会不断提高，精神境界才会不断提升。

7. 郑孝胥叔祖郑世恭以"天象"比喻唐代诗人曰："少陵如日，李白如月；摩诘如云，随地涌出；孟浩然如雪；高、岑如风；孟郊如霜，着人严冷，其气肃杀；昌黎如雷；长吉如电；飞卿诗远胜义山，在天虹也；卢仝、刘叉等雹也；自初唐至盛唐，如四杰诸公，五行二十八宿也。"郑孝胥补充说："韦苏州之雅淡，在天为露；柳子厚之冲远，在天为银河；元、白雾也，能令世界迷漫。自宋以下，则不足拟以天象矣。"① 仿此喻法，中国先秦哲学亦可以"天象"拟之：孔子如朗朗之日，老子如皓皓之月，墨子如润物之雨，孟子如浩荡之风，《易传》如银河之缥缈，庄子如白云般自如，荀子势若雷电，韩非凛若冰霜。

8. 中国文化没有上帝崇拜，但有圣人崇拜，于是孔子成了中华文化的人格象征。由于孔子与中华文化的这种内在一致性，与中华民族精神的这种历史融通性，孔子在中国已经被研究了两千年，今后还会继续研究下去。孔子不仅是属于鲁的而且也是属于秦的，不仅是属于中国的也是属于世界的，不仅是属于古代的也是属于今天的。因此在当今时代，研究孔子应有一个新的坐标系，应该进行"视界融合"。这种"视界融合"应是历史、时代、中国、全球四种视界的融合。通过历史性视界确定孔子的本来面貌、真实思想和历史地位；通过时代性视界发现孔子思

---

① 郑孝胥光绪八年六月二十四日日记，转引自《海藏楼诗集》，上海古籍出版社 2003 年版，前言第 3—4 页。

想对于21世纪的时代意义；通过中国性视界发现孔子对于中国实现现代化特别是构建社会主义和谐社会所蕴含的智慧资源；通过全球性视界发掘孔子思想的普世价值和对于维护中华文化主体性的功能。我相信，通过四大视界的融合，孔子研究必定能达到前所未有的新境界。

9. 研究孔子的重大意义毋庸赘言，可以一言以蔽之：研究孔子就是研究中国，就是研究我们自己。只有深入研究孔子才能深刻认识中国，才能深入认识我们自己。只有深入研究孔子，中国人才能达到真正的文化自觉。从某种意义上说，孔子并不需要我们，而今天的我们却一定需要孔子。

10. "自自然然"的老子，
"凄凄惶惶"的孔子，
"辛辛苦苦"的墨子，
"滔滔不绝"的孟子，
"逍逍遥遥"的庄子，
"严严整整"的荀子，
"急急切切"的韩非子；
老子最有智慧，
孔子最有涵养，
墨子最有义气，
孟子最有气魄，
庄子最有诗意，
荀子最有学问，
韩非子最有悲愤。

11. 中国人有孔子情结，但这种情结很复杂，是一种"剪不断，理还乱，别是一番滋味在心头"的感觉。在中国人的心目中，孔子既被神圣化过，也被妖魔化过。神圣化时他是"至圣先师"；妖魔化时他是"千古罪人"。在中国人的情感中，由于孔子是中华文化的象征，所以说到孔子时有一种庄重感；由于孔子思想曾经是封建专制主义的意识形态，所以说到孔子时又有一种愤怒感；由于孔子曾被称为"孔老二"，孔子的学说体制曾被称为"孔家店"，所以说到孔子时又有一种滑稽感；由于孔子的言论平易切实，所以说到孔子时又有一种亲切感；由于孔子及其所创立的儒学在世界上影响广泛，又有一种自豪感。孔子给当代中国人的感觉十分复杂。

12. 哲学家哲学志向的确立有两种方式。

一是他人启发。张载21岁时在延安上书谒范仲淹，范"一见知其远器，乃警之曰：'儒者自有名教可乐，何事于兵？'"因劝其读《中庸》。（见《宋史》列传）张载受到启发，开始研读哲学。萨特28岁时见到现象学者雷蒙·阿隆。雷氏对萨特说："小兄弟，你如果是一个现象学家的话，就可以对一杯鸡尾酒大做文章，从里面弄出一些哲学来。"萨特激动得脸色发白，从此开始了他的哲学生涯。

二是天性使然。陆九渊三四岁时，问父亲"天地何所穷际？"父笑然不答。陆九渊"深思至忘寝食"。（《陆九渊集·象山先生行状》）8岁时，"闻人诵伊川语，自觉若伤我者。亦尝谓人曰'伊川之言，奚为与孔子、孟子之言不类？'"（《陆九渊集·象山先生行状》）王阳明幼年读书时，曾问塾师"何为第一等事？"师曰："惟读书登第耳。"王阳明疑曰："登第恐未为第一等事，或读书学圣贤耳。"（《王阳明年谱》）陆、王好为玄远之思，出于秉性。

静致斋释词

中国儒学辞典释词

一阳生

意为冬至阳气初动也。《周易》卦象━为阳，--为阴。乾卦☰为纯阳，坤卦☷为纯阴；阴历五月，姤卦用事，一阴下生。十一月复卦用事，一阳下生。其时为冬至节，故有冬至一阳生之说，又称为一阳复来。

一阳复来

（见"一阳生"条）

一阴一阳之谓道

《周易》中的矛盾思想，见《系辞上》。意谓一阴一阳两种相互矛盾着的事物、性质或力量互相对立、互相转化，就是规律。《易传》十分强调事物的变化，并认为变化的动因是阴阳两种对立统一力量的相互作用。"一阴一阳之谓道"就是这种哲学观点的高度概括。把阴阳交替视为宇宙根本规律，是儒家的重要思想，是中国哲学最基本的观念之一，对中国传统哲学的发展具有重要意义。

八卦

儒家经典《周易》中的八种基本图形，以"━""--"两种符号组成。"━"为阳，"--"为阴。八卦的名称是：乾（☰）、坤（☷）、震（☳）、巽（☴）、坎（☵）、离（☲）、艮（☶）、兑（☱）。《易传》作者认为八卦主要象征天、地、雷、风、水、火、山、泽八种自然现象。八卦中乾、坤两卦最为重要，分别象征阳性的天和阴性的地，是世界上一切现象的最初根源，"乾道成男，坤道成女。乾知太始，坤作成物"（《周易·系辞》）；是易道蕴藏的根本，"乾坤易之缊邪！乾坤成列而易立乎其中矣"（《周易·系辞》）。《周易》中的六十四卦由八卦中的两卦错综重叠而成。八卦作于远古时代，相传为包牺氏所创。《周易·系辞》："古者包牺氏之王天下也，仰则观象于天，俯则观法于地，观鸟兽之文与地之宜，近取诸身，远取诸物，于是始作八卦，以通神明之德，以类万物之情。"此系传说，是否史实，殊难论定。八卦在古时用以卜筮。后世儒家把八卦作为宇宙万物的基本象征图形，以说明世界的构成和变化。八卦的象征范围，随着时代而逐渐扩展。八卦对后来的道教也有很大影响，特别是用以指导修炼内外丹。（参见"卦""六十四卦"条）

八象

《周易》八卦之象。八卦是《周易》的八种符号，象征着自然界的八种现象和物质。《易传·说卦》："乾（☰）为天、坤（☷）为地、震（☳）为雷、巽（☴）为风、坎（☵）为水、离（☲）为火、艮（☶）为山、兑（☱）为泽。"八象即八卦象征的八种自然现象和物质。《易传》作者认为，八卦可象宇宙一切事物，每卦可象多种事物，而上述八象乃八卦之基本卦象。

人定胜天

　　人定，犹言人谋。谓人力可以战胜自然，人们可以自己掌握自己的命运。殷、周时，尊天思想占统治地位。西周晚年，随着奴隶制的衰落，天命神权受到了广泛冲击。春秋时期，重民轻神的思想开始出现，并产生了天人相分思想的萌芽。孔子虽有尊天、知命的思想，但重视人事。战国时期，随着社会政治、经济的变革和自然科学技术的发展，天命论受到更深入的批判，荀子明确提出"明于天人之分"和"制天命而用之"的命题，一反过去儒家"畏天命"的传统观点，认为"从天而颂之，孰与制天命而用之"（《荀子·天论》）。主张积极发挥人的主观能动作用，去控制、改造、征服自然使之为人类服务。唐代的刘禹锡继承和发挥了荀子的思想，提出了"天与人交相胜，还相用"（《天论》）的著名学说，既区别了"天之所能"和"人之所能"，又阐明了二者的辩证关系。在此基础上分析了"人之能胜天之实"（《天论》），认为"天无私，故人可务乎胜也""人能胜乎天者，法也"。（《天论》）明清之际的王夫之，从哲学上给天人关系以新的论证，指出人力可以"相天""裁天""胜天"，乃至可以"以人造天"。认为"知天之理"就可以善动化物，竭人之能就可以"以人造天"；强调应当"与天争权"，反对"任天而无能为"。荀况的"天命可制"、刘禹锡的"天人交胜"和王夫之的"以人造天"，是中国思想史上人定胜天思想的三个发展环节。

九五

　　《周易》述六十四卦用"九"表示阳爻，"六"表示阴爻；用"初、二、三、四、五、上"表示每一爻在卦中的位数。因此，凡阳爻在卦中居于第五位，都称"九五"。如乾卦的第五爻，屯卦的第五爻，需卦的第五爻等。乾卦第五爻的爻辞为："九五，飞龙在天，利见大人。"孔颖达疏："言九五阳气盛至于天，故云飞龙在天，此自然之象，犹若圣人有龙德，飞腾而居天位。"《周易·象传》释履卦："亨，刚中正，履帝位而不疚，光明也。"孔颖达疏："以刚处中，得其正位，居九五之尊。"意为履卦（☰）的九五为阳爻，为刚，象君，居上卦的中位；且其上卦为乾，乾为天，九五居乾卦之中位，即居天之正位，乃象人处帝王之位。所以称其爻位居九五之尊。后人因以"九五"称帝王之位。明宣宗喜雪歌："嗟予菲德临九五。"明许仲琳《封神演义》第六十三回："接成汤之胤，位九五之尊，承帝王之统。"

三阳

《周易》述六十四卦，以"九"称阳爻，"六"称阴爻；以初、二、三、四、五、上"称每爻在卦中的位次。若卦中初、二、三皆为阳爻，则称为初九、九二、九三，统称为三阳。如需卦（☰）的爻辞"上六，入于穴，有不速之客三人来，敬之，终吉"。孔颖达疏："以一阴而为三阳之主。"即是将初九、九二、九三，统称三阳。

三阳开泰

《周易》以"—"为阳，"--"为阴爻。十月为坤卦（☷），纯阴之象；十一月为复卦（☷），一阳生于下；十二月为临卦（☷），二阳生于下；正月为泰卦（☷），三阳生于下；象征冬去春来，阴消阳长，万事吉祥。《周易·泰》："泰，小往大来，吉，亨。"旧时常用以称颂岁首或寓意吉祥。亦作"三阳交泰"。《宋史·乐志》："三阳交泰，日新惟良。"

大象

《周易·象传》中解释六十四卦卦名卦义的部分。《周易》以卦、爻等符号为象征，说明自然变化和人事休咎。《周易》孔颖达疏："卦为万物象者。"六十四卦各卦有卦象，每卦六爻有六象。《周易》一书中之卦辞（包括卦形、卦名）、爻辞（包括爻题）为经，《象》《彖》《文言》《系辞》《说卦》《序卦》《杂卦》为传，传乃经之最古注解。《象传》即以卦象、爻象为根据对易经进行解释，随经分为上、下两篇，共四百五十条，附于各卦之后。其释六十四卦名、卦义者六十四条，未释卦辞，称为"大象"。其释三百八十六爻爻辞者三百八十六条谓之"小象"。

小六壬

旧时占卜法的一种。以大安、留连、速喜、赤口、小吉、空亡六辰分吉凶，以月日时轮指数之，即俗之报时起课法。

小往大来

《周易》泰卦卦辞。原文为："泰。小往大来，吉，亨。"小往大来者，所失者小，所得者大。即由小利转为大利。筮遇此卦，将失小而得大。故曰小往大来，吉。

小象

见"大象"条。

上九

《周易》述六十四卦，用"九"表示阳爻，用"上"表示每卦中的最上一爻。因此凡阳爻在卦中居于最上位者皆称"上九"。如乾卦的最上一爻，蒙卦的最上一爻，讼卦的最上一爻，小畜卦的最上一爻等。又，因为《易》以九示阳数，上九又是九的上位，于是古人称每月的十九日为"下九"，初九日为"中九"，二十九日为"上九"。

六十四卦

儒家经典《周易》中的六十四种基本图形，分别由八卦中的一卦自迭或两卦互迭而成，凡一卦自迭的，用八卦原名，如乾（☰），坤（☷）等；凡两卦互迭的，另立名称，如否（䷋），泰（䷊）。其下卦为内，古谓之贞。其上卦为外，古谓之悔。每卦六爻。《周易》一书经的部分，述六十四卦，每卦先列卦形，次列卦名，次列卦辞。每爻先列爻题，次列爻辞。爻题由二字组成，一字表示爻的次序，自下而上，第一爻用"初"字，第二爻用"二"字，第三爻用"三"字，第四爻用"四"字，第五爻用"五"字，第六爻用"上"字。另一字表示爻的性质，阳爻用"九"，阴爻用"六"字。卦辞和爻辞共四百五十条，四千九百多字。八卦重为六十四卦，不知始于何时，《周易·系辞传下》："八卦成列，象在其中矣。因而重之，爻在其中矣。"未明言重卦之人。《史记·周本纪》云："文王……其囚羑里，盖益易之八卦为六十四卦。"《汉节·艺文志》云："文王……重易六爻。"皆谓文王重卦。其后王弼谓伏牺重卦，郑玄谓神农重卦，孙盛谓夏禹重卦。此皆无征之言，不足为信。据学者们研究，卦起源于古代的宗教卜筮活动，先有阴阳两种符号，后成八卦，大约到殷周之际，逐渐由八卦排列组合而成六十四卦。后世儒家，把六十四卦作为象征天地万物及变化的符号，以表达其哲学思想。（参见"八卦"条）

六天

古代儒者对天上星宿的迷信说法。《孝经》："宗祀文王于明堂以配上帝。"疏："郑君以北极大帝为皇天太微五帝为上帝合称六天"。《礼·

郊特牲》疏："郑氏谓天有六天；《春秋·纬》云'紫微宫为大帝，又云北极耀魄宝'，又云'太微宫有五帝坐星，青帝曰灵威仰，赤帝曰赤熛怒，白帝曰白招拒，黑帝曰汁光纪，黄帝曰含枢纽'是五帝与大帝六也。"

六壬

术数的一种。术数是以种种方术，察自然界可注意的现象，来推测人和国家的气数和命运。古代的术数据《汉书·艺文志》载有天文、历谱、五行、蓍龟、杂占、形法六种。除天文、历谱外，后世称术数者，一般专指各种迷信，六壬即其中之一。五行以水为首，十天干（甲、乙、丙、丁、戊、己、庚、辛、壬癸）中壬、癸皆属水，壬为阳水，癸为阴水，舍阴取阳，故名壬。六十甲子中，壬有六个（壬申、壬午、壬辰、壬寅、壬子、壬戌），故名六壬。六壬共有七百二十课，一般总括为六十四种课体，迷信者用以占吉凶祸福。其法起源甚古，汉代《吴越春秋》《越绝书》中已有记载。隋唐时六壬之书已散佚。明人郭载騋的《六壬大全》（十二卷）和袁祥的《六壬大全》（三十三卷）为后世六壬术数的主要依据。其法用刻有干支的两木盘（上为天盘，下为地盘），在同一中轴上相叠合，先转动天盘，待其自行停止后，验其上下两盘所合的干支及时辰，以定吉凶。道教沿用六壬为占验法，与"遁甲""太乙"合称为"三式"。

六爻

构成《周易》中六十四卦的基本符号的数目。易卦均由"━""━ ━"两种基本符号组成，此符号称之为爻。"━"为阳爻，"━ ━"为阴爻。八卦由三个这样的符号配合组成，六十四卦是八卦相重，由六个符号配合组成，故称之为"六爻"。

六龙

指《易》乾卦之六爻。《周易·象传》:"大明终始,六位时成,时乘六龙以御天。"孔颖达疏:"此二句申明乾元乃统天之义,言乾之为德以依时乘驾六爻之阳气,以拱御于天体;六龙即六位之龙也。以所居上下言之,谓之六位也。"上古神话:日行于天空,乘车,车上驾六龙,羲和御之。《象传》借用此神话,言日(大明)乘六龙以时运行于天空,天有日之运行,以定上下四方之位。乾卦六爻皆阳,犹日之驾六龙运行。

元亨利贞

《周易》乾卦卦辞。历来解释不一。《易·乾·文言》"元者善之长也,亨者嘉之会也,利者义之和也,贞者事之干也。君子体仁足以长人,嘉会足以合礼,利物足以和义,贞固足以干事。君子行此四德者。故曰'乾,元亨利贞'"。此元亨利贞最古之解释,后世儒者奉为金科玉律。据此解释则元亨利贞为人之四德。据孔颖达疏:"《子夏传》云:元,始也;亨,通也;利,和也;贞,正也。言此卦之德,有纯阳之性,自然以阳气始生万物,而得元始、亨通;能使物性和谐,各有共利;又能使物坚固贞正得终。"此又一解释,以元亨利贞为乾卦(天)的四种作用。近人尚秉和释为:"元亨利贞,春夏秋冬,东南西北,仁义礼智,一二三四,兹数者,合之一之,混之同之,融会贯通,遗貌御神,天人不分。陶冶既久,然后知此四字,已括尽易理。"(《周易尚氏学》)此以元亨利贞为往来循环、不忒不穷的易理的总概括。近人李镜池《周易通义》:"元,大也。亨,通也。利贞,利用贞问,即吉。""元亨""利贞"表明是两个吉占。近人高亨考释,元,大也;亨,即享,指诸侯朝贡,献物助祭;利,有利;贞,通"占",即占卜。元亨利贞,为大享时占卜。遇此卦则有利,此则以"元亨利贞"为不含深义的占兆之辞。

开物成务

语本《周易·系辞上》:"夫《易》开物成务,冒天下之道,如斯而已者也。"孔颖达疏:"言《易》能开通万物之志,成就天下之务,有覆冒天下之道。"今人高亨释曰:开物,揭开事物之真相;成务,确定事务之办法;冒天下之道,包括天下事物之理。"开物成务"一语是《系辞》作者对《易经》作用的赞扬。词甚虚夸。后转化为成语,意为道晓事物之理,得以办好各种事情。

屯蒙

《周易》二卦"屯"与"蒙"的合称。屯(䷂),震下坎上。《易·象传》:"屯,刚柔始交而难生。"卦象是雷雨并作,雷雨并作是阴阳二气始交,发生斗争,出现艰难。是以卦义为难。蒙(䷃)坎下艮上。《易·象传》:"蒙,山下有险,险而止。"艮为山,坎为险,蒙之卦象是山下有险。艮又有止义,其卦象又是险而止。山下有险,人遇险而止。所以其卦义为险。屯蒙,乃艰难险阻之义。钱起《同邬戴关中旅寓》诗:"吞悲问唐举,何路出屯蒙。"又,《易·序卦》:"屯者,物之始生也。物生必蒙,故受之以蒙。蒙者,蒙也,物之稚也。"故屯蒙又有物初生而幼小之义。

屯坎

《周易》二卦"屯"与"坎"的合称。屯(䷂),震下坎上。《易·象传》:"屯,刚柔始交而难生。"屯卦下为震,震为雷;上为坎,坎为雨。卦象是雷雨并作,雷雨并作是阴阳二气始交,发生斗争,出现艰难。坎(䷜)坎下坎上。《易·象传》"习坎,重险也。"习,重也,本卦为二坎相重，坎，险也。卦体是习坎，卦象是重险。屯、坎二卦合称，其义为既难又险。后因称困难艰险的处境为屯坎。《文苑英华》五九张仲素《穆天子宴瑶池赋》："彼乃轻万里而崇一朝，孰若济群生于屯坎。"

屯否

《周易》二卦"屯"与"否"的合称。屯（☳☵），震下坎上。《易·彖传》："屯，刚柔始交而难生。"本卦下震象雷，上坎象雨，卦象为雷雨并作。雷雨并作是阴阳二气始交，发生斗争，出现艰难。否（☷☰），坤下乾上。《易·彖传》："天地不交而万物不通也。"卦象是天气不下降，地气不上升，天地不交，万物则不通。其意为闭塞。屯否合称，谓既艰难又阻塞。后因以喻时世艰难阻碍。《艺文类聚》五九三王粲《初征赋》："所逢屯否而底滞兮，忽长幼以羁旅。"

屯剥

《周易》二卦"屯"与"剥"的合称。屯（☳☵），震下坎上。《易·彖传》："刚柔始交而难生。"屯字古有难义。屯卦下为震，震为雷，上为坎，坎为雨。卦象是雷雨并作。雷雨并作是阴阳二气始交，发生斗争，出现艰难，所以卦名曰屯。剥（☷☶），坤下艮上。《易·彖传》："剥也。柔变刚也。"剥卦五阴爻在下，一阳爻在上。阴为柔，阳为刚。此乃五柔之势力甚盛，一刚之势力甚微，柔足以改变刚，柔变刚则剥落，是以卦名曰剥。屯、剥二卦合称，则其义为既难亦剥落，后人常以屯剥形容世运衰替，时运限难之象。徐陵《梁禅陈诏》："静惟屯剥，夕惕载怀。"柳宗元《叙志传》："屯难果见凌，剥丧宜所遭。"

亢悔

"亢龙有悔"的简称，《周易·乾》："上九，亢龙有悔。"是乾卦最上一卦的爻辞。乾卦的爻辞用龙这一能变化飞腾的神物作比喻，说明事物变化发展的规律。龙由"潜"到"见"，由"跃"到"飞"，象征事物的变化发展过程。这个过程是有进有退，有得有失，有顺利也有困难的曲折过程。亢龙是飞至天空极高处之龙，有悔就是处于困境。象征事物发展到一定的阶段，就会物极必反，招致相反的结果，过渡到它的对立面。《易传》作者认为，亢龙有悔比喻居极高之位的统治者骄傲自满，"不可久也"（《象传》）；又谓比喻居极高位的统治者脱离臣民，"贵而无位，高而无民，贤人在下位而无辅，是以动而有悔也"（《文言》）；又谓比喻统治者不知警惕，"知进而不知退，知存而不知亡，知得不知丧"（《文言》），于是处于困境。孔颖达认为，亢龙有悔既喻自然，又喻人事，"上九，亢阳之至，大而极盛，故曰亢龙。此自然之象。以人事言之，似圣人有龙德，上居天位，久而亢极。物极必反，故有悔也"。后世儒者常引此语，说明居于高位的人，要力戒骄傲自满，否则将有败亡的灾祸。也以此喻，表示物极必反的道理。

五行

木、火、土、金、水五种物质。中国古代思想家企图以日常生活中常见的这五种物质说明世界万物的起源和多样性的统一。原始五行说由来已久，据《尚书·洪范》称："鲧堙洪水，汩陈其五行。""五行：一曰水、二曰火、三曰木、四曰金、五曰土。"又《尚书·甘誓》载夏后启讨有扈氏宣布的罪状是："威侮五行，怠弃三正。"又《尚书·大禹谟》："水火金木土谷惟修，正德利用厚生惟和。"这些说明五行说在夏代就产生了，而且当时人们已经认识这五种物质的一些特性。《尚书·洪范》："水曰润下，火曰炎上，木曰曲直，金曰从革，土爰稼穑。"西周末年史伯近一步认识到五行之间的差别与统一关系，说："先王以土与金木水火杂以成百物。"（《国语·郑语》）战国时人们发现了这五种物质在物理和化学上的某些关系，产生了五行相生相克的观念。认为木生火、火生土、土生金、金生水、水生木；水克火、火克金、金克木、木克土、土克水。战国时的子思、孟子、邹衍等儒家学者将五行说加以神秘化，把观测天象的阴阳学说与五行说糅合起来，并与儒家的伦理思想相结合，形成五德终始说用来推演王朝兴衰，预告吉祥符应。原始五行说具有朴素的自发的唯物主义特征，经过思孟学派的改造，五行说则具有浓厚的唯心主义色彩，及至两汉，被儒家神秘化的阴阳五行说大盛。以后五行说一直是思想史的重要观念。同古代其他哲学范畴一样，"五行"在不同时代和不同思想体系中具有不同的内容。如占星家释"五行"为金木水火土五星的运行，兵家释"五行"为东西南北中五方行阵的排列，董仲舒释"五行"为仁义礼智信等"忠臣孝子之行"，王安石释"五行"为事物矛盾运动，等等。五行说中的合理因素，对发展中国古代天文、历数、医学等起到了一定作用。

太极

儒家哲学的重要范畴。语本《周易·系辞上》："易有太极，是生两仪，两仪生四象，四象生八卦。""太极"指派生万物的本原，两仪是阴阳两种对立的力量，四象指四时，八卦象征八种自然现象。《系辞》作者认为天地、四时、万物是宇宙本始"太极"产生出来的。三国时魏王弼释"太极"为"无"，说："夫有必始于无，故太极生两仪也。太极者无称之称。"（《周易注》）北宋周敦颐著《太极图说》，认为"无极而太极，太极动而生阳，动极而静，静而生阴，静极复动。一动一静，互为其根"。"五行一阴阳也，阴阳一太极也，太极本无极也。"朱熹认为无极与太极乃一体之二名。谓之太极，所以表示其论"究竟至极之体；谓之无极，所以表示其无穷无际无形无状"。并以理说太极，以太极为最究竟之理。邵雍则以道释太极，说："道为太极。"（《观物外篇》）并认为数先于象，象先于物，而太极与神则又为数之根本。把太极引入他的神秘的象数之学。北宋张载认为太极是物质性的气，说："一物两体，气也""一物而两体,其太极之谓与"。(《正蒙》)明王廷相继承张载之说,也把太极看作"天地未判之前,太始浑沌清虚之气是也"(《太极辩》)。由此,可知太极一词在《周易》以后的各种解释中,含义不一,且在儒家思想中引入了许多道家以至于道教的观念。近代孙中山单用"太极"来译西语"以太":"元始之时,太极(此用以译西名以太也)动而生电子,电子凝而成元素,元素合而成物质,物质聚而成地球,此世界进化之第一时期也。"(《孙文学说》)这里的"太极"一词即用以译西名"以太",已经和《易传》的"太极"本义和后儒"太极"的释义没有什么关系了。

天

在儒家思想和典籍中,天的含义有三。一指天帝,即人们想象中的有人格、有意志的万事万物的主宰者,能对人类社会发号施令的最高的神。《尚书·泰誓上》:"天佑下民。"《尚书·洪范》:"唯天阴骘下民。"《诗经·邶风·北门》:"天实为之,谓之何哉!"以天为主宰自然界和人类社会的最高的神,是古代夏、殷、西周时期的宗教神学观念,对以后儒家的思想有深远影响。二指超自然的精神力量或世界的精神本原。《论语·述而》:"天生德于予。"又《论语·子罕》:"死生有命,富贵在天。"《孟子·尽心上》:"尽其心者,知其性也。知其性,则知天矣。"这种意义的天不具有人格神的形象,而往往与"命"联系起来,称为"天命"。孔子所谓的"畏天命""知天命"(《论语》),《中庸》"天命之谓性",就是把标志宇宙最高主宰的"天"和标志支配社会生活的盲目的异己力量的"命"合为一个概念使用。三泛指物质的、客观的自然。《荀子·天论》:"列星随旋,日月递照,四时代御,阴阳大化……是之谓天。"王充《论衡·自然》:"谓天自然无为者何?气也,恬淡无欲,无为无事者也。"天的上述三义,在一部著作中可同时出现。例如《论语》中的"天",有的指自然之天,有的指主宰之天,有的指精神之天。刘禹锡《天论》中的"天"亦如此。

天人三策

西汉董仲舒答武帝策问"贤良文学之士"的三个对策。作于汉武帝建元元年（前140）。对策用公羊春秋的微言大义神化孔子，为汉立法。并使新儒学既容纳刑名法术，又与阴阳家言论相结合，以天人关系为中心，以"天人感应"的神学目的论为基础，推演出一套治国的办法。三策以"春秋大一统"的原则，来维护封建国家的政治统一；以"王者承天意以从事"的论点，来提高君权，巩固中央集权的政治权威；以德刑并用、重视德治的思想，完善封建法度；以"罢黜百家，独尊儒术"的主张强化上层建筑中的统一指导思想。同时，还提出了抑制兼并，不与民争利等政策。这些都建立在"天不变，道亦不变"的形而上学思想和神权观念的理论基础上。

天人之际

指天和人、自然和社会之间的关系，是儒家学说的中心问题。天人之际，从先秦提出，直到明末清初一直是中国传统思想文化中探讨、辩论的重要问题。殷、周时期，天命神权论是占统治地位的思想。春秋时，叔向、子产提出天人相分思想，认为天道与人事无关；孔子既有尊天思想，同时也重视人事。战国时期，子思、孟子在"心""性"理论的基础上，主张天人合一；后期儒家代表荀况，提出"明于天人之分"和"制天命而用之"的理论，两汉时期董仲舒提出"天人三策"的神学—哲学论纲，认为"天人相与之际甚可畏也""人之所为，其美恶至极，乃与天地流通而往来相应"。（《汉书·董仲舒传》）把天人合一具体化为天人感应论，使"天人之际"的问题神秘化。东汉王充与此相对立，把"天"还原为"自然之天"，把"人"规定为"倮虫之长"，把世界归结为物质性的"气"。中唐时期的柳宗元、刘禹锡,坚持气一元论以"尽天人之际"。刘禹锡更以"天人交相胜,还相用"的新规定,对"天人之际"的辩证法、自然和社会之间的区别和联系,做了朴素唯物主义说明,宋明儒学继汉唐时期的天人之辩,围绕理气、理欲、心物开展争论,多从"理""性""命"等方面论证天人关系,强调天人合一。明末清初的王夫之,从认识论的角度对天人关系做了新的论证,强调人"相天""裁天""胜天""造天"的自觉能动性,使漫长的封建社会中研讨"天人之际"的哲学达到了最后终结。

天人相分

关于天人关系的一种观点。认为天道和人道、自然和社会各有自身的职分和规律。最早提出天人相分观点的是春秋时的叔向和子产。鲁僖公时,传说有五颗陨石堕于宋,有六只鹢鸟倒退着飞过宋的都城,宋襄公问周内史叔向是吉是凶,叔向说:"君失问。是阴阳之事,非吉凶所生也。吉凶由人。"(《左传》僖公十六年)他把由阴阳交互作用产生的自然变异现象和人事的吉凶区别开来。春秋晚年郑国子产反对以祭神的办法避免火灾发生,指出:"天道远,人道迩,非所及也,何以知之?"(《左传》昭公十八年)认为社会人事与天道没有关系,正式提出了天道与人道相分的观点。战国时的荀况继承和发展了这种观点,明确提出"明于天人之分"和"制天命而用之"的思想。认为自然界和人类社会各有自己的职分和规律:"天能生物,不能辨物,地能载人,不能治人"(《礼论》);"天有其时,地有其财,人有其治"(《天论》)。他指出天道不能干预人事,"治乱非天也","治乱非时也"(《天论》)。认为社会的治乱、贫富、祸福的根源只能从社会自身去寻找。他说:"明于天人之分,则可谓至人也。"(《天论》)唐代的柳宗元、刘禹锡总结了先秦以来天人关系问题的长期争论,使天人相分的思想有了新的发展。柳宗元认为天与人"不相预",人事的功、祸都是人们自己造成的,"非天预乎人也"。刘禹锡认为,"天与人实相异""天之道在生殖,其用在强弱;人之道在法制,其用在是非""天之能,人固不能也;人之能,天亦有所不能也"(《天论》)。并在天人相分的基础上提出了"天人交相胜,还相用"的学说。明清之际的王夫之,在坚持天人相分观点的同时,进一步强调了人的主观能动性,提出了"以人造天"的观点,标志着天人相分观点发展到了新的水平,是传统的"天人之际"哲学的终结。

天人合一

关于天人关系的一种观点。认为天道与人,或自然与人为是合一的。早在夏、商、西周时期,人们就把天当作主宰自然和社会的最高的神,春秋时期,天命论开始动摇。春秋末年的子产明确指出"天道远,人道迩,非所及也,何以知之?"(《左传·昭公十八年》)将天道与人道予以区别。孔子修正了左传的天命观,不强调天是一种有意志的人格神,但却承认天命的作用,并认为人的德性是天赋的,说"天生德于予"(《论语·述而》)。战国时孟轲发挥了这一思想,提出"尽其心者,知其性也。知其性,则知天矣"(《孟子·尽心上》)。认为人的心、性与天原为一体,尽心、知性就能得天命。天所包含的一切,同时存在于人心。这就明确提出了天人合一思想。汉代董仲舒继承了这种天人合一说,把天命论和阴阳五行说糅合起来,建立了天人感应的思想体系。他认为,天是最高的神,人是天创造出来的,"人之为人本于天,天亦人之曾祖父也"(《春秋繁露·为人者天》)。因此,"人副天数",人间的一切都应符合天意。并且,天人之间还存在着互相感应的关系。即所谓"天人之际,合而为一"(《春秋繁露·深察名号》)。宋代儒学多从"理""性""命"等方面论证天人合一。张载说:"天人异用,不足以言诚。"(《正蒙》)程颢认为"天人本无二,不必言合"(《二程全书·语录》)。朱熹也说:"天人一物,内外一理;流通贯彻,初无间隔。"(《朱子语类》)

天人合一是儒家关于天人关系的基本观点，形成了中国传统思想的一个重要特征。

天人相与

关于天人关系的一种观点。认为天道和人道，或自然和人为之间是相互参与、相互感应和影响的。战国时，子思、孟轲提出了天人合一的理论，汉代董仲舒将其向神秘的方向发展，不但强调"天人之际，合而为一"（《春秋繁露·深察名号》）。而且认为天能干预人事，人的行为也能感应上天。他说："臣谨案《春秋》之中，视前世已行之事，以观天人相与之际，甚可畏也。国家将有失道之败，而天乃先出灾害以谴告之；不知自省，又出怪异，以警惧之；尚不知变，而伤败乃至。以此见天心之仁爱人君而欲止其乱也，自非大无道之世者，天尽欲扶持而全安之。"（《汉书·董仲舒传》）又说："人之所为，其美恶之极，乃与天地流通而往来相应。"（《汉书·董仲舒传》）董仲舒以"天人相与"说作为建立封建神学体系的基础。唐代刘禹锡认为这种主张"天与人实影响"的观点是天人关系理论中的"阴骘之说"，它和主张"天与人实相异"的"自然之说"是对立的。（《天论》"天人感应"条）

天人相胜

见"天人交相胜"条。

天人感应

汉儒董仲舒关于天人关系的观点。董仲舒继承和发挥了先秦子思、孟轲"知人不可以不知天"，"尽性"即可以"知天"的天人合一思想，歪曲利用了当时一些自然科学的成果，借助公羊春秋的主观类比方法。

一方面通过把自然现象拟人化，赋予自然现象以道德的属性，把自然规律和伦理法则相混同，从而把自然界的一切看作"天"有意识、有目的的安排，特别是把自然变异视为"天意"的突出表现。另一方面，通过把社会关系神秘化，赋予社会现象以神学的含义，把封建制度和秩序说成表达了"天意"的。这样就使天上的神权和世上的皇权之间密切联系，使自然和人事融通为一。据此，他提出"天人感应"说，认为人事活动会从"天"得到反应，特别是代天治民的君主的行为好坏，"天"更会直接地降下"符瑞"以资奖励，或降下灾异进行"谴告"。他强调说："观天人相与之际，甚可畏也！国家将有失道之败，而天乃出灾害以谴告之，不知自省，又出怪异以警惧之；尚不知变，而伤败乃至。以此见天心之仁爱人君而欲止其乱也，自非大无道之世者，天尽欲扶持而全安之。"(《汉书·董仲舒传》) 老百姓不忠不孝，得罪君、父，就是得罪了"天"，更会受到"天"的惩罚。总之，天能干预人事，人的行为也能感应上天，自然界的灾异和祥端表示着天对人们的谴责和嘉奖。董仲舒以"天人感应"说作为他建立封建神学体系的基础，并为汉武帝的政治意图提供了理论根据。这种宗教神秘主义，到西汉末年，就很快与当时流行的谶纬迷信相结合，形成一段反理性的思想逆流，在思想史上产生了消极影响。

天不变道亦不变

　　董仲舒哲学的重要命题，语出《汉书·董仲舒传》。董仲舒在《举贤良对策三》中提出"王者有改制之名，亡变道之实"，治世之道之所以不变，因为"道之大原出于天，天不变，道亦不变"。所谓"改制"就是新王朝出现时，新王"必徙居处，更称号，改正朔，易服色"。这些只不过表明新王重新享有天命。至于"大纲人伦、道德、政治、教化、习俗、文义"等治世之道，他主张"尽如故"。原因在于，治世的根本原则（"道"）是源出于天命的，所谓"王道之三纲，可求于天"

(《春秋繁露·基义》),天命久恒不变,王道亦万古不易。董仲舒由"天不变,道亦不变"的形而上学世界观,导出"奉天法古"的思想原则,明确认为"古之天下,亦今之天下;今之天下,亦古之天下"(《汉书·董仲舒传》)。神学世界观决定了他的形而上学历史观。

天行有常

　　荀子天道观的重要命题,谓自然界的运行变化有自身固有的规律。殷周时的宗教神学认为"天"是有意志的,自然界和人类社会都是"天"按照某种目的做安排的。战国时期的儒家思想家,虽然否认或怀疑天是有意志的人格神,但大多没有突破天命论的束缚。荀子在思想史上第一次,冲决了天命神学的堤坝,提出"明于天人之分"的思想,认为天是客观存在的自然界,天没有意志和目的,不能干预人事。天——自然的运行变化有着其固有的客观规律,不依人的主观意志为转移。他说:"天有常道矣,地有常数矣"(《天论》);又说:"天行有常,不为尧存,不为桀亡。应之以治则吉,应之以乱则凶。"(《天论》)就是说自然界是按其自身固有的客观规律运动变化的,它不因人世间统治者的好坏而发生改变;相反,人们只有遵循自然规律,才能取得好的结果;如果违背自然规律,就要遭殃。他还指出自然界的怪异现象都是天地、阴阳矛盾运动的表现,无论什么世道都可能出现,与社会的治乱吉凶无关。荀子在他的"天人相分""天行有常"的思想基础上进而提出"制天命而用之",主张积极发挥人的主观能动作用。荀子"天行有常"的思想对后世唯物主义思想家影响很大,汉代王充的"天道自然无为"论,唐代刘禹锡的天不能逃越"数""势"的观点和明末清初王夫之的自然观,都明显地受到了荀子的启示和影响。

天人交相胜

　　唐代刘禹锡关于天人关系的重要观点。刘禹锡继承和发展了先秦荀子"明于天人之分"和"制天命而用之"的思想,发挥了柳宗元天人"不相预"的观点,针对当时韩愈等人认为天"能赏功而罚祸"的神学思想,写了《天论》三篇,对天人关系做了深刻阐述。他指出:"天,有形之大者也;人,动物之尤者也。天之能,人固不能也;人之能,天亦有所不能也。"(《天论上》)"天之所能者,生万物也;人之所能者,治万物也。"(《天论上》)在区别"天能"与"人能"的基础上,他认为"天"与"人"之间存在着彼此制约、互相作用的关系,也就是互相斗争又互相依存的关系。即"天与人交相胜""还相用"。(《天论上》)他说,人之所以能胜天,是由于天作为自然界存在着"数"和"势",即客观规律和必然趋势,人可以认识它、制服它。更为重要的是,人能组织社会、实行法制,所谓"人能胜乎天者,法也"(《天论上》)。刘禹锡创立的"天与人交相胜,还相用"的学说,是对先秦以来,唯物主义天道观的重大发展,在中国哲学史上第一次明确表达了天人之间朴素的辩证关系。

天尊地卑

《周易·系辞上》的首句。原文为:"天尊地卑,乾坤定矣。"尊,高也,卑,下也。言《易》作者以天地的高下而定乾、坤二卦之象。说明乾、坤二卦法象于天地,乾、坤二卦的尊卑地位是由天地确定的,因此不可移易。表现了《系辞》作者的形而上学观念。

无咎

《周易》爻辞中的断占之辞。咎,本义为灾。《说文》:"咎,灾也,从人从各。各者,相违也。"《周易》所谓咎,比悔为重,比凶为轻。悔乃较小之固厄,凶乃巨大之祸殃,咎则较轻之灾患也。作为断占辞的"无咎",谓无灾患。有指人而言者,如观卦初九云:"小人无咎"，九五、上九并云："君子无咎。"有指事而言者，如萃卦六三云："往无咎"，节卦初九云："不出户庭，无咎。""无咎"在爻辞中凡九十三见。

少阳

见阴阳条。

少阴

《易》之四象之一，其数为八。《易传·系辞上》："《易》有太极，是生两仪，两仪生四象，四象生八卦。"太极指宇宙之本体；两仪指天地；四象指四时。四时各有其象，故谓之四象。以筮法言之，"大衍之数五十有五"，即象太极；"分而为二以象两"，即象两仪。筮得一爻，蓍草七揲者，为少阳之爻，以象春也。由春往夏，是阳之增长，故七揲为不变之阳爻。蓍草九揲者为老阳之爻，以象夏也。由夏往秋，是由阳变阴，故九揲为可变之阳爻。蓍草八揲者为少阴之爻，以象秋也。由秋往冬，是阴之增长，故八揲不变之阴爻。蓍草六揲者为老阴之爻，以象冬也。由冬往春，是由阴变阳，故六揲为可变之阴爻。少阳、老阳、少阴、老阴四种爻，乃象四时。八卦即由此四种爻构成，故曰"四象生八卦"。以奇偶言之，三为奇，二为偶；三奇为老阳，三偶为老阴；一奇两偶为少阳，两奇一偶为少阴。

日新

儒家的重要哲学观点，认为事物每天都变化更新。语出《易·系辞上》："富有之谓大业，日新之谓盛德，生生之谓易。"即万物新陈代谢，生生不已，日新月异，是盛大的德行，是变易之道。又《礼记·大学》：

"苟日新，日日新，又日新。"意为道德修养果真一天能够自新，就要天天自新，永远自新。日新观念是儒家的重要哲学观点，它认为宇宙间一切事物和人的道德修养都应该变易更新。宋儒以宇宙为生生日新之大流，明末清初的王夫之认为一切都是日新的，他说："天地之德不易，而天地之化日新。"（《思向录外篇》）意识到一切物形式上虽若不变，而内容则时刻在变化创新。

见仁见智

语本《周易·系辞上》："一阴一阳之谓道，继之者，善也；成之者，性也。仁者见之谓之仁，知者见之谓之知，百姓日用而不知，故君子之道鲜矣。"知读为智。本义为阴阳之道，丰富广大，复杂多变，人面临具体现象，往往有不同之认识，仁者见之则谓之仁，智者见之则谓之智。正如清纪昀《阅微草堂笔记》卷六云："《易》道广大，无所不包，见智见仁，理原一贯。"后作为成语，指对待同一问题，不同的人会有不同的见解，亦即对象同一，见解各异。

见理于事

清儒颜元的哲学命题，意为到具体事物中去认识事物的规律。颜元针对宋明理学家"理在事先"和"心外无理"的理论，提出理气一元论的学说，他认为"理气融为一片"（《存性》卷一）。天下没有"无理之气"，也没有"无气之理"，"理即气之理"。（《存性》卷一）由此，他认为理表现在事上，并不存在事外之理。人们要明理，必须去处事，只有到具体事物中去认识它的理，那才是彻底的认识，而不能离开事物另外去求理。他说："见理已明而不能处事者多矣。……孔子只教人习事，迨见理于事，则已彻上彻下矣。"（《存学编》卷二）他还认为，尧、舜、周、孔都是强调事或物的，他们预料到，不强调事或物而以之为主，就必然导致理与事的割裂，从而将理作为悬虚的理，置于物之上。他说："夫尧舜之道而必以事名，周孔之学而必以物名，伊若预烛后世必有离事物而为心口悬空之道，纸墨虚华之学"。（《习斋记余》卷三）他指出，"见理于事"，才能真正达到理事关系的统一，这样的统一也就是体用一致。

爻辞

《周易》中说明六十四卦各爻要义的文辞。《周易》"经"的部分共六十四卦，每卦六爻。每卦先列卦形，次列卦名，再列卦辞。每爻先列爻题，次列爻辞。爻题都是两个字组成，一个字表示爻的次序，自下而上，第一爻用"初"，第二爻用"二"，第三爻用"三"，第四爻用"四"，第五爻用"五"，第六爻用"上"。另一个字表示爻的性质，阳爻（▬）用"九"，阴爻（▬ ▬）用"六"。爻题下，即说明爻义的爻辞。如乾卦的第一爻："初九，潜龙，勿用。""初九"是爻题，"初"表示爻的次序是第一爻，"九"表示爻的性质是阴爻。"潜龙，勿用"，即爻辞。据高亨研究，爻辞以其性质可分为记事之辞、取象之辞、说事之辞、断占之辞四类。如乾卦初爻爻辞中的"潜龙"二字即为取象之辞，"勿用"则为断占之辞。第三爻爻辞"君子终日乾乾，夕惕若"即为说事之辞。《周易》卦、爻辞，古称为"繇"，又称为"颂"，现今也有称之为"筮辞"。卦、爻辞是《周易》作者用文辞表达其思想观点的部分，与其以卦象符号表达其象征含义相比，叙写具体，语言明确，内容广泛，意义深刻，对研究《周易》有着十分重要的意义。

爻象

参见"象"条。

四象

《周易》指四种自然现象或属性。《易·系辞上》："易有太极,是生两仪,两仪生四象,四象生八卦。"四象何指,其说不一。或谓指春、夏、秋、冬四时,或谓指水、火、木、金布于北、南、东、西四方,或谓指太阴、太阳、少阴、少阳。近人高亨《周易大传今注》谓:"四象,四时也。四时各有其象,故谓之四象。天地生四时,故曰:'两仪生四象。'"又曰:"少阳、老阳、少阴、老阴四种爻乃象四时。八卦由此四种爻构成,故曰'四象生八卦。'"

用九

《周易》乾卦特有的爻题,其下之爻辞:"见群龙无首,吉。"高亨释为:依古筮法,筮遇乾卦,六爻皆七,则以卦辞断事;六爻皆九,则以用九爻辞断事。用九犹通九,谓六爻皆九也。李镜池释为,古人占筮时,占得一卦,又占变爻。一个卦的卦面,只要变动一爻,就成了另一卦面。如乾(☰)的第二爻变为阴,则成了同人(☲)。这在《左传》《国语》中称作"乾(☰)之同人(☲)"。在此情况下,就引用乾卦中的第二爻(九二)来论吉凶。如果是占到"遇乾(☰)之坤(☷)",这时就往往引用乾卦的第七爻(用九)来论吉凶。所以"用九"就是表示全阳爻尽变为阴爻,即乾卦变为坤卦。于是,乾卦就多了一爻。

民之所欲,天必从之

西周初年的重民思想,语出《尚书·泰誓》。意为百姓所要求的,上天必然听从。周灭商后,统治者一方面继承了商代的宗教思想,另一方面按照周统治者的利益做出了新的解释。周初的思想家周公(姬旦)

创立了"以德配天""敬德保民"的思想。他宣称商亡周兴是天命决定的，但"天命靡常"，因为周文王能够"明德保民"，上帝才授命于周。同时，他又认为要取得"民心"，就要施行"德政"。周公把"天命""敬德""保民"三者联系起来，以"敬德"为"授命"的依据，以"保民"为"天命"的体现。因此他说："民之所欲，天必从之。"这种以民心向背来衡量天命的思想，为以后天人关系、神民关系的讨论，提供了重要的思想资料。

交泰

《周易·象传》对泰卦（☷☰）卦象和卦名的解释，原文为"天地交，泰。后以裁成天地之道，辅象天地之宜，以左右民"。《象传》作者认为泰之下卦为乾，上卦为坤，乾为天，坤为地，因此其卦象是"天地交"。天地交则万物通，是以卦名曰"泰"。国君观此卦象及卦名，从而用其政令，裁成天地之规律，辅助天地之所宜，支配万民的生产、生活，故曰："后以裁成天地之道，辅助天地之宜，以左右民。"《周易·象传》对泰卦卦辞的解释是："天地交而万物通也；上下交而其志同也；内阳而外阴；内健而外顺；内君子而外小人，君子道长，小人道消也。"认为天气下降，地气上升，天地相交的卦象象征着天地万物、国家事业、个人事业皆通泰昌盛。后世儒者据此意，因以"交泰"为时运亨通。

阳道

古代儒家以阴阳之道解释君臣、父子、夫妇之义，取君、父、夫所守的礼法为阳道；臣、子、妻所守的礼法为阴道。原始的阴阳学说到了战国后期，进一步发展，愈加神化，出现了阴阳学派。阴阳家的思想为汉儒所采纳，与儒家思想杂糅在一起，形成了以董仲舒为代表的神学唯心主义。把阴阳观念渗透在社会政治的各个方面，说明和解释政治、伦理方面的社会关系和等级制度。董仲舒在《春秋繁露》中用阳道、阴道说明君臣、父子、夫妇的礼法关系。又《汉书·孔光传》对问："日者，众阳之宗，人君之表，至尊之象。君德衰微，阴道盛强，侵蔽阳明，则日蚀应之。"因阳道为君道，故也以指政事。《礼·昏义》："天子理阳道，后治阴德；天子听外治，后听内职。"

阴道

见"阳道"条。

阴阳

中国儒学史上指正反两种相互矛盾的力量，并以二者的对立、消长、作用说明万物的生长和变化。原指日光的向背，向日为阳，背日为阴，后引申为寒暖、暗明等相互反对的现象。进而抽象为一切事物的两个相互对立的方面，成为具有哲学意义的概念。阴阳观念最早见于文字记载的是《国语·周语》，其中记载周幽王三年（前779）伯阳父认为："阳伏而不能出，阴迫而不能蒸，于是有地震。"以为阴阳是自然界的两种力量。《周易》以符号"—"代表阳，符号"--"代表阴，认为"一阴一阳之谓道"（《系辞》）。把阴阳的矛盾看作宇宙的根本规律，以说明万物发展变化的原因。战国末期的邹衍，"乃深观阴阳消息，而作怪迂之变"（《史记·荀子孟卿列传》）。把阴阳观念和五行观念相结合，并将其神秘化，成为有浓厚天人感应特色的阴阳五行说，西汉董仲舒详论阴阳，并兼言阴阳和五行，来比附人事，提出天人感应说，建立神学目的论。宋明理学家对阴阳的特性及相互关系做了近一步的说明，发挥了阴阳观念中的辩证法思想。阴阳观念是儒家哲学的基本观念之一，在中国哲学史上具有重要意义。

穷则变，变则通，通则久

《易传》中关于事物变化的重要观点。《系辞下》："神农氏没，黄帝、尧、舜氏作，通其变，使民不倦；神而化之，使民宜之。易，穷则变，变则通，通则久。是以自天祐之，吉无不利。"言易道指明：事物处于穷困境地就会发生变化，发生了变化就会通达，通达了就会长久。充分肯定了变化对于事物发展的重要意义。

良知良能

儒家的重要概念，指先天固有的善性，即天赋的道德意识。《孟子·尽心上》："人之所不学而能者，其良能也。所不虑而知者，其良知也。孩提之童，无不知爱其亲也。及其长也，无不知敬其兄也。亲亲，仁也；敬长，义也。"孟子认为，仁、义、礼、智四种"善端"，是人生来就具有的，并不是后天从外面学来的，所以称之为"良知""良能"。明代王守仁根据这种观点做了发挥，提出"致良知"之说，作为道德的修养方法和真理的认识方法。他说："知是心之本体，心自然会知。见父自然知孝，见兄自然知弟，见孺子入井自然知恻隐，此使是良知。"（《传习录上》）王守仁把良知说成先天固有的认识能力，一切知识的来源，一切是非善恶的标准。"致良知"就是发扬这种能力，达到对封建道德原则的认识和实行。

形而上

儒家哲学中指无形的或未成形体的东西，与表示有形的或已成形体的东西的"形而下"对称。《易·系辞上》："形而上者谓之道，形而下者谓之器。"指出了二者的区别，未解释具体含义。自宋代开始，学者们对形而上与形而下的区别和关系展开了争论。程颐曰:"阴阳,气也,气是形而下者,道是形而上者。形而上者则是密也。"(《二程语录》)认为密是生生不已的道,它派生形而下的气。朱熹说:"形而上者无形无影,是此理;形而下者有情有状,是此器。"又云:"阴阳,气也,形而下者。所以一阴一阳者,理也,形而上者也。道即理之谓也。"(《朱子语类》)他认为阴阳是有形的,是形而下之器;决定阴阳变化的法则是无形的,是形而上之道(理)。明末清初王夫之说:"形而上者,非无形之谓,既有形矣,有形而后有形而上。"(《周易外传》)又说:"形而上者隐也,形而下者显也。"(《中庸章句》)认为形而上是未成形的器,即器之隐;形而下是已成形的器,即器之显。清戴震说:"形谓已成形质。形而上犹曰形以前,形而下犹曰形以后。阴阳之未成形质,是谓形而上者也,非形而下明矣。"(《孟子字义疏证》)认为未成形质的阴阳之气(即"道")是"形而上",已成形质的阴阳(即"器")是"形而下"。把二者看成"气化"的不同表现形态。总之古代学者们常用"形而上"与"形而下"来说明"道"与"器"的关系,即法则、规律、道理和器物的关系。

形而下

见"形而上"。

形与神

指形体和精神的关系。先秦庄子提出:"精神生于道,形本生于精"(《庄子·知北游》)的观点,将形神作为相互对应的范畴。荀子认为:"形具而神生,好恶喜怒真乐藏焉"(《荀子·天论》),肯定形体产生精神,有形体才有精神。东汉桓谭说:"精神居形体,犹火之燃烛矣。"(《新论·形神》)王充也说:"天下无独燃之火,世间安得有无体独知之精?"(《论衡·论死》)皆以烛与火比喻形与神,肯定精神依赖于形体,否认有离开形体而独立存在的精神,实际上坚持了物质第一性,精神第二性的原则。南北朝时期,形神问题成为崇佛与反佛斗争的中心问题。范缜针对佛的神不灭论,著《神灭论》,提出了"形神相即"的新命题和"形质神用"的新范畴。认为"形存则神存,形谢则神灭",形与神的关系是质与用的关系,"形者神之质,神者形之用"。并以刀的刃与利比喻精神和产生它的物质实体的关系,形体和它所产生的作用的关系,说明利乃刃所派生的,精神由体派生。这个比喻克服了长期以来以烛火喻形神的局限,也杜绝了神不灭论的后路,对形神问题做了比较完整的阐明。

来复

语本《周易》复卦的卦辞,原文为:"亨。出入无疾,朋来无咎。反复其道,七日来复。利有所往。"言筮遇此卦,可举行享祭;出入无有疾病;朋友来无咎;出行者往返于道中,七日可以复归;有所往则有利。《易·象传》:"反复其道,七日来复,天行也。"认为至七而复,乃天道运行循环之数,如正月阴气始退,至八月而复,八月阳气又始退,至正月而复是也。

否泰

《周易》中关于矛盾的哲学思想。否(䷋),泰(䷊),卦名。泰的卦象是天地相交,即天气下降,地气上升。否的卦象是天地不相交,即天气不下降,地气不上升。《易传》作者认为,"天地交而万物通也",泰,通也;"天地不交而万物不通也",否,塞也。由此,否泰两卦,其义相反。《周易·杂卦》"否、泰反其类也",包含着矛盾对立的思想。《易传》作者又认为,否、泰作为矛盾对立面是可以转化的。否可以转化为泰，坏到终点即转向好的方面；泰可以转化为否，通达到一定程度即转向不通。《周易·序卦》论泰否二卦之顺序，"泰者，通也。物不可以终通，故受之以否"，包含着矛盾对立面转化的思想。

否终泰来

《周易》中关于对立面转化思想的朴素表达。否（☷）、泰（☰），卦名。否的卦辞是"否人之匪人，不利君子贞。大往小来"。泰的卦辞是"小往大来，吉亨"。由此，否在《周易》中是坏的卦，表示失利；泰在《周易》中是好的卦，表示顺利。否终则泰指事物发展到一定程度就向对立面转化，事物坏到极点就向好的方面转化。常用以形容情况从坏转好。《吴越春秋·勾践入吴外传》"时过于期，否终则泰"，白居易《谴怀》诗："乐往必然生，泰来犹否极"，韦庄《湘中作》诗"否去泰来终可待"，也用以说明事物发展变化周而复始。《红楼梦》第十三回："秦氏冷笑道：'婶娘好痴也！否极泰来，荣辱自古周而复始，岂人力所常保的。'"否终则泰亦作"否去泰来""否极泰来"。

两仪

《周易》指天地或阴阳。《易·系辞上》："易有太极，是生两仪，两仪生四象，四象生八卦。"意为宇宙本体太极分而为天地。孔颖达疏："不言天地而言两仪者，指其物体；下与四象（金、木、水、火）相对，故曰两仪，谓两体容仪也。"

体用

在儒家思想中，"体"指本体、根本、本原；"用"指体的功能、作用或表现。荀况首先提"体"与"用"这一对概念，他说："万物同宇而异体，无宜而有用"（《荀子·富国篇》），意为万物同生于宇宙空间而形体不同，虽无宜而有功用。对于"体"与"用"的关系，未做深入探讨。魏晋玄学家重视"体用"，所讲"体用"乃指一物之"体用"，王弼认为"无"是本体，"用"是"无"的表现，说："虽贵以无为用，不能舍无以为体也。"（《老子注》）裴頠针对王弼的"贵无"说，提出"崇有"的观点。认为万物以"有"为"体"，没有离开"有"而单独存在的"无"。南北朝时，范缜提出了"质"与"用"的概念，认为"形者神之神，神者形之用"（《神灭论》）。"质"指形质，"用"指作用、性能。"质用"与"体用"义同。唐崔憬认为形体之中有"体"，有"用"，"体"即形质，"用"则是形质之妙必用。他说："凡天地万物，皆有形质，就形质之中有体有用。体者，即形质上之妙用也。"又说："天地圆盖方轸为体为器，以万物资始资生为用为道。动物以形躯为体为器，以灵识为用为道。植物以枝干为器为体，以生性为道为用。"（《周易探元》卷下）比较清晰地说明了体用关系。宋明儒者，更重体用。所谓"体"，常指一物之本然，有时指宇宙之本体。王安石提出："道有体有用，体者，元气之不动，用者，冲气运行于天地之间。"（《老子注》）张载认为"气"是"体"，"理"是"气"之"用"。程颐提出"体用一原"，认为"至微者理也，至著者象也，体用一原，显微无间"（《程氏易传序》）。所谓"体用一原"即"体"与"用"的统一。朱熹继承了王弼的观点，发展了程颐的思想，提出"心有体有用，未发之前，是心之体，已发之际，乃心之用"（《朱子语类》卷五）。又提出"理"是万物的本原，"气"是生物之具，是"理"之功用。明代王守仁发展了体用统一的思想，指出："即体而言，用在体；即用而言，体在用，是谓体用一原。"（《传习录》）他认为"心"是万物的本体，万物乃心之"用"。明末清初的王夫之，发展了张载"气之本体"的思想，认为"气"是本体，"理"是气的规律。说："天下之用，皆其有者也，吾从其用而知其体之有，岂待疑？"（《周易外传》卷二）近代哲人，也言"体用"。张之洞提出："中学为体，西学为用"，所谓"体"就是中国的根本，即"纲常名教"，所谓"用"是具体办法，即西方的器械、工艺。孙中山明确提出："何谓体？即物质。何谓用？即精神。"（《军人精神教育》）并认为物质之"体"是根本的，精神之"用"是"体"的表现。总之，历史上唯心主义者以"无""理""心"等为"体"，"有""气""物"等为"用"。唯物主义者则以"有""气""物"为"体"，以"无""理""心"为"体"之"用"。

易

《周易》的简称，亦称《易经》。儒家的重要经典之一。"易"的含义、解释不一。《周易·系辞上》："生生之谓易。"以变之义释之；郑玄《易赞》："易一名而含三义：易简一也，变易二也，不易三也。"以穷究变化、执简驭繁、永恒不交三义释之；高亨《周易古经今注》："易为筮书之通名。"以占卜之义释之。"周"有二解。一为周代。高亨《周易古经今注》："因共为周代筮书，故曰《周易》。"一为周密、周遍、周流之义。郑玄《易论》："周易者，言易道周普无所不备。"现代学者多以《周易》为卜筮之书，其中"经"的部分，记述了六十四卦的卦辞和爻辞，大体是属于周初的卜筮资料。共中"传"的部分记述了后人对"经"文的解释和阐发，既非出于一人之手，也不是同时写成的，大体上是从战国后期到秦汉之际的一些儒家后学的作品。《周易》是中国古代重要的哲学著作，对后代哲学思想的发展，特别是儒家思想的发展有重大影响。

易卜

指《易经》及其卜筮术。《易经》起源于殷周之际，是用来占卜事情的吉凶的，起初人们用"--"（阴）和"—"（阳）两个符号来断定事情可行或不可行，后来由于社会生活内容逐渐丰富，需要判断的问题日益复杂,于是形成八卦,八卦相重成六十四卦,用以象征复杂的自然现象和社会现象,来断定事情的吉凶。商代的甲骨文也是用来占卜的,但手续较烦。《易经》的占卜方法比较简单,因为是周人常用的方法,故称《周易》。后世沿用《易经》及其卜筮方法来预测吉凶者,称"易卜"。《汉书·刘歆传》:"汉兴……天下唯有《易》卜,未有它书。"《晋书·杜不愆传》:"少就外祖郭璞学《易》卜,屡有验。"

河图洛书

古代儒家关于《周易》和《洪范》两书来源的传说。相传伏羲氏时,有龙马从黄河出现,背负图,谓之"河图";有神龟从洛水出现,背负书,谓之"洛书"。伏羲根据这种"图""书"画成八卦,就是后来《周易》的来源。一说夏禹治水,洛水出神龟,背负文,有数至九,谓之洛书。上帝赐给禹《洪范九畴》,禹依之作《洪范》,是为《洪范》篇的来源。《易·系辞上》:"天生神物,圣人则之,天地变化,圣人效之。天垂象,见吉凶,圣人象之。河出图,洛出书,圣人则之。"河图洛书之说茫昧难明,汉儒多援引其说以神化"八卦""洪范"的来源。至宋时,又起变化。宋·朱熹《周易本义》首列河图洛书的图形,实源出于道士陈抟。清代学者黄宗羲、胡渭等皆反对宋儒之说。人们还常以"河出图""洛出书"表示太平时代的祥瑞。

卦

儒家经典《周易》中象征自然现象和人事变化的一种图形。以"—"(阳爻)、"--"(阴爻)相配合而成。三个爻组成的卦共八个,通称"八卦",《周礼》称为"经卦"。六个爻(即两个经卦重叠)组成的卦共六十四个,通称"六十四卦",《周礼》称为"别卦"。相传八卦为伏羲氏所画,初时只有卦形,卦名为后人所予。卦在古时用以占吉凶。

后世儒家以卦为象征，说明和解释世界上的事物及其变化。

坤元

语出《周易·坤》："至哉坤元，万物资生，乃顺承天。坤卦象地，坤元言地德之善也。"孔颖达疏："元是坤德之首。"元有始意，坤元谓地的首德是始生万物。此语乃《周易·彖传》对大地的性能和作用的赞颂之词，与"大哉乾元，万物之始，乃统天"一语对天德的赞颂相对应。

坤仪

坤，卦名；仪，象也，法也。坤仪，坤卦之象，指地。《周易》的卦，是对自然物质现象的概括和象征，是"仰则观象于天，俯则观法于地"，"近取诸身，远取诸物"，而概括制作的。每卦之象，就是指它所象征的事物。地是坤卦（☷）的基本卦象。《系辞上》："易有太极，是生两仪。"两仪指天地，天地是乾坤两卦的基本象征，故称坤卦之象（地）为坤仪。《文远·刘越石答卢谌诗》"乾象栋倾，坤仪舟覆"，《旧唐书·音乐志·祭神州於北郊乐》"大矣坤仪，至哉神县"，皆以坤仪为地。

知易行难

中国古代的认识论命题，意谓知道一件事情并不难，实行起来很难。《左传·昭公十年》："非知之实难，将在行之。"又伪《古文尚书·说命中》："非知之艰，行之惟艰。"都强调了"行"比"知"的困难性。孙中山针对"知易行难"提出了"知难行易"的命题。

知难行易

　　孙中山的认识论命题，与古代流传下的"知易行难"说相对。孙中山所谓的"知"包括科学知识、政治原则和政治方略。"行"包括科学实验和革命实践。他为了回答一些革命党人对他的理论计划的责难，批评他们对革命理论信仰不坚定乃至动摇的错误倾向，提出"知难行易"说。他说："古人说'知之非艰，行之惟艰'，本大总统便要说：'行之非艰，知之惟艰。'"（《知难行易》）他以饮食、用钱、作文、建屋、造船、筑城、开河、电学、化学和进化十件事作为推翻"知易行难"和论证"知难行易"的例证。例如用钱，是人们交易买卖之习惯，但是要提高到经济学、银行学、货币学就不易。孙中山关于"知难行易"的论述，阐明了科学认识的艰巨性和革命理论的重要性。同时为了批判当时革命党人在革命面前惧怕困难的退缩思想，他认为"行先知后""不知亦能行"，强调"行"的作用。

知行合一

　　明王守仁的认识论命题。认为"知"和"行"是统一的，反对宋儒程朱派"知在行先"的说法和"口耳讲说""悬空思索"的学风。王守仁所谓的"知"是对封建伦理道德的认识，其所谓"行"是对于封建伦理道德的实践。王守仁说："知是行的主意，行是知的功夫。知是行之始，行是知之成。若会得时，只说一个知，已自有行在，只说一个行，已自有知在。"（《传习录》上）又说："知之真切笃实处便是行，行之明觉精察处便是知。"（《全书》卷六《答友人问》）这就把"知"和"行"看成了相互影响、相互渗透、相互统一的关系，甚至说"一念发动处，便即是行了"（《传习录》下），将"知"归结于"行"。王守仁的"知行合一"是以"心"为基础的。他说："《大学》指个真知行与人,说'如好好色,如恶恶臭'。见好色属知,好好色属行,只见那好色时已自好了,不是见了后又立个心去好。"(《传习录》上)认为知行都发之于"心",所以是"合一"的。他强调"知行合一"的目的是要人在封建道德意识上下功夫,在道德上"复那本体",即恢复内心固有的善性。

性命

本指人的属性和寿命。《易·乾》"乾道变化,各正性命",意为天象规律的变化使万物(包括人)各得其属性之正和寿命之正。一些儒家学者认为人物之性都是天生的,人性是天道或天理在人身上的体现。他们将人的属性称为"性",而把"性"的本原称为"命"。如《礼记·中庸》:"天命之谓性。"孟子提出"存心"以"养性"和"修身",以"立命"的主张(《孟子·尽心》);程颐认为:"心即性也。在天为性,在人为命,论其所主为心,其实只是一个道。"(《二程遗书》卷十八)朱熹提出"性即理也"的观点,说:"自其理言之,则天以是理命乎人物谓之命,而人物受是于天谓之性。"(《文集》卷五十六《答郑子上》)他认为"天""理""性""命"归根到底是一个东西,"理也,性也,命也,初非二物"(《朱子四书或问》《论语或问》卷三)。这些都是从唯心角度来谈性命关系。汉代王充认为人生性命皆"初禀自然之气","命谓初所禀得而生也,人生受性则命受矣。"(《论衡·初禀》)他说:"人禀元气于天,各受寿夭之命……用气为性,性成命定。"(《论衡·无形》)把人"禀气""受性"之后的命运说成不可易的,陷入自然命定论。明末清初王夫之说:"天所命人而为性者,则以共一阴一阳之道成之。"(《张子正蒙注·诚明篇》)清戴震释《大戴礼记》"分于道谓之命,形于一谓之性"一语时说:"分于道者,分于阴阳五行也。"(《孟子字义疏证》)他们都把阴阳五行看作人的性命的物质基础,从唯物的角度谈性命问题。

性理

宋明理学重要范畴之一。程朱派理学家以"理"为宇宙的本原,也以理为人性的本质。他们提出"性即理也"的观点,认为性是"在我之理",即"理"在人身上的体现。朱熹说:"性即理也,天以阴阳五行化生万物,气以成形,而理亦赋焉,犹命令也。于是人物之生,因各得其所赋之理,以为健顺五常之德,所谓性也。"(《中庸章句》第一章)他把人性、物性都说成来源于"理"的。既然如此,为什么把人性不直接说成"理"呢?陈淳在《北溪字义》中说:"何以不谓之理而谓之性?盖理,是泛言天地间人物公共之理;性,是在我之理。只这道理,受于天而为我所有,故谓之性。性字从生从心,是人生来具是理于心,方名之曰性。"由"性即理"出发,朱熹继承、发挥张载、程颢的观点,将"性"分为"天地之性"和"气质之性"。"天地之性"是"专指理言"的,是"纯粹至善"的;"气质之性"则以理与气杂而言之,具有善、恶两重性。"天地之性"与"气质之性"相统一形成了人。这样,一方面把仁义道德视为人的天赋本性,另一方面又以气禀的清浊解释贤愚的区别。最后归结为内心修养的原则是克服"气质之性"中的不善,即"去人欲,存天理"。

和同

中国古代哲学的重要范畴。"和"指不同的元素相配合求得统一,"同"指相同的元素相凑合求得绝对等同。西周末年史伯提出"和实生物,同则不继"的观点,反对"去和而取同"的主张,是"和同"范畴的最早产生。他认为以一种元素同另一种元素相配合求得矛盾的均衡和统一,对于发展生产、治理国家都有好处;而如果"去和而取同",即以完全相同的事物凑合,"以同裨同",就会导致有害的后果。春秋末年,晏婴进一步认为"和"与"同"是相异的,杂多和对立的事物是"相济""相成"的,发展了史伯的观点,并认为宇宙间的事物,普遍存在着矛盾,矛盾双方既是对立的,又有相济相成的同一性,互相依存、互相联系。史伯的言论载于《国语·郑语》,晏婴的言论载于《左传·昭公十年》。"和同"观念是中国古代的朴素辩证法思想,在哲学史上具有重要意义。

质测

明清之际方以智称谓自然科学的用语。质,物质;测,观测。"质测"指研究物理的学科,概指自然科学。《通雅·文章薪火》"考测天地之家,象数、律历、音声、医药之说,皆质之通者也,皆物理也",又《物理小识·自序》"物有其故,实考究之,大而元会,小而草木蠡蠕,类其性情,征其好恶,推其常变,是曰'质测'",即对整个宇宙的演化直到微小的植物、昆虫等进行分类研究,考察其性质、生态以发现其因果联系和变化法则,这就是"质测"之学。他还说明了"质测"与哲学的关系,认为自然科学中就蕴含了哲学原理,提出"质测即藏通几者也"。

制天命

战国时荀子提出的反宿命论的命题。殷周宗教神学认为"天"是有意志的。西周末年的社会动荡,触发了怨天尤人思潮的兴起。孔子接受了这些传统,一方面把"天命"看成一种神秘的主宰力量,认为"君子有三畏,畏天命,畏大人,畏圣人之言"(《论语·季氏》)。另一方面,他重视人事,强调尽人事的作用。战国时的思孟学派,主张"尽心、知性、知天",将天道与人性合而为一,他们强调人的主观能动性,但仍然保留"天"主宰人世的最高权力。道家的唯心论派,虽然形式上否认

"天"是有意志的人格神,却走向了自然命定论。荀子批判地总结了先秦诸子关于天人关系的学说,既重视天道,又强调人为,提出了"明于天人之分"和"制天命而用之"的光辉思想。他认为"天"就是客观存在的自然界,天是按自身固有的规律运动变化的,所谓"天行有常,不为尧存,不为桀亡"(《天论》)。他主张"明于天人之分"(《天论》),即把自然界和人类社会的职分、规律区分开来。人们不要迷信"天",而应发挥人的能动作用,去控制、改造、征服自然,使之为人类服务。他说:"大天而思之,孰与物畜而制之;从天而颂之,孰与制天命而用之。"(《天论》)与其迷信天的权威,去思慕它、歌颂它、等待"天"的恩赐,不如利用自然规律,使其得到充分合理的利用。但荀子由于把人类能够"制天命而用之",看作圣人"制礼作乐""化性起伪"的结果,这就不可能指出"制天命"的正确方法和途径,表现了他的局限性。荀子"制天命"的思想,对后世的韩非、王充、柳宗元、刘禹锡、王夫之,乃至近代资产阶级民主派,都有巨大影响,是唯物主义天道观发展的重要环节。

屈信(伸)

《周易》中的矛盾观念。《周易·系辞下》:日往则月来,月往则日来,日月相推而明生焉。寒往则暑来,暑往则寒来,寒暑相推而岁成焉。往者屈也,来者信也,屈信相感而利生焉。信借为伸。屈和伸是相互对立的两种运动,《系辞》作者认为,往者屈而退也,来者伸而进也,屈伸两种运动互相作用、互相交替,有利于物之变化,亦有利于人之活动。达到了朴素的辩证观念。

皇极

儒家的政治学概念。皇,指君,一说为大;极,本义为屋极,由于其位于屋之最高正中处，故引申为标准之义。皇极，意为君主的标准，或谓至大的标准。语出《书·洪范》"五，皇极，皇建其有极"，是"洪范九畴"之一。孔颖达疏："皇，大也；极，中也；施政教，治下民，当使大得其中，无有邪僻。"后儒以皇极指帝王的最高至正的统治准则。古代帝王也自以为所施政教，得其正中，可以法式，故称皇极。

临深履薄

走近深渊，踩上薄冰，形容十分危险。语出《诗·小雅·小旻》："战战兢兢，如临深渊，如履薄冰。"晋代潘岳《西征赋》改引为"心战惧以兢悚，如临深而履薄"。此语后世儒者常引以比喻人做事应谨慎畏惧，保持警惕。《后汉书·杨终传》："岂可不临深履薄，以为至戒！"

既济

《周易》卦名。济，成也；既济，事已成也。《易·杂卦》曰："既济，定也。"定犹成也。既济是六十四卦中的第六十三卦，前有"小过"，后有"未济"。《易·序卦》述其次序曰："有过物者必济，故受之以既济；物不可穷也，故受之以未济。"谓人行有小过，取得教训，改过自新，惩前毖后，则事必有成，故小过卦后继之以既济卦；宜做之事不可尽，既成之事有数，未成之事正多，故既济卦后继以未济卦。在《周易》中济卦与未济卦相对，二者构成一对对立的组卦，反映了朴素的矛盾观念。

致良知

明王守仁的重要哲学命题。"致"本于《大学》的"致知"。"良知"语出《孟子·尽心上》："人之所不学而能者，其良能也。所不虑而知者，其良知也。"孟子的"良知"指人具有的先天的善性，即天赋的道德意识。王守仁把《大学》的"致知"和孟子的"良知"结合起来提出了"致良知"的观点。他认为"良知"是"心之本体"（《传习录中》）。他对作为"心之本体"的"良知"做了三个规定："良知只是个是非之心"（《传习录下》）；"良知即是天理"（《传习录中》）；"良知是造化的精灵"（《传习录下》）。"良知"既是天赋的道德准则，又是天赋的理性，还是万物的本体。他所谓的"致"，有推极、恢复和"行"之意。"致良知"就是把"心之本体"先天固有的能力扩充、发挥、表现出来，除去私欲蒙蔽，使人们的一切活动合乎封建道德标准，同时也达到对一切真理的认识。

剥复

《周易》二卦"剥"与"复"的合称。剥的本义是以刀割物，引申为割取或取掉物之一部分，又引申为剥落、衰落。《易·彖》释剥卦卦名之义为腐败、衰落。剥卦的卦辞为"不利有攸往"。复的本义是返。《易·彖》释复卦卦名之义为刚者复还，复卦卦辞为："亨。出入无疾。朋友无咎。反复其道，七日来复。利有攸往。"以此可见，剥复二卦含义相反。《易·杂卦》"剥，烂也；复，反也"，意谓剥卦之义为腐烂，腐烂者必剥落；复卦之义为返归善道，返归善道则不腐烂剥落。两卦之义相对。后儒合用两卦名，为盛衰、消长之意。《宋史·程元凤传》："极论世运剥复之机。"

通几

明清之际方以智称谓哲学的用语。语出《易·系辞上》："唯深也，故能通天下之志；惟几也，故能成天下之务。"本意指易道深奥，所以能贯通天下人之思想。易道几微，所以能成天下之事务。方以智所谓的

"通几",指深究隐藏在天地万物中的发展契机和内在本质。他说:"通观天地,天地一物也。推而至于不可知,转以可知者摄之,以费知隐,重玄一实,是物物神神之深几也。寂感之蕴,深究其所自来,是曰'通几'。"(《物理小识·自序》)又说:"专言通几,则所以为物之至理也。"(《通雅·文章薪火》)他认为深入研究天地万物的普遍本质、内在规律和变化契机的学问就是哲学。哲学探索的是事物的根本原理。他还指出,哲学可以帮助克服各门实验科学的局限和片面,指导自然科学的研究,所谓"通几护质测之穷"(《愚者智禅师语录·示中履》)。

理

儒家哲学中标志宇宙本原或规律的重要范畴。理的观念在先秦已出现,《孟子·告子篇》:"心之所同然者何也?谓理也,义也。"以理为当然准则。《庄子·外篇》:"是未明天地之理,万物之情也。"《荀子·解蔽》:"凡以知,人之性也;可以知,物之理也。"《易经·说卦传》:"穷理尽性以至于命。"《韩非子·解老》:"理者,成物之文也""万物各异理"。皆以理为万物各自的特殊规律,和普遍规律的"道"有区别。清戴震云:"理者,察之而几微必区以别之名也,是故谓之分理,在物之质曰肌理、曰腠理、曰文理;得其分则有条而不紊,谓之条理。"并说:"古人所谓理,未有如后儒之所谓理者也。"(《孟子字义疏证》)概括了先秦哲学中理的含义。至北宋,程颢、程颐和朱熹等人,始把理看作宇宙的本原。程颐所谓理,乃指生生之理,以生或易为宇宙的根本原理。程颐所谓理,则指气之所以。二人皆以理为宇宙的究竟本根,气为其次,并认为万物唯有一理。同时二程认为理的内容是仁义礼智,这是将儒家的道德准则提到宇宙本原的地位。朱熹根据二程的学说,加以扩充、发展,认为理、太极、道是同实而异名,都是标示宇宙本原的范畴。理的内容是儒家的仁义道德。理与气实不相离,但"理是本",在宇宙未有气之先,实已有理。理是永存的,任何事物在未有之前,其理皆已存在。他说:"未有天地之先,毕竟也只是理。有此理便有此天地。若无此理,便亦无天地,无人无物,都不该载了。""未有这事,先有这理。如未有君臣,已先有君臣之理;未有父子,已先有父子之理。"(《朱子语类》)朱熹的理一元论,乃一种客观唯心论体系,对封建社会后期的儒学有很大影响。

理与势

王夫之的历史观范畴。"理"指历史发展中的规律性,"势"指历史发展的必然趋势和客观过程。王夫之本着"理依于气"的自然史观,进而提出了"理依于势"的人类史观,认为人类历史发展不只有着前进发展的必然趋势,而且这种必然趋势,表现出一定的规律。他指出理与势的关系是统一不可分的。一方面"言理与势者、犹言理之势也"(《读四书大全说》卷九),认为势是从属于理的,"得理自然成势",合理的历史活动形成历史事变的必然;另一方面,"势之顺者即理之当然","只有在势之必然处见理",认为理的作用表现为一种必然趋势;也只有从必然趋势中才能发现理的存在。现实的历史必然趋势不可逆转,也正是"理之当然"的规律性的体现。王夫之"理势合一"的历史观,试图探索历史的发展规律,揭示了历史过程中的客观辩证法,批判了神学史观,达到了封建社会所能达到的思想高度。

理气

中国哲学史上标志理气关系的一对范畴。"理"和"气"这两个范畴在先秦哲学中已出现,"理"通常指事物的条理、规律、准则;"气"通常指一种极细微的物质,被看作构成世界万物的本原或原始材料。把理和气作为一对高度概括的哲学范畴,并深入阐明理气关系,是从宋代理学家开始的。程颢、程颐把理从事物的规律,通过伦理化的途径,赋予人类道德的属性,并把它作为宇宙的最高本体。关于理气关系,程颐说:"有理则有气。"(《二程粹言》)明确主张理在气先。还认为气有生灭,理永恒存在。朱熹全面继承和发展了二程的理气说,他所说的"理",有事物"所以然"的规律和"当然之则"的伦理道德准则两重含义,以理作为派生天地万物的绝对本体。关于理气关系,一方面从具体事物的生成事实上,他强调理气不离,"天下未有无理之气,亦未有无气之理"(《朱子语类》卷一)。另一方面,从本体论上则坚持理本气具,理先气后,理生气的观点,认为理是"生物之本",气是"生物之具"。张载提出"太虚即气"的命题,用气说明世界的统一性,明确地把理看作物质运动的规律。而在道德领域他同样主张"复天理""去人欲",给"理"涂上道德色彩。以陆九渊、王守仁为代表的心学,以"心即理"作为其哲学的基本原理。王守仁说:"心一而已……以其条理而言谓之理","以其流行而言谓之气"。(《传习录·中》)在"心"的基础上使"理气合一"。明代的王廷相,发展了张载的气本论,针对程朱的理本论,明确提出了"理根于气"的观点。说:"万理皆出于气,无悬空独立之理。"(《太极辩》)他还用理在气中,气变则理变的观点,反对宋儒以理为永恒的说法。明清之际的王夫之,坚持气本论,以气为宇宙间唯一的实体,以理为气所固有的秩序条理,即气运动变化的规律。说"气之条绪节文,乃理之可见者也"(《读四书大全说》卷九),他强调理气不可分,提出了"气外更无虚托孤立之理""气者理之依也""理不先而气不后""理在气中"等鲜明的观点。对理气关系的长期争论做了一次比较全面的清算和总结。以后颜元、戴震对理气关系继有阐述,但在理论上未超出王夫之的水平。

乾元

语出《周易·乾·彖辞》:"大哉乾元,万物资始,乃统天。""乾",卦名,象天。"元"的解释不一,孔颖达疏。"乾是卦名,元是乾德之首",以"首"释"元";《朱子本义》"乾元,天德之大始,故万物之生,皆资之以为始",以"始"释"元";高亨《周易大传今注》:"大哉乾元,万物资始,谓大哉天德之善,万物赖之而有始",以"善"释"元"。"元"在古代哲学中含有多义,董仲舒认为"元"指本原,《春秋繁露·重政》:"故元者为万物之本,而人之元在焉。"《易传》作者认为天的性能在于使万物发生。据此,乾元应释为天的本质属性。在儒家哲学中,往往给天的本质属性赋予伦理道德意义,故常以乾元称天之善德。

乾坤

儒家经典《周易》中的两个卦名,代表着阴性、阳性两种对立的势力。乾卦代表阳性势力,其象为天;坤卦代表阴性势力,其象为地。《易传》认为,乾坤两卦的关系是由天地的尊卑关系确定的,"天尊地卑,乾坤定矣"(《系辞上》)。乾坤分别代表着天地间动静、刚柔、健顺两种对立的属性和力量,这两种力量相互作用,推动着事物的运动和变化。乾的作用在使万物发生,"大哉乾元,万物资始,乃统天"(《易·乾·彖辞》);坤的作用在使万物生长,"大哉坤元,万物资生,乃顺承"(《易·坤·彖辞》)。因此,天地间一切事物的形体和规律都是由乾坤决定的,"乾,阳物也;坤,阴物也。阴阳合德而刚柔有体。以体天地之撰,以通神明之德。"(《易·系辞下》)乾坤是易道的理论前提和蕴藏的根本,"乾坤其易之门邪,乾坤其易之缊邪。乾坤成列而易立乎其中矣。乾坤毁则无以见易。易不可见,则乾坤或几乎息矣"(《易·系辞上》)。《易传》还认为,乾坤的性质和作用都是平常的、简单的,但有时也表现出险阻、复杂的现象,因此人们在行事时应该保持警惕、谨慎的态度,"夫乾,天下之至健也,德行恒易,以知险;夫坤,天下之至顺也,德行恒简,以知阻"(《易·系辞下》)。由于乾坤代表着宇宙间两种对立的性质、力量、作用和事物,所以它的象征意义是丰富的,它既是天地的象征，又是日月、男女、父母等对立统一事物的象征，它常作为世界的代称。《易传》关于乾坤的这些重要思想，历代儒者都十分重视，并不断地予以解释和发挥，用其来说明自然界和社会上一切事物的产生、运动、变化，给中国古代哲学思想和文化观念以深远影响。

道

中国哲学的重要范畴，指宇宙万物的规律、原理或本原、本体。道的本义是路，后引申为道理，即事物的规律。老子最早将道作为标志宇宙本原和规律的哲学范畴。认为天地万物是由道派生的："有物混成，先天地生，寂兮寥兮，独立而不改，周行而不殆，可以为天下母，吾不知其名，字之曰道，强为之名曰大。"（《老子》第二十五章）庄子也认为道是"自本自根，未有天地，自古以固存，神鬼神帝，生天生地"（《庄子·大宗师》）的宇宙本原。韩非子认为道是万物遵循的总规律和总原理，理是各事物的特殊规律。他说："道者万物之所然也，万理之所稽也。"（《韩非子·解老》）《易传》也以道为规律，并将其与具体的有形的事物相区别，提出"形而上者谓之道，形而下者谓之器"（《系辞下》）的重要命题。在儒家学说中也常以道指一定的人生观、世界观、政治主张或思想体系。《论语·公冶长》："道不行，乘桴浮于海。"又《论语·卫灵公》："道不同，不相为谋。"魏晋玄学家以"元"释"道"，唐代韩愈以"仁义"释"道"。宋儒中，程朱认为道、理、太极，三名一实，皆指宇宙的本原和规律，并且赋予道以儒家道德准则的内容。张载说："由气化，有道之名。"（《正蒙·太和》）以道指太和之气运行变化的自然过程。明末清初的王夫之用道标志事物的共同本质或普遍规律，认为道不能脱离具体事物——"器"孤立存在。清代的戴震坚持"气化即道"的观点，说："道，犹行也；气化流行，生生不息，是故谓之道。"（《孟子字义疏证》）他还严格区分了道与理，认为理是分析具体事物互相区别的质的概念，即具体事物的特殊性。理是"分理"，

"道至理主分"。

道器

指"道"和"器"的关系。《周易》最早提出了"道""器"这对范畴。《系辞上》:"形而上者谓之道,形而下者谓之器。"以"道"指规律、原则、道理,以"器"指天地、动植、器物。并认为"道"是第一性的,"器"是第二性的。唐代崔憬以"用""体"喻"道""器",认为"形质之体"是"器","妙理之用"是"道"。"道"与"器"作为一对哲学范畴受到重视,并对其关系进行深入探讨,是在宋明清时期。程颐以"理"与"气"喻"道"与"器",认为"器"是"阴阳",是"气","道"是所以阴阳者,是形而上的"理"。但又说:"器亦道,道亦器。"(《二程遗书》)朱熹继承了二程的"道""器"关系说,说"道"与"器"的关系相似于"理"与"气"或"太极"与"阴阳"的关系。当谈到具体物时他强调"道"与"器"相依不离,"道"在"器"中。但一说到本原问题,朱熹则明确坚持"道体器用""道本器末""道先器后"的观点。陆九渊认为朱熹的道器说不合《易》之原意,他说阴阳与太极都是形而上。形而上与形而下两者是统一的,道器是统一物的两个方面。这是他主张的"道器体一"论。明末清初的王夫之说:"天下唯器而已矣。道者器之道,器者不可谓之道之器也。""无其器,则无其道。"(《周易外传》)这就在"器"的基础上使"道""器"统一起来了,从而正确地说明了事物("器")与事物规律("道")的关系。近代的谭嗣同继承发展了王夫之的道器说,从"道不离乎器"的命题,得出了"器既变,道安得独不变"的结论,为变法提出了有力论证。

朝乾夕惕

语本《周易·乾》:"君子终日乾乾,夕惕若厉,无咎。"为乾卦第三爻文言。君子日则乾勉,夕则惕惧,虽处危境,亦可无咎。后用以形容君子终日自强不息、勤勉刻苦;谦虚谨慎,从无懈怠的精神。《红楼梦》第十八回:"惟朝乾夕惕,忠于厥职。"

象

《周易》的象征。《周易》用卦、爻符号象征自然现象、自然变化和人事休咎。象有卦象、爻象两种。八卦即为《周易》所立之象,以乾、坤、震、巽、坎、离、艮、兑八种图形象征天、地、雷、风、水、火、山、泽八种自然现象。八卦重为六十四卦,其同卦相重,乃象一种事物或含有重变之意义,如乾(☰)乃是天的象征;其异卦相重,则象两种事物之联系,如蒙(䷃),上卦为艮,下为坎,艮为山,坎为水,故蒙之卦象是山下出泉。《易传》作者认为,八卦和六十四卦可象宇宙一切事物,每卦可象多种事物。如乾(☰)之基本卦象是天,还可以象朝廷、象君主、象君子、象衣、象金,等等。《易传》分八卦为阴阳两类。乾震坎艮为阳卦,坤巽离兑为阴卦。又分宇宙万物(包括人)为阴阳两类,阳物之性刚,阴物之性柔,从而以阳卦象阳物,即象刚性之物;以阴卦象阴物,即象柔性之物。爻象是易卦之爻所象之事物,有阳、阴两种,阳爻(—)象阳性之事物,阴爻(--)象阴性之事物。《易传》以阳爻象男、象君主、象君子、象刚强多力之人、象刚健之德、象刚坚之物等;以阴爻象女、象臣民、象小人、象弱而少力之人、象柔顺之德、象柔软之物等。《易传》的作者认为,《周易》就是以象征的方法说明事物的,"是故易者也象也,象也者,像也"(《易·系辞下》)。孔颖达疏:"谓卦为万物象者;法象万物,犹若乾卦之象法象于天也。"并认为《周易》立象的目的在于补充言语表达之不足,《系辞上》:"圣人立象以尽意。"《易传》不但言象,而且言数,数即数字。数有两种,一曰阴阳数,如奇数为阳数,偶数为阴数;二曰爻数,即爻位,以爻在卦中的位数次序明事物的位置关系。象数相合,谓之象数说。象数观念最早见于春秋时代。《左传·僖公十五年》:"龟,象也;筮,数。物生而后有象,象而后有滋,滋而后有数。"认为先有物而后有象,有象而后有数。出于战国时代的《易传》常以象数解《易经》。汉代《周易》学者讲象数者甚多,至北宋邵雍乃建立系统的象数之学。《易传》和后儒的周易象数说中包含着一些朴素的辩证法,但其体系是虚构的,有着烦琐、神秘的色彩。

潜龙勿用

《周易》乾卦第一爻的爻辞。原文为"初九,潜龙勿用"。潜龙乃隐而不见、静而不动之象。筮遇此爻,不可有所施行,故曰潜龙勿用。后用以形容有德的圣人在下,尚未得时用世。也用以比喻怀才不遇的英雄。又,李镜池谓,龙指龙星。《说文》:"龙,春分而登天,秋分而潜渊。"故潜龙即秋分的龙星。勿用,不利的意思。此爻辞是星占而又用蓍筮,不同的占术合参。意为秋分时的龙星出现,是不利的。

履中

儒家指履行不偏不倚的中道。不偏不倚的中道最早为孔子所倡。孔子提出解决矛盾的方法为"执两用中""致中和"。他说"执其两端,用其中于民,其斯以为舜乎!"(《中庸》)即对于有对立面之矛盾,在处理时应量度以取中,无过无不及。他认为"用中"就会达到"致中和"的目的,即使矛盾调和。孔子又提出"中庸"之道,中庸是不偏不倚,无过不及,他说"中庸之为德也,其至矣乎"(《论语·雍也》),后世儒家奉行和发挥这一思想,把"用中""履中"视为解决矛盾和修养道德的最佳方法。汉刘向说:"舜以匹夫,积正合仁,履中行善,而卒以兴"。(《说苑·修文》)汉赵岐为《孟子·尽心下》:"孔子岂不欲中道哉?"一句作注时说;"中道,中正之大道也。"宋儒也竭力推崇奉行中道，朱熹将《中庸》一篇与《论语》《孟子》《大学》并列，合为"四书"，并作详注，进一步发挥了"用中""履中"即奉行中道的儒家思想。

履霜坚冰至

儒家经典《周易》坤（☷）卦第一爻爻辞。履，路；坚冰，厚实的冰。霜为秋日之象，冰为冬日之象。《礼记·月令》："季秋之月霜始降，季冬之月冰方盛，水泽腹坚。"履霜坚冰至，李镜池释为：季秋起程，季冬才到。指商旅走了三四个月，时长路远。高亨释为：人方履霜，而坚冰将至，喻事之有渐。高亨释义较当。此爻辞意思是脚踩到了霜，证明天气渐冷，严寒冰冻的日子即将来临。后人用来比喻人在危难前兆出现时，便应谨慎预防。《新唐书·高宗纪》："不戒履霜之渐，而毒流天下。贻祸邦家，宋儒引此语以喻修身之道。"《二程全书·伊川易传一》："冰矣犹小人，始虽甚微，不可使长，长则至于盛也。象曰：'履霜坚冰，阴始凝也，驯致其道，至坚冰也。'"

履冰

比喻身临危险的境地。语出《诗·小雅·小旻》："战战兢兢，如临深渊，如履薄冰。"后世儒者以此为喻，教导人们处事应抱小心谨慎的态度。（参见"临深履薄"条）

器

有形象的具体事物或名物制度。在儒家思想中，常与无形象的，含有规律和准则意义的"道"相对而言。《易·系辞上》："形而上者谓之道，形而下者谓之器。"这是道、器区别和道器关系的最早说明。道器

关系的争论，是中国思想史上的重要问题。（参见"道器"条）

彝伦

古指人与人之间通常的道德关系和正常的社会秩序。《尚书·洪范》："我不知其彝伦攸叙。"《蔡沈集传》："彝，常；伦，理也。"后世儒者常用以指社会伦理道德的常理。

中国儒学百科全书释词

五服九族说

儒家关于宗法制度中家族亲属系统和丧服礼仪的主张。"九族"一词，最早见于《尚书·尧典》："克明俊德，以亲九族。九族既睦，平章百姓，百姓昭明，协和万邦，黎民于变时雍。""五服"之说，见于《周礼·春官·小宗伯》《仪礼·丧服》和《礼记》的《丧服小记》《服问》《学记》。意味以亲疏的差等为准，确立丧礼的轻重，并以斩衰、齐衰、大功、小功、缌麻五种丧服表示丧礼的等级，统称五服。

"九族"之说，汉代今古文经学的解释有所不同。据《左传·桓公六年》"亲其九族"的注疏索引，今文经学家夏侯、欧阳以为九族系异姓亲族，即父族四、母族三、妻族二。父族四者，谓父之姓为一族，父之女昆弟适人有子为二族，己之女昆弟适人有子为三族，己之女适人有子为四族。母族三者，谓母之父母为一族，母之昆弟为二族，母之女昆弟为三族。妻族二者，谓妻之父为一族，妻之母为二族。汉代今文学家重要典籍《白虎通义》一书的《宗族篇》取此说。东汉古文学家马融、郑玄的《尚书》注，郑玄《诗·小雅·常棣》笺，《礼记·丧服·小记》注均以九族为同宗。即以自己为本位上推四代（父、祖、曾祖、高祖），下推四代（子、孙、曾孙、玄孙），包括自己，合称"九族"。《尚书》的《伪孔传》采此说。以后封建社会立宗法、定丧服，皆以此为准。以九族的亲疏重轻等差，所确定的丧服制度包括五个方面。（1）斩衰：儿子和未嫁女子对父母，儿媳对公婆，承重孙对祖父母，妻对夫，都服斩衰。其服用粗麻布制成，左右和下也不缝。（2）齐衰：以自己为本位，为继母、慈母服齐衰三年，为祖父母、妻、庶母服齐衰一年，为曾祖父服齐衰五月，为高祖父母服齐衰三月。其服以粗麻布做成，缉边缝齐。（3）大功：为堂兄弟、未婚的堂姐妹、已婚的姑、姊妹、侄女及众孙、众子妇、侄妇等都服大功；已婚女为伯父、叔父、兄弟、侄、未嫁姑、姊妹、侄女等也服大功。服期皆为九个月，其服用粗麻布做成，较齐衰较细，较小功为粗。（4）小功：为祖之弟、父之从父兄弟、身之再从兄弟，以及内外诸亲有服同者，服小功。服期五个月。其服用较粗的熟布制成。（5）缌麻：凡疏远的亲属、亲戚如高祖父母、曾伯叔祖父母、族伯叔父母、外祖父母、岳父母、中表兄弟、婿、外孙等都服缌麻。服期三个月。服用梭织细麻布制成。五种丧服，自斩衰至缌麻，由重而轻的等级，表示了九族中与自己由亲而疏的亲族关系，凡同五世祖族属在缌麻服以外的，皆为袒免亲，又称无服。遇丧葬，则素服，以尺布缠头。

五服九族说的内容规定比较烦冗、复杂，它鲜明地反映出了儒家关于家族、亲属的重要观念。（1）尊尊观念。对九族中直系祖辈亲属要求服高规格的丧服，在齐衰中还设有为曾祖父和高祖父服丧的两个丧服等级即齐衰五月、齐衰三月，足见对祖辈之丧的高度重视。用隆重的丧服规格为祖辈服丧，直接表现了对祖辈的尊重和敬仰的观念。（2）尊卑有别观念。死者的宗法地位越高，服丧等级越高；宗法地位越低，服丧等级亦低。同是孙辈为祖父服丧，嫡孙服斩衰三年，而其他众孙则服齐衰不杖期。庶子之子在祖父死后，甚至无资格为亲祖母（祖父亡妾）服丧。服丧的等级标志着一个人在宗法制度中的尊卑地位。（3）亲亲观念。家庭成员无论谁丧，其他人都要为之服丧。即使孙辈早卒，祖父和曾、高祖父也要服丧，表示自己与死者的关系和对死者的哀悼。充分显示了同家族内成员间的亲亲关系。（4）亲疏有别观念。凡为直系亲属服丧，无论对长辈还是对晚辈，所服的丧服，规格都高于为旁系亲属所服的丧服。妻子为丈夫祖辈所服的丧服，其等级比丈夫所服的丧服要低。自己为兄弟、堂兄弟所服的丧服也高于为兄弟妻、堂兄弟所服的丧服。

这表明了家庭的亲疏、主次有别的关系。

五服九族说,在西周以前已经萌芽。《尚书·尧典》称"九族"起源于尧时,或不可信。但殷墟卜辞中则有关于族的称谓,如"王族""多子族""三族""五族"等。可见殷人对于亲属、家族关系已经重视。族,本指有血缘关系的亲属,由于同出一个系统,所以"生相亲爱,死相哀痛"。殷人注意亲属间亲疏关系的区别,但还未形成严密的制度。只是将以前曾有的以三代为限的家族范围扩大到以五代为限。《礼记·大传》"六世,亲属竭矣",是说到第六代就超出了亲亲的界限。周初,亲亲就以九族为范围。《礼记·丧服小记》:"亲亲以三为五,以五为九,上杀,下杀,旁杀而亲毕矣。"所谓"以三为五"就是自己上亲父、下亲子,然后以父亲祖,以子亲孙。"以五为九"就是再以祖父亲曾祖、高祖,以孙亲曾孙、玄孙。说明到西周亲族范围,由三族扩大到五族,再由五族扩大到九族,超出九族之外,可再立祖宗,另辟门户。这种宗族关系表现在丧礼上就形成了五服制度。五服的意义就是以外在形式表示"亲之、尊之、长之、男女有别"的"人之大道者也"。(《礼记·丧服小记》)春秋战国时期,礼崩乐坏,社会的家族系统虽然没有发生本质变化,但宗法性礼制都陷入混乱之中,儒家为了"复礼",于是整理汇编周代礼仪文献并予解说,成《仪礼》《礼记》等书,对五服九族说多有阐释。西汉初期建立制度,确立礼仪,设官职"以序九族"。汉武帝后,儒学独尊,经学家通过注经、说经,发挥儒学。其对于五服九族之说,颇有异词。东汉初期班固撰辑的《白虎通义》一书,以"君父之义"为宗旨,用谶纬神学对宗族、九族进行阐释:"宗者,何谓也?宗者,尊也。为先祖主者,宗人之所尊也。……古者所以必有宗何也?所以长和睦也。大宗能率小宗,小宗能率群弟,通其有无,所以纪理族人者也。""族者何也?族者,凑也,家也,谓恩爱相流凑也。上凑高祖,下及玄孙,一家有吉,百家聚之。合而为亲。生相亲爱,死相哀痛,有会聚之道,故谓之族。""族所以有九何?九之为言究也,亲疏恩爱究竟,谓之九族也。父族四,母族三,妻族二。"(《宗族》)东汉晚期郑玄遍注群经，不同意九族包括异性母族、妻族的说法，"同出高、曾，皆当亲之"（《尚书·正义》疏引）。《白虎通义》对宗、族、九族含义的解释和郑玄对九族范围为同姓的确定，使九族说法典化，成为后代儒学所遵循的不易之论。至于丧服之别，后代虽有增改，但其尊之、亲之的基本原则，未有变易。魏晋南北朝时期，社会动乱，礼教危机，但传统的宗法关系仍有发展，形成一大批豪门世族。隋唐时代，门阀士族衰落，但至宋代宗族共同体与理学建构同步，又重新建立起来，致力于以血缘为纽带的伦常等级秩序。理学家对五服九族制中的尊之、亲之、尊卑、亲疏等观念，用天理进行诠释，所谓"亲亲之杀，尊贤之等，当天理也"（朱熹《四书集注·中庸注》）。并对"累世义居"的宗族共同体进行论证，认为"此天性人心，不易之理"（朱熹《朱文公文集》卷九十九《知南康榜文》）。由于释道的奖掖和理学的播扬，九族五服只有制度更为强固地维系下去，直到封建社会的终结。

儒家的五服九族说在历史上对于维护封建的宗法制度，形成血缘家族内长幼尊卑、远近亲疏的稳定秩序，强化家族历史和封建伦理发挥了重要功能。而且，以九族系统形成的家族，在经济生活中，具有组织生产和分配产品的功能；在社会生活中，负责教育的大部分功能；他们所体现的祖先崇拜观念和祖宗神灵意识，事实上具有宗教功能。在一定的有等级秩序的家族范围之中，社会成员的行为就受到了严密监督，发生越轨行为可以在家族内部按照本家族的家法实行惩罚，于是家族也具有法律性的社会控制功能。由于五服九族制的综合社会功能，历代统治者竭力维护九族制度，一方面给那些九世同居的遵守封建礼教的大家族以褒奖，树立社会典范；另一方面又把诛灭九族作为法律中的一项刑罚，以维护统治秩序。

婚嫁观

在儒家典籍中婚姻总是与礼相辅而行的，只有按礼嫁娶而形成的婚姻才是正当的。所以,婚姻的本义是指嫁娶的礼仪,《诗经·郑风·丰笺》:"婚姻之道,谓嫁娶之礼。"唐孔颖达疏:"论其男女之身,谓之嫁娶,指其好合之际,谓之婚姻,其事是一。"由于婚姻是指按礼仪嫁娶而形成的夫妻关系,所以婚姻也指夫妻的称谓,如"婿曰昏(婚),妻曰姻"(郑玄:《礼记·经解》注)。由于婚姻形成后,夫妻双方家属即成为亲属关系,故婚姻又指姻亲之关系言。概括地说,儒家所指的婚姻是指按礼的规定,进行嫁娶而形成的夫妻关系。

"人伦之始"的婚嫁意义观。儒家认为,人伦关系包括夫妇、父子、君臣、兄弟、朋友等,而夫妇关系是人伦的始基,是一切人际关系的开端,而夫妇关系的形成必须通过合礼的婚姻、嫁娶,所以,婚嫁具有重要的伦理意义和社会意义。《孟子·万章上》:"男女居室,人之大伦也。"《礼记·中庸》:"君子之道,造端乎夫妇。"《白虎通义·嫁娶》:"人道所以有嫁娶何?以为情性之大,莫若男女。男女之交,人伦之始,莫若夫妇。"《后汉书·荀爽传》:"夫妇,人伦之始,王化之端。故文王作《易》,上经首乾、坤,下经首咸、恒。"儒家之所以以婚嫁夫妇之道为人伦之始,约有三方面的理由。一是从社会进化而言,夫妇关系是一切社会关系形成的开端。《周易·序卦传》:"有天地然后有万物,有万物然后有男女,有男女然后有夫妇,有夫妇然后有父子,有父子然后有君臣,有君臣然后有上下,有上下然后礼义有所错。"二是从治理国家而言,家庭是国家的基础,治理家庭是治理国家的根本。《礼记·大学》:"欲治其国者,先齐其家";"宜其家人,然后可以教国人"。三是从人生成长阶段而言,婚嫁是男子成家立业,获得完全社会成员身份的标志。《礼记·曲礼》:"人生十年曰幼,学。二十曰弱,冠。三十曰壮,有室。"《礼记·内则》:"二十而冠,始学礼………三十而有室,始理男事。"对于女性而言,婚嫁标志着获得了确定的家庭、家族地位,故儒者称女子出嫁曰"归",意味着她真正地回到了自己的家庭。

"广家族""继后世""求内助"的婚嫁观。儒家对于婚嫁功能和目的,不着眼于男女性爱的实现,而是以男方家族的扩大和家族子孙的繁衍为主，同时兼及求内助的目的。《礼记·昏义》："昏礼者，将合二姓之好，上以事宗庙，而下以继后世也，故君子重之。"《白虎通义·嫁娶》："《易》曰：'天地氤氲，万物化淳，男女媾精，万物化生'，人承天地施阴阳，故设嫁娶之礼者，重人伦，广继嗣也。"儒家主张同姓不婚的原则，于是就主张通过异姓婚嫁连接异姓家庭、家族，以期达到扩张本家族的势力，形成广泛社会联系的目的。同时，认为通过婚嫁结成婚姻，形成夫妇以繁衍子孙后代，可以使家庭、家族血缘关系得以延续和维系。基于这种认识，儒家把"继后世""广继嗣"视为婚嫁的主要目的。此外儒家也承认，婚嫁还可以使男方得到妻子的帮助。《孟子·万章下》："娶妻非为养也，而有时乎为养。"《礼记·祭统》："既内自尽，又外求助，婚礼是也。"至于男女之间的情爱，在儒家看来不但不是婚嫁的目的，而且是应该被否定的。由于以繁衍后代维系家族为主要目的，儒家虽原则上主张一夫一妻制，但同时又事实上主张一夫多妾制，特别主张统治者多妾。《白虎通义·嫁娶》："天子诸侯一娶九女者何？重国广继嗣也。""大夫功成受封，得备八妾者，重国广继嗣也。""卿大夫一妻二妾者何？尊贤重继嗣也。"

"礼而后亲"的婚嫁制度观。儒家重礼，由重婚嫁之礼，认为婚嫁之礼是礼的基础，所谓"《礼》贵男女之际"（班昭《女诫》）。关于婚礼在诸礼中的地位，《礼记·昏礼》有明确的叙述："夫礼始于冠，本于昏，重于丧祭，尊于朝聘，和于乡射。此礼之大体也。"婚礼之所以是礼之本，是由婚姻是"人伦之始"这种重要意义决定的。《礼记·婚义》："敬慎重正，而后亲之，礼之大体，而所以成男女之别，而立夫妇之义也。男女有别，而后夫妇有义；夫妇有义，而后父子有亲；父子有亲，而后君臣有正，故曰：昏礼者，礼之大本也。"由于《礼记》以婚礼为礼之本，所以后世儒者论礼，多以婚礼来说明礼的重要作用，表述礼的具体应用。班固在《汉书·外戚传》中说："《易》基《乾坤》，《诗》首《关雎》，《书》美釐降，《春秋》讥不亲迎。夫妇之际，人道之大伦也。礼之用，唯婚姻为兢兢。"基于这种认识，儒家十分强调婚姻必须合乎礼，并以是否合乎礼作为婚姻是否成立的根本标准，对于那些非礼而成的事实婚姻持否定态度。儒家所谓的婚嫁之礼，包括两个方面：一是指婚姻缔结的原则，如同姓不婚、宗亲不婚、尊卑不婚、婚嫁年龄、必须聘娶等；二是指婚嫁礼仪和程式。婚嫁礼仪虽同社会等级不同而有区别，其细节也因时代不同而有异，但大体而言，不出于《礼记·昏义》所规定的纳采、问名、纳吉、纳征、请期、亲迎六项基本仪式。在成婚期间，还有许多具体而烦琐的礼仪规定。

"父母之命，媒妁之言"的婚嫁意志观。儒家关于婚嫁的意志和责任问题，不考虑结婚男女双方的情感、意志和愿望，而是以父母之命，媒妁之言为婚姻的决定者。《孟子·滕文公下》："丈夫生而愿为之有室，女子生而愿为之有家；父母之心，人皆有之。不待父母之命，媒妁之言，钻穴隙相窥，逾墙相从，则父母国人皆贱之。"儒家认为男女双方按自己的意愿和通过私自结识，建立婚姻关系，不但违背了"男女有别"，"男女授受不亲"的礼义，而且也违背了孝道，所以是不道德的可耻行为。《白虎通义·嫁娶》："男不自专娶，女不自专嫁，必由父母，须媒妁，何？远耻防淫泆也。"《诗》云："娶妻如之何？必告父母。"又曰："娶妻如之何，非媒不得。"父母之命，媒妁之言的婚嫁意志论，是以父家长制为基础的，也是与排斥性爱感情的以"事宗庙，继后世"为婚姻目的的观念相一致。在儒家看来，男女婚嫁并不是男女个人的私事，而是家庭之事、家族之事，甚至是社会之事。所以不能由男女双方"自专"来决定。

男尊女卑的夫妇地位观。儒家对婚姻束之以礼，决之以父母之命，通之以媒妁之言，这固然对建立婚姻关系的男女双方而言，都是一种制约。但在这一共同制约中，男女的地位并不平等，其中包含着强烈的男尊女卑观念。首先，就儒家对"夫妇""夫妻"语词的解释看，即含有尊卑意味。《礼记·郊特牲》："出乎大门而先男帅女，女从男，夫妇之义由此始也。妇人，从人者也。幼从父兄，嫁从夫，夫死从子。夫也者，夫也。夫也者以知帅人者。"又《仪礼·丧服传》："夫者，妻之天也。

妇人不二斩者，犹曰不二天也。"其次，就儒家对婚姻、嫁娶和礼仪含义的说明来看，几乎都体现了男尊女卑、夫主妇从的观念。如"婚姻者，何谓也。婚者，昏时行礼，故曰婚；姻者，妇人因夫而成，故曰姻"（《白虎通义·嫁娶》）。"嫁娶者，何谓也？嫁者，家也。妇人外成以出适人为家。娶者，取也。"（《白虎通义·嫁娶》）又如："男子亲近，男先于女，刚柔之义也。天先乎地，君先乎臣，其义一也。"（《礼记·郊特牲》）又如："纳采、问名、纳吉、请期、亲近、以雁为贽，取其随时而南北，不失其节，明不夺女子之时也；又是随阳之鸟，妻从夫之义也。"（《白虎通义·嫁娶》）此外，在形成夫妻关系之后，则要严格遵循"夫为妻纲"的伦理道德原则。

  儒家婚嫁观的历史演变是：先秦儒家总结了西周以来的嫁娶婚姻观念，重点阐述了婚姻和夫妇关系的伦理道德原则，强调了礼在婚嫁中的重要作用，完善了婚嫁的礼仪制度，把婚姻纳入了礼制的范围。孔子言"正名"，虽然只说了君君、臣臣、父父、子子，没有讲夫妇之礼，但这提出了礼的一般原则和"女子难养"的男尊女卑思想。孟子则明确提出"夫妇有别"的礼原则和"必敬必戒，无违夫子，以顺为正"的妇道，还提出了"父母之命，媒妁之言"和"亲近"的婚嫁程序。荀子突出强调礼的重要意义，认为"男女之合，夫妇之分，婚姻聘内（纳），送逆无礼，如是则人有失合之忧，而有争色之祸矣"（《荀子·富国》）。《仪礼》《礼记》系统论述了婚姻嫁娶的礼制，指出了"婚姻之礼所以明男女之别也"（《礼记·经解》）。两汉儒家继承和发展了先秦儒家的婚嫁观，把夫妇之道和婚嫁之礼提到了"天命"，"阴阳"的宇宙论层次予以阐发，具有浓厚的神学目的论色彩。董仲舒提出"王道之三纲可求于天，天子受命于天，诸侯受命于天子，子受命于父，臣妾受命于君，妻受命于夫。所受命者，其尊皆天也，虽为受命于天亦可。……妻不奉夫之命，则绝"（《春秋繁露·顺命》），并用阴阳之道论夫妇，"夫为阳，妻为阴""阴者阳之和，妻者夫之合""合必有上，必有下。"（《春秋繁露·基义》）《白虎通义》不但明确提出"夫为妻纲"，而且用"天地阴阳"原理论证了婚姻嫁娶之礼,所谓"人承天地施阴阳,故设嫁娶之礼者,众人伦广继嗣也"(《嫁娶》)。后汉班昭撰《女诫》也说:"夫妇之道,参配阴阳,通达神明,信天地之弘义,人伦之大节也。"(《夫妇》)宋明儒学继承了汉儒强化尊卑伦理原则的"三纲五常"观念,但克服了其天命观的神秘性,以"存天理灭人欲"为最高原则,讨论了婚姻、嫁娶、夫妇等问题,认为嫁娶之礼、夫妇之道是本于天理的,而男女之间的情爱、不遵礼义的结合、不合礼仪的嫁娶、寡妇再嫁等都是人欲的表现,应坚决反对。对于女性,特别强调贞洁的重要,程颐说:"饿死事极小,失节事及大!"(《二程全书·遗书》卷二十二下)朱熹说:"君臣、父子、兄弟、夫妇、朋友岂不是天理?"(《朱文公文集》卷五十九《答吴斗南》)总之,儒家婚嫁观经历了从礼义婚嫁观到天命婚嫁观,再到天理婚嫁观的演变过程。

儒家婚嫁观影响了中国传统社会两千多年,其重人伦、重道德、重礼仪的特点对培养婚姻中的道德观念起了积极作用,而其"广继嗣""父母之命,媒妁之言"、"男尊女卑"、"夫为妻纲"、"寡妇不嫁"等宗法观念、家长意志、等级礼仪和封建纲常等思想,严重限制和妨碍了婚姻自由、恋爱自由,特别是压抑了女性的人身自由和人格尊严。到了封建社会后期,其弊端和危害尤为严重。

家国观

家庭和国家是中国传统社会的两极,在中国传统社会中,二者之间存在着紧密联系。历代儒家学者,对家庭与国家及其关系非常重视,提出了许多见解,形成了儒家独特的家国观。

由"天下为公"到"天下为家"的家国起源论。儒家认为古代的社会是"大同"社会,其根本特征是"天下为公",后来发展到"小康"社会,出现了家庭和国家,而且国家成了一家的天下。《礼记·礼运》:"今大道既隐,天下为家,各亲其亲,各子其子,货力为己,大人世及以为礼，城郭沟池以为国，礼义以为纪，以正君臣，以笃父子，以睦兄弟，以和夫妇，以设制度，以立田里。以贤勇智，以功为己。"君臣、父子、兄弟、夫妇等社会关系的出现，是家庭、国家形成的标志，而"天下为家"则表明国家统治权为一家所独占，权力按照父死子继、兄终弟及的原则世袭相传。所有礼仪规范、制度设施则是适应维护家、国等级秩序的需要而产生的。

"天下之本在国""国之本在家"的家国关系论。儒家认为家和国是紧密结合、相互联系的，国家是天下的基础，家庭是国家的基础。《孟子·离娄上》："人有恒言，皆曰天下国家。天下之本在国，国之本在家，家之本在身。"国之本之所以在家，是因为家庭中的伦理道德原则和国家的政治原则是相通的。孟子说："尧舜之道，孝弟而已矣。"（《孟子·告子下》）从"国之本在家"出发，儒家进而提出"欲治其国者，先齐其家；欲齐其家者，先修其身"；"身修而后家齐，家齐而后国治，国齐而后天下平"；"一家仁，一国兴仁；一家让，一国兴让"的修养程序。（《礼记·大学》）这是一种由近及远、由己及人、由个体到群体、由小群体到大群体、由伦理到政治的运动过程。

"家无二主、国无二君"的家国权力论。儒家认为父权是家庭的最高统治权，国君是国家的最高统治权，只有维护君、父的绝对权力，才能形成尊卑分明的等级秩序和长治久安的社会环境，孔子提出"正名"，要求"君君、臣臣、父父、子子"，就是要君、臣、父、子各按自己的名分行事，臣、子不得违理犯上，动摇君、父的权利。《礼记·丧服四制》说："天无二日，国无二君，家无二尊。"荀子说："君者，国之隆也；父者，家之隆也。隆一而治，二而乱，自古及今未有二隆争重而能长久者。"（《荀子·致士》）都主张维护君、父权力的至上性和唯一性。在儒家看来，父和君在家、国中的权力是无限的，他是祖先神灵意志的代表，是家法、国法的制定者，是家事、国事的最高裁决者，也是道德和真理的化身。儒家常以君权与父权并提，充分表现了其维护父权和维护君权的内在一致性观点。

"齐之以礼"的家国治理论。关于治理家庭和国家的基本原则，儒家主张礼治、礼教，儒家的礼，既是一种社会秩序准则，又是一种行为规范和活动仪式，因之在治理国家和治理家庭中起着重要作用。在儒家看来，只有君臣、父子、兄弟、夫妇，各安其分，各守其礼，才能维持国家和家庭的秩序，达到"家齐""国治""天下平"的理想境地。孔子说："为国以礼。"(《论语·先进》)荀子说："国之命在礼。"(《荀子·天论》)"礼之所以正国也。"(《荀子·王霸》)"隆礼贵义者其国治。"(《荀子·议兵》)《礼记·冠义》说："重礼以为国本也。"关于礼在治国治家中的功能，《礼记·曲礼》论述得颇为具体："夫礼者，所以定亲疏，决嫌疑，别异同，明是非也。……道德仁义，非礼不成；教训正俗，非礼不备；分争辩诉，非礼不决；君臣、上下、父子、兄弟，非礼不定；宦学事师，非礼不亲，班朝治军，莅官行法，非礼威严不行。"《礼记·哀公问》也说："非礼无以辨君臣、上下、长幼之位也，非礼无以别男女、父子、兄弟之亲，婚姻疏数之交也。"儒家还认为，家庭的礼教和国家的礼教有其共性，如果人们在家庭中能遵守礼教，那么也会推而广之去遵守国家的礼教。

"三纲""五伦"的家国人伦论。儒家认为家、国内部包含着五种主要的人伦关系，处理这些人伦关系应当遵守特定的伦理准则。五种人伦关系是父子、君臣、夫妇、长幼、朋友。其中君臣、父子、夫妇又是最基本的关系。于是成了"五伦""三纲"之说，"五伦"最早由孟子提出："使契为司徒，教育人伦，父子有亲，君臣有义，夫妇有别，长幼有序，朋友有信。"(《孟子·滕文公上》)"三纲"首见于西汉董仲舒的《春秋繁露·基义》："王道之三纲，可求于天。"他指出君、父、夫为阳，臣、子、妻为阴。后来《白虎通义·三纲六纪》进一步提出："三纲者，何谓也？为君臣、父子、夫妇也"。《含文嘉》曰："君为臣纲，父为子纲，夫为妻纲。""五伦""三纲"明确规定了家国内部人伦关系的基本内容和处理原则，是儒家关于礼教、礼治的核心。宋代以后，儒家又将"三纲"与仁、义、礼、智、信五种道德规范结合，称为"三纲五常",作为处理家国内部人伦关系的最高准则。

"尽忠""行孝""守贞"的家国道德论。儒家从"三纲"的人伦原则出发,提出了处理君臣、父子、夫妇关系的基本道德规范,这就是臣对君要尽忠,子对父要行孝,妇对夫要守贞节。忠、孝、贞是专门规范臣、子、妇的伦理道德。在儒家的道德体系中,对君臣、父子、夫妇双方的行为一般都有道德规定,如《礼记·礼运》:"父慈、子孝,兄良、弟恭,夫义、妇听,长惠、幼顺,君仁、臣忠。"但他们比较强调臣、子、妇的道德义务,特别到了封建社会后期,儒家着力提倡片面的道德义务。而且基于"家为国本"的观念,儒家常常宣扬忠、孝、贞的统一性和孝道的基础性。他们一方面忠孝并举、忠贞并列,如说:"忠诚以事其君,孝子以事其亲,其本一也"(《礼记·祭统》);"忠臣不事二君,贞女不更二夫"《史记·四单列传》。另一方面明确提出"孝为德本",认为孝是"百行之冠,众善之始",是"天之经也,地之义也,民之行也"。认为"人之行莫大于孝"。具体到忠、孝的关系则主张移孝为忠、推孝至忠,甚至以孝统忠。孔子说:"其为人也孝悌,而好犯上者鲜也。"(《论语·学而》)《孝经·广扬名》云:"君子之事亲孝,故忠可移于君;事兄弟,故顺可移于长;居家理,故治可移于君。"《礼记·大学》:"孝者所以事君也。"《孝经·士》:"以孝事君则忠。"《礼记·祭义》:"事君不忠,非孝也。"以孝为本、移孝为忠的道德观,是儒家"家为国本""家齐而后国治"的家国关系论的必然要求和在道德上的具体表现。

儒家的家国观,还包括君权神授、宗法观念、祖先崇拜、重义轻利、和谐统一等观念。儒家家国观在历史上是有变化的,不同时期有不同的特点。先秦儒学主要从伦理道德方面追求家庭与国家的和谐关系,强调通过"修身—齐家—治国—平天下"的途径,把家庭的伦理道德原则推广到国家、天下,从而使伦理道德成为维护家庭和维持国家的共同原则。《诗经·大雅》:"刑于寡妻,至于兄弟,以御于家邦。"孔子:"惟孝友于兄弟,施于有政,是以为政,奚其为政?"(《论语·为政》)孟子:

"老吾老，以及人之老；幼吾幼，以及人之幼。天下可运于掌。"(《孟子·梁惠王上》)《礼记·大学》："君子不出家而成教于国。"对于国家当政者，则要求其"为民父母"。都主张通过发挥伦理功能齐家治国。两汉儒家着重从政治权力方面追求家庭和国家的一致性，把伦理原则政治化、神秘化，宣扬"王道之三纲可求于天"，强调君、父权力的绝对性、无限性、神授性。董仲舒把先秦儒者的五伦发展为"三纲"，并用阴阳之道论证"三纲"的合理性，这样就把政权、族权、神权、夫权统一起来了。于是，确定了家国内部严格的尊卑制度，把维护家国的伦理功能强化为政治权力功能，宋明儒学进而从天理本体角度论证家国原则和家国伦理的必然性，程朱理学把君权、父权、三纲、五常都说成来源于"天理"，由"天理"决定的。把维持家、国的一系列礼仪制度、道德规范都视为"天理"的具体表现形式，而把凡是和家国的统治权力、治理原则、道德规范、仪礼制度相违背的行为都说成"人欲"的表现，朱熹说"君臣、父子、夫妇、长幼、朋友，有此五者，而实理寓焉"(《朱子语类》卷九十五)，又说，"'天理'其张之为三纲，其纪之为五常，盖兼此理之流行，无所适而不在"(《朱文公文集》卷七十《读大纪》)，理学家把家、国之道提高到"天理"的高度，就为其家国观提供了哲学本体论的根据。从先秦儒家的人伦道德家国观，到两汉的儒家的政治权力家国观，再到宋明理学天理本体家国观，儒家的家国观完成了其理论形态的演变历程。

儒家家国观的根本特点是主张家国同构，主张伦理和政治统一。在儒家看来，家庭是缩小了的国家，国家是扩大了的家庭，宗法制、家长制、等级制是家和国都共同具有的制度，三纲五常是家和国共同遵守的准则，这就是家国同构；在儒家看来，作为伦理团体的家庭，不但有和国家相当的制度，而且也有和国家相当的家法、家规，因而具有浓厚的政治色彩；作为政治实体的国家不但颇为注意泛家庭主义，而且十分重视道德教化，表现出浓厚的伦理色彩，这就是政治和伦理的统一。当然，儒家在主张家国同构和伦理、政治统一时，也并没有把家和国完全等同起来，他们也认为家庭重伦理而国家重政治，家庭重血缘而国家重地缘，家庭私国家公。因而他们承认家与国之间会存在公与私的利益矛盾和忠与孝的道德冲突，由此有人提出"国而忘家，公而忘私"（《汉书·贾谊传》）和"舍孝从忠"来处理这种矛盾。

儒家的家国观是和农业社会、自然经济、宗法制度相适应的观念。在中国长期的封建社会中曾产生过，增强民族凝聚力、维持社会稳定性、激发个人对家国的献身精神等积极作用，但是，他所包含的重视祖宗，因循守旧；等级森严，专制独断；崇尚稳定，不思变革；道德至上，尊重纲常等观念，特别是极力维护君权、父权、神权、夫权的思想，对中国社会和人民起了严重的阻碍和压制作用。毛泽东说："政权、族权、神权、夫权，代表了全部封建宗法的思想和制度，是束缚中国人民特别是农民的四条极大的绳索。"[①]

通经取士

宋代科举制度中以通晓儒家经义为考试内容的取士方式。唐代科举以诗赋、帖经、墨义取士，偏重诗赋。北宋初年，基本沿用唐制。庆历四年（1043），宋仁宗根据范仲淹、宋祁等人建议，实行改革。省试分策、论、诗赋三场，以三场的全部成绩为录取根据，不考帖经、墨义。通晓经术的考生愿对"大义"的，可以试经典"大义"十题。增加了儒学经义的比重。熙宁（1068—1077）年间，王安石参知政事，实行变法，对科举制度又进行重大改革，单设进士一科。废除诗赋、帖经、墨义，改试经义、论、策。所谓"经义"就是根据儒家经书原文摘出句子和段落作为试题，要求考生以论文形式阐发其精神要义。经义考试，考生必须通晓经义，又有文采，才算合格，不像原来的墨义那样，只求粗解章句。王安石列为经典著作的有《易》《诗》《书》《周礼》《礼记》

[①] 《毛泽东选集》第1卷，人民出版社1991年版，第31页。

《论语》《孟子》。每个考生可选治一经，兼治《论说》《孟子》。王安石为了统一考试标准，潜心研究经义，于熙宁八年（1075）撰成《三经新义》（"三经"即《诗》《书》《周礼》），宋神宗命令颁行天下，用于学校教学和科举考试。元丰八年（1085），神宗病死，哲宗继立，司马光执政，废除新法。于元祐四年（1089）又将进士分为经义、诗赋两科，经义进士必须选习二经，诗赋进士必须选习一经。经义进士以经义定取舍，诗赋进士以诗赋为去留。宋哲宗亲政后，又予否定，"进士罢诗赋，专习经义"。南宋建炎二年（1128），又设诗赋进士、经义进士两科。绍兴十三年（1143）根据高闶"取士当先经术"的建议又并为一科，绍兴三十一年（1161）又分为两科，直至宋末。

通经取士是宋代儒学复兴运动在科举制度、人才选拔上的表现。北宋政权实行文官治国，提倡孔孟儒学，宋儒关注的已经不是汉代以来的章句注疏之学，而是要进一步理解、发挥儒学经典的义理。在这种背景下，由诗赋取士转向通经取士，势在必行。另一方面，经义取士的实行也推动了儒学的复兴和理学的诞生。通经取士对后代科举影响深远，元、明、清时代，经义一直是考试的重要内容，并以朱熹的《四书集注》为标准答案。

王安石改革科举以通经取士，本意在改变强诵传记、空疏无用的学风，但并未达到崇本务实的目的。后来，明、清的经义取士以八股文"制义"，思想愈空疏，形式愈僵化。正如顾炎武说的"今之经义论策，其名虽正，而最便于不学之人"（《日知录·经义论策》）。

宋学

宋代的儒学，主要指以二程、朱熹、陆九渊为代表的理学，后来元、明、清时代的理学，也称宋学。"宋学"之名，较早见于《四库全书总目》："自汉京以后，垂两千年……要其归宿，则不过汉学、宋学两家。"此将宋学与汉学视为经学两派。其后，江藩的《国朝汉学师承记》《宋学渊源记》、阮元的《国史儒林传序》都沿袭此说。

儒家经学在汉代，先是以两汉时讲阴阳灾异、重微言大义的今文经学为主流，后则以东汉时重文字训诂，明典亲制度的古文经学为主导。后来六朝的南学北学，隋唐的义疏派，虽然虚实繁简不尽相同，但其学术立场仍与古文经学一致。《四库全书总目》所谓的"汉学"即指东汉的古文经学而言。宋初经学，大都遵唐人之旧，坚守唐人正义之法，不得谓之宋学。至庆历之间，诸儒渐思立意，互出新意，自此风气一变。司马光说："近岁公卿大夫，务为高奇之说，流及新进后生，口传耳剽。读《易》未识卦爻，已谓十翼非孔子之言；读《礼》未知篇数，已谓周官为战国之书；读《诗》未尽周南、召南，已谓毛、郑为章句之学；读《春秋》未知十二公，已谓三传可束之高阁。循守注疏者谓之腐儒，穿凿臆说者谓之精义。"(《论风俗札子》)陆游也说："唐及国初学者，不敢议孔安国、郑康成，况圣人乎？自庆历后，诸儒发明经旨，非前人所及。"(见王应麟《困学纪闻》卷八《经说》)这说明，北宋庆历后，守古训，尊师传，重家法，专事训诂名物，讲求信而有征的汉学之风趋于没落，而具有怀疑精神的宋学已逐渐盛行。其时，以己意改经者有刘敞的《七经小传》，借释经为新法立论者有王安石的《三经新义》，此外，欧阳修排《系辞》，苏轼、苏辙毁《周礼》，李觏、司马光疑《孟子》，苏轼讥《尚书》，晁说之黜《诗序》，程颐作《易传》专明义理，苏轼撰《书传》横生议论。于是，形成了一代学风。

宋学的主要特点有四个方面。(1)注重义理，排拒文字训诂考证。汉学对儒家经典的研究，重在章解句释，训诂考证，而宋学则主张"探圣贤之心"，深入儒家经典的堂奥，阐发其中包蕴的义理。程颐说："学者当识其义而已。"(《二程全书·粹言一》)由于宋儒讲经，重在探究义理，故宋学又称义理之学。(2)标新立异，疑经改经。汉唐诸儒尊儒家经典为神圣，视经师之说为至理，循规蹈矩，不敢移易，而宋儒却倡怀疑之风，认为凡汉唐经师旧说，俱不足信，声言："理有可据，则六经亦可改。"于是，疑经、删经、改经乘间而起。二程和朱熹前后三次改易《大学》原文章节，朱熹三传弟子王柏作《书疑》九卷，对《尚书》全经予以移易补缀，又作《诗疑》二卷，删削《诗经》。宋儒疑经，一本于"理"，"凡古事与其理合者即以为是，与其理不合者即以为非"（皮锡瑞《经学通论》）。宋儒疑经并非要全盘否定儒家经典，而是力争儒学正统，建立体现"道统"的新经学体系。（3）标榜门户，排斥异端。宋儒说经，颇多争论，见仁见智，各持己见，原本是学术界的正常现象，但宋儒却使这种学术争论陷入门户对立之中，在坚守自己门户的同时，压制门户外学者及其学术见解。《四库全书总目》说："宋儒标榜门户，以劫制天下之异端。"（卷三十七，经部，《圣门释非录》题解）清江藩《宋学渊源记》说："为宋学者，不第攻汉儒而已也，抑且同室操戈矣。为朱子之学者攻陆子，为陆子之学者攻朱子。"（4）探究本体，维护纲常。宋学家自称为孔孟道统的继承者，但他们着力探究的是宇宙万物的本体，企图为儒家学说建立本体论。尽管宋学派别甚多，对什么是世界本体，观点不同，但思考本体是其共性。本体论的社会伦理内容是三纲五常，"天理"乃"仁义礼智之总名"。宋学家力图从本体论的高度对封建纲常伦理做出哲学论证，从而使精致的思辨形态和现实的纲常内容统一了起来。

宋学派别甚多，以地域分，主要有以周敦颐为代表的"濂学"，以程颢、程颐为代表的"洛学"，以张载为代表的"关学"，以朱熹为代表的"闽学"；以本体论分，主要有以二程、朱熹为代表的"理本论"，以张载为代表的"气本论"，以陆九渊为代表的"心本论"；以方法分，主要有以朱熹为代表的"归纳派"，以陆九渊为代表的"演绎派"，以陈亮、叶适为代表的"批评派"。此外，还有王安石代表的"新学"，苏轼、苏辙代表的"蜀学"等。

宋学对后代影响深远，元、明时代统治者，对程朱理学十分尊奉，将其作为"有国家者"务必通晓的学说。元代颁定科试程序，明确规定"非程朱之学，不试于有司"，从乡学到太学，皆以朱熹为师。明初定科举之制，也基本上承袭元代旧制，宗法程朱。其尊崇程度，达到了"见异不迁""莫敢异同"的地步。明代正德末年,以王守仁代表的心学崛起,其宗旨虽然仍与程朱的"明天理去人欲"无异,但乃是承继陆九渊心学一派而来,导致了宋儒义理之学的衰落。清朝初期,王夫之、顾炎武、黄宗羲诸儒,虽皆曾潜心朱熹之学,但深感宋学崇虚弃实的流弊,着力挽回风气,治经时取汉、唐注疏及宋、元、明之说,择善而从,加以扩充,开启了清初汉、宋学兼采之风。乾隆以后,说经皆主实证,不空谈义理,汉学大昌,宋学衰微。

道学

宋代以性理为内容的儒学,又称理学。道学一词,最早见于《礼记·大学》:"如切如磋者,道学也。"汉王充《论衡》云:"人无道学,仕官朝廷,其不能格致也,犹丧人服粗,不能招吉也。"(《量知篇》)此二处"道学",俱指学问。至晋时,许穆之《孔门三子·子思子》云:"忧道学之失传而作也",已以道学指儒学,但其含义是孔、孟的学说。北宋时,见于文献的"道学"之名,似以张载《答范巽之》为最早:"朝廷以道学政事为二事,此正自古之可忧者。"察其语气,此词正通行于世,非张载自创的说法。稍后,程颐自称他和程颢的学说为道学,说:"自予兄弟倡明道学,世方惊疑。"(《河南程氏文集·祭李伯端文》)又说:"门人朋友为文","述其道学者甚众"。(《河南程氏文集·明道先生门人朋友述序》)二程门人杨时亦云:"道卿邹公,自少以道学行义,知名于时。"(《杨龟山先生集·邹公侍郎奏议序》)南宋朱熹赞二程之学时说:"夫以二先生唱明道学于孔孟既没千载不传之后,可谓盛矣。"(《朱子公文集·程氏遗书后序》)赞《中庸》时说:"中庸何为而作也?子思子忧道学之失传而作也。""以此而接夫道统之传。"(《中庸章句·序》)即以二程道学与孔孟的儒家道统相接。南宋淳熙至庆元年间,朝廷当权者中一些人,竭力反对二程、朱熹之学,遂以"道学"之名称其学,以"伪学"之号斥其非,以"奸党"之名罪其人。然此多出于政治派别斗争的目的,不是学术性的正确论断。元代编《宋史》,立《道学传》一门,称周、邵、张、程、朱及其门徒之学为"道学"。可见,在宋元时,道学系指以程、朱为代表的儒学。明清时,道学又成为包括程朱学说和陆王心学的统称,并常与理学一词通用。于是,"道学"一词就有了广、狭两种含义,狭义的道学专指以二程、朱熹为代表的,以理为最高范畴的学说;广义的道学,泛指以讨论天道心性问题为中心的整个哲学思潮,包括程、朱、陆、王等各种不同的学派。

道学是适应北宋以后封建社会经济政治发展的需要,主要是适应统治阶级维护思想统一的需要而产生的,它又是中国古代哲学长期发展的产物。道学的主要特点是有三个方面(1)继承儒家道统,批判并融合佛、道思想。道学家认为,儒家有一个源于尧、舜,中经禹、汤、文、武、周公、孔子以至于孟子的道统,孟子后道统失传,他们"传孔孟千载不传之学",是儒家道统的继承人。他们用儒家的三纲五常原则批判释、道,但又吸取了释、道的思想资料和思辨方法。(2)以讨论天道性命、天理心性等宇宙人生的根本问题为中心,建立其哲学体系。理气、道器、太极、阴阳、动静、两一、心性、性情、性命、理欲、中和、体用、知行、诚敬等是道学的基本范畴。(3)在对儒家经典的注解上,重义理阐释,不重名物训诂,一改汉唐诸儒专事考据注疏的传统,形成了以己意解经的一代学风。

道学是中国封建社会后期儒学的主要表现形式,是中国传统思想文化发展史上的重要阶段。对宋明清时期社会的政治、文化、教育、哲学、道德等都产生了深刻影响。

义理之学

宋代理学的别称,宋代理学研究儒家经典重在阐发经义,探究名理,不同于汉唐时期的章句注疏之学,因此称为"义理之学"。

"义理"一词,初见于《礼记·礼器》"义理,礼之文也",仅指一般道理而言。汉晋时，"义理"一词表示儒家经典中的经义名理，如《汉书·刘歆传》："初左氏传多古字古言，学者传训诂而已。及歆治左氏，引传文以解经，转相发明，由是章句、义理备焉。"北宋时，开始把讲求儒家经义、探究名理的学问，称为"义理之学"，并用以与汉唐时重章句、训诂的经学相区分。程颐说："古之学者一，今之学者三，异端不与焉。一曰文章之学，二曰训诂之学，三曰儒者之学。欲趋道，舍儒者之学不可。"（《二程集》卷十一《二程语录》）张载亦有"义理之学"的提法。清代学者更明确地将学问分为义理、考据、词章三类，并将宋代理学归于义理之学。戴震说："古之学问之道，其大致有三：或事于义理；或事于制数；或事于文章。……圣人之道在六经，汉儒得其制数，失其义理；宋儒得其义理，失其制数。"（《戴震文集》卷九《与方希原书》）后来，许多学者都沿袭此说，"义理之学"遂成为宋代理学的别名。

　　义理之学是适应结束唐末、五代的割据分裂局面，重建中央集权和封建伦理道德的社会需要而产生的，它是在复兴儒学的思想运动中，以儒学为核心，融合儒、释、道而形成的。其主要特点有三个方面。（1）鄙薄文章训诂之学，具有批判性。程颐说："今之学者有三弊：一溺于文章，二牵于训诂，三惑于异端。苟无此三者，则将何归？必趋于道矣。"（《二程集》卷十一《二程语录》）宋儒大胆地打破汉唐"传注"的陈规，从"舍传求经"到"疑经改经"，松动了自汉唐以来的思想禁锢。（2）重视理论思维，富于哲理性。张载说："义理之学，亦须深沈方有造，非浅易轻浮之可得也。"（《张载集·经学理窟》）宋儒通过解释儒家经义，系统阐述自己的哲学思想，建构哲学体系。（3）否定天命神学，突出伦理纲常，具有伦理性。宋儒复兴儒学，但不是重复以往的天命论，更不迷信于对超自然神的信仰，而是以明义理为权衡，突出儒学中的伦理纲常，道德名教。

　　宋代儒家几乎都谈义理，但由于对义理的理解和探究方法不同，形成了不同学派。王安石的新法针对汉唐以来的烦琐经学而谈"义理"；

程朱的理学离开事物而探究先天存在的"义理";张载的气本论则从"天地之气"出发谈"义理";陆九渊心学从"发明本心"中求"义理";叶适的永嘉学派从"尽考详天下之事物"中"折中天下之义理"。

宋代的义理之学延续至元、明时代,清代初期训诂考据之学兴起,乾隆、嘉庆年间大盛,儒者们崇考据而贬义理,宋儒的义理之学趋于衰落。

性理之学

以研究性理为核心的儒家学说,又称"性理学",是宋代理学特别是程朱派理学的别名。程朱理学以理为哲学体系的核心范畴,理是宇宙的本体和原则,贯彻于事事物物之中,"万物皆有理",人性物性皆以理为本质。二程提出"性即理也"(《二程集》《遗书》卷二十二下),朱熹《读大纪》云:"宇宙之间,一理而已。天得之而为天,地得之而为地,而凡生于天地之间者,又各得之以为性。"故明清儒者以"性理之学"标举理学特别是程朱派理学。明清时期以"性理"为书名者甚多,如《性理大全》《性理精义》等,表明以"性理"称理学颇为流行。韩国李朝学者更径称理学为"性理学"。

"性即理"的命题由北宋二程提出,南宋朱熹予以发展,其基本观点有四个方面。(1)理是人性、物性的来源,是人性、物性的共同本质。二程认为理就是天,就是本,它赋予人即人之性,赋予物即物之性。朱熹说:"性即理也,天以阴阳五行化生万物,气以成形,而理亦赋焉,犹命令也。于是人物之生,因各得其所赋之理,以为健顺五常之德,所谓性也。"(《四书集注·中庸章句》)(2)人性具有"天地之性"和"气质之性"的二重性。"天地之性""专指理言",是"纯粹至善"的;"气质之性"则以理与气杂而言之,有善有不善。"天地之性"与"气质之性"相统一形成了人。(3)性理的实际内容是仁义礼智等伦理道德。程朱所说的理既是宇宙的本体和法则,又是伦理道德,"性是实现,仁义礼智皆具"(《朱子语类》卷一百)。(4)穷理、尽性、至命是统一的。程颐说:"穷理尽性至命,只是一事。才穷理,便尽性;才尽性,便至命。"(《二程遗书》卷十八)"在天为命,在义为理,在人为性,主于身为心,其实一也。"(《二程遗书》卷十八)穷理、尽性的根本途径就是"存天理,灭人欲",这些观点,构成了性理之学的基本内容。

理本来有两个方面的含义,一是"物理",即自然之理;一是"性理",即人伦之理。理学家关心的是性理而不是物理,甚至以性理代替物理,把物理归结为性理。其目的在于从本体论的高度解决人的本质、本性和人的价值问题,把人的内在本性归结为人的道德本性或道德理性,以此论证三纲五常等封建道德的合理性。这就是性理之学的根本特征。

性理之学赋予儒家伦理以人性论、本体论的意义,提出了性理、性命、性情、心性、理欲等一系列范畴,从哲学上深化了儒家的道德学说和人性学说,从实践上强化了封建的纲常伦理,对维护后期封建社会产生了重要作用。但由于它窒息和扼杀了人们的感性欲望,所以严重地束缚了人的主体性发挥,对社会进步产生了消极影响。

功利之学

南宋时反对虚谈性命,提倡实事实功的学派,主要代表人物有永嘉学派的叶适和永康学派的陈亮,南宋时期,道学处于主流地位,朱熹集理学之大成,建立了以"理本气末"为基础的庞大的理学体系。陆九渊开创"心学",提出了"心即理","宇宙便是吾心,吾心即是宇宙"的思想体系,朱熹的理学和陆九渊的心学虽然在学术上进行过激烈的争论,但他们的儒学理论在目的和归宿上是一致的,都是为了"同植纲常,同扶名教,同宗孔孟"。而且其学术趋向也有共性即"皆谈性命而避功利"。功利学派就是针对这种学术倾向而兴起的。

功利之学的形成演变有一个过程,早在北宋初年,李觏就提出"焉有仁义而不利者乎"的功利观,反对孟子、董仲舒"贵义贱利"的观点,成为后来功利思想的先驱,至南宋初年,薛季宣与道学正统发生分歧,其学"主礼乐制度,以求见之事功",反对空谈天命性理。之后,陈傅良进一步弘扬"变通当世之治"的思想。至陈亮、叶适时,功利之学大昌,形成了以陈亮为代表的永康学派和以叶适为代表的永嘉学派,与朱熹代表的理学派、陆九渊代表的心学派鼎足而立。

永嘉学派和永康学派是地处浙江的两个学术团体,其学术观点基本一致。在宇宙观上,它们强调"道在物中"的唯物主义观点,反对"离器言道"和"容理于心"。陈亮说:"盈宇宙者,无非物","道非出于形气之表,而常行于事物之间者"。"道之在天下,何物非道。"叶适也说:"形于天地之间者,物也","物之所在,道则在焉"。他们认为"尽遗万事而特言道"的理本论和"玩心于无形之表"的心本论,完全是"以无适无"的空谈。在认识论上,他们主张在客观事物之间去认识事物的道理,重视"行"对于认识"道"的作用。陈亮说:"天下固无道外之事也,不恃吾天资之高,而勉强于其所当行而已",认为知识的获得来源于人的实际活动。叶适也认为认识来源于实际经验,"观众器者为良匠,观众方者为良医"。在价值观上,他们重视功利,认为高尚道德在事功中才能表现,道德的完善在实事实功中才能达到,反对理学家把理与欲、义与利绝对对立起来的观点。陈亮说:"功到成处,便是有德;事到济处,便是有理。"叶适说:"既无功利,则道义者乃无用之虚语尔。"于是,他们主张理欲同体,义利双行,王霸并用。功利之学的代表作有陈亮的《陈亮集》和叶适的《叶适集》《习学记言》。

功利之学的观点是直接为其改革政治和抗金主张提供理论根据的,在当时具有进步意义,对明清之际的王夫之、颜元、戴震等人,产生了积极影响。

理学

中国宋元明清时期以讨论理气、理欲、心性等问题为中心的儒学思想。广义的理学又称道学，泛指宋元明清时期以讨论理气、理欲、心性问题为主的整个儒学，包含多个学派；狭义的理学，专指以程颢、程颐、朱熹为代表的，以理为最高范畴的学说，相对于以陆九渊为代表的心学而言。理学之名，最早见于南宋嘉定十三年（1220）史部考功郎中楼复观的奏疏："理学之说，隐然唐虞三代之躬行，开端于孔门洙泗之设教，推广于子思孟轲之讲明，驳杂于汉唐诸儒之议论，而复恢于我宋濂溪先生周公敦颐。一濬其源而洗之，混混益昌于今，放诸百世无疑也。"（《周子全书》卷二十一）楼视理学为儒家道统，以周敦颐为理学的复兴者。元明以后以理学为书名者甚多，可见理学之名已广为流行。

理学是适应北宋以后统治者为了结束五代十国的战乱，重新建立中央集权，营造维护统一的思想武器而产生的，又是魏晋隋唐以来儒家与道学、佛学在长期的斗争中，批判并融合佛、道思想的结果。它的产生，标志着北宋以后佛教理论的日渐衰落和儒家思想的复兴。唐代中期韩愈提出儒家道统说，主张仁义道德是尧、舜、禹、汤、文、武，周公、孔子、孟轲相继而传的道统。李翱提出复性说，主张消除情欲，恢复善性，以开理学端绪。北宋初被称为"理学三先生"的胡瑗、孙复、石介，提倡"明体达用"、道德性命之学，揭开了理学的序幕。北宋中期，周敦颐、邵雍、张载、程颐、程颢等人从不同方面探讨了太极，阴阳、理气、道器、两一、理欲、心性等基本范畴，奠定了理学的基础。至南宋，朱熹集其大成，建立了一个"以理为本"的理学体系，标志着宋代理学的最终完成。同时期的陆九渊则提出"心本论"形成了理学中的心学学派，反映了理学内部的分化。

理学的基本特点是儒家思想的哲理化。先秦儒学和两汉儒学重在人伦道德和治世原则的讨论，而弱于宇宙本体和人的本质的探讨。宋代理学以孔孟儒家思想为核心，批判吸收佛、道哲学的思想资料，建构了新的思想体系，把儒家的三纲五常、仁义礼智与世界的本原和人的本质统一起来，形成了一个完整的哲学体系。理学的主要内容有三个方面。

（1）本体论，即世界万物的本体问题。理学家们都认为，世界万物都有一个统一的本体,这个本体是一切存在的根据和决定者,但对于本体是什么的回答各有不同。二程和朱熹认为理是世界的本体,形而上之理支配形而下之气。理为生物之本,气为生物之具。张载认为气是宇宙的本体,理是气千变万化的法则,万物都是"太虚之气"的聚散。陆九渊认为心是宇宙的本体,"宇宙便是吾心,吾心便是宇宙",心即是理。

(2)心性论,即人性的来源和心、性、情的关系问题。理学试图解决人的本质和人性问题,以便为儒家主张的仁义道德提供人性论的依据,但各派的观点不一。张载把太虚之气说成性之本源,认为天地之性是人的纯善本质,气质之性则是各人所具的特殊本性,兼含善恶。心则包含着性和情。二程认为人有两重性,一为源于天理的先验性,所谓"性即理也";二为禀受于气的气禀之性。源于理之性皆善,禀于气之性则有善恶之别。并认为性、心、情是统一的,"性之有形者谓之心,性之有功者谓之情,凡此数者皆一也"。朱熹继承和发展了张载和二程的心性论,认为"只是这理,在天则曰命,在人则曰性",性便是人心中的理。同时,他认为人有"天命之性"和"气质之性"的两重性,"天命之性"是"天理","气质之性"是"人欲",而心则是性和情的主宰,从天理出发是"道心",从"人欲"出发就是"人心",陆九渊认为,心即是性,即是理。

(3)价值论。理学家认为天人合一是人生的最高理想,这一理想必须通过高度的道德自觉才能达到。道德自觉从认识论上看,包括知和行两个方面。他们提出的"德性所知""格物致知""即物穷理""知先行后""发明本心"等命题,都是解决道德认识问题和道德实行问题的不同方法。道德自觉从人生观上看,关键在于正确处理"理"和"欲"、"义"和"利"关系问题。他们提出的"革欲复理""存心去欲""以义为利""严辨义利""重义轻利"等观点,就是处理"理欲""义利"关系的主张。理学家认为通过道德的自觉就可以实现"以天地万物为一体""与理为一""天人合一"的崇高理想境界。

理学中派别甚多,各派之间有同有异。主要的学派有:周敦颐的

"濂学"、邵雍的"象数学"、张载的"关学"、二程的"洛学"、朱熹的"闽学"、陆九渊兄弟的"江西之学"等。

理学从南宋时朱熹集大成以后,历经元明清而有所变化。元代理学以程朱为正统,但许衡、吴澄等人,比较强调"德性"问题,主张尽心知性、反身内求。明代初年,朱熹理学仍占统治地位,但吴与弼及其弟子陈献章等人,着重讲涵养"本心",提出"心与理一",开始了从朱熹理学向陆九渊心学的转变,为王守仁心学的产生开辟了道路。明代中期,程朱理学趋于僵化,王守仁继承和发展了陆九渊的心本论,提出以"致良知""知行合一"为核心的系统理论,把心学发展到了顶峰,形成了王学学派。同时罗钦顺、王廷相等人批判了朱熹的理气论,提出了"理气为一物""理载于气"等思想,继承和发展了张载的气一元论哲学。明末清初黄宗羲、顾炎武、王夫之等人各自从不同方面批判了理学,以后经过颜元、戴震等人进一步批判,清代中期以后理学日益没落。

心学

宋明理学中以人心为宇宙本体的学术流派。其代表人物为南宋的陆九渊和明代的王守仁,故又称"陆王心学"。

"心学"一词,最早见于唐代韩愈,"谁言宾朋老,独自将心学"诗句(《昌黎先生集》卷八),此指修心之学,非为学说名称。北宋邵雍《皇极经世》卷八下以"心学第十二"为题,首句即云"心为太极",此以"心学"为学说名称之始。宋儒言传心之学,均用"圣学"而不名"心学"。至明王守仁《象山文集序》则谓"圣人之学,心学也,尧舜禹之相传授"。此以孔孟儒学为"心学",而以陆九渊为心学传人,以自己为心学的后继者。明代"心学"一词流行,但所指为六经孔孟之学,非特指陆王学派。现代冯友兰以为"心学之名可以专指象山一派之哲学",并以之与朱熹一派的理学相对而言,中外学者纷然从之,于是"心学"成了专指陆王之学的特定概念。

程颢、程颐是宋代理学的奠基人，但二人的学术思想大同中有小异。程颐以理为离物而独存的绝对概念，强调理对万物的绝对决定性；程颢则以理为一类事物的自然趋势，不做形上形下之分，并提出天地万物与我浑然一体，主张"只心便是天""己便是尺度"。二程弟子谢良佐进一步加强了理学中主观精神的倾向，提出心为"天之理"，主张"心与天地同流，体与神明为一"（《论语解序》）。到了南宋中期陆九渊进一步发挥了程颢的思想而对程颐和朱熹将理与心分而为二甚不满意。他少年时代就提出"伊川之言，奚与孔子、孟子之言不类"（《陆九渊集》卷三十三《象山先生行状》），并省悟到"宇宙内事，乃己分内事；己分内事，乃宇宙内事。"（《陆九渊集》卷三十三《象山先生行状》）后来进而认识到求圣人之道，主要不是靠读书，而靠"发明本心"，朱熹的哲学会造成士人只重诵古人书而忽视主观精神修养的流弊。1175年在信州（今江西上饶）鹅湖的哲学辩论会上以及其后与朱熹的通信中，就无极和太极、阴与阳、气质之性与天命之性、天理与人欲等理学的基本问题，批判了朱熹的思想，从而独树一帜，建立了心学学派，成为程朱理学的对立面。象山心学在当时吸引了很多弟子，其及门弟子大体集中于江西、浙东两地。江西者以傅梦泉、邓约礼、傅子方为首，史称"槐堂诸儒"，着力于构筑陆派门户，确立陆学宗派；浙东者，以杨简、袁燮、舒璘、沈焕为代表，由于其活动于四明山麓、甬江流域，史称"甬上四先生"或"四明四先生"。他们着力于心学的阐发，在南宋学术史上有显著地位。

以陆九渊为代表的心学，远承孟子"尽心说"，近继程颢"心是理"的命题，建立了以人心为宇宙本体的主观唯心主义哲学体系。其主要理论观点有四个方面。

（1）"心即理也"的本体论。陆九渊不同意朱熹的理在人心之外，"即物"才可"穷理"的理论，而认为充塞宇宙万物的理（道）即在心中，发自心中。他说："人皆有是心，人皆具是理，心即理也。"（《陆九渊集》卷十一《与李宰》之二）由此，他还认为万物都包罗在我的心中，如花的影像浮现在心中。陆九渊所谓的心既是宇宙本体，又是伦理性实体，他的本体论仍然是伦理学本体论。

（2）"发明本心"认识论。陆九渊否认客观世界是认识的源泉，认为"即物穷理"的方法是行不通的，只要"发明本心"就能认识事物，判断是非。"苟此心之存，则此理自明""是非至前，自能辨之"（《陆九渊集》卷三十四《语录》），他否定感觉对于认识的重要性，认为"闻见愈杂，知识愈迷"（《陆九渊集》卷三十二《拾遗》）。"发明本心"的途径就是将受外物影响而产生的"意见"和"物欲""剥落"净尽，从而使"心为之灵""理为之明"。

（3）"明理""立心""做人"的价值论。陆九渊心学所要达到的价值目标是"明理""立心""做人"，"明理"是确认世界皆理的道理；"立心"就是体认天地万物皆心所生，收拾精神，自作主宰，不执着于一事一物，受外物支配；"做人"就是做伦理道德的完人，做"举头天外望，无我这般人"的超人。"做人"即实现人的价值，是最终目标。

（4）"易简功夫"的方法论。陆九渊在鹅湖会上与朱熹辩论，明确地把自己的方法概括为"易简功夫终久大"，把朱熹的方法说成"支离事业竟浮沉"。"易简功夫"就是从"日用处开端"，从"眼前道理"做起，切己自反，改过迁善，进行道德修养。这样的方法才能"先立乎其大者"，而朱熹的"今日格一物，明日格一物"的方法是博而寡要，杂琐支离，不得要领。

陆九渊心学是主观唯心主义，它的最大特点是强调主体能动精神，重视主观精神作用。但其中掺杂了不少禅学思想。

陆九渊之后，其弟子继续发扬心学，并有所发展，如杨简把"心即理"发展成"万物唯我"的唯我论。但由于程朱理学成为官方统治思想，心学影响不大。明代中期，陈献章由朱学转向陆学，王守仁更以陆学传人自任，宣扬心学。提出"心外无物""心外无理"的命题，认为"意之所在便是物"。他总结了陆九渊、陈献章的"明本心"说，提出"致良知"和"知行合一"说，把心学主观唯心主义发展到了高峰。明代后期，王学大盛，形成了许多学派，其中王艮建立的泰州学派有挣脱封建礼教束缚的倾向，李贽的异端思想就深受其影响。明末刘宗周的蕺山学派也由王学演变而来，其弟子黄宗羲的思想也打上了王学烙印。

从南宋至明末清初，心学对动摇程朱理学的统治地位，反对封建专制主义的思想禁锢，触发早期启蒙思想的产生，都有深远的影响。近代的康有为、梁启超、谭嗣同等也曾利用王守仁心学的某些思想破除理学教条，鼓吹维新。明末清初，王学传入日本，形成了"阳明学"，对后来的明治维新也起过一定作用。当然，心学中特别是泰州学派的思想中也包含了不少要人明哲保身、安贫乐道、做忠臣孝子的消极因素。心学的代表著作有《陆九渊集》《王文成公全书》《王心斋集》等。

象数之学

中国古代儒家易学中以物象符号、数字表示事物关系和推测宇宙变化的一种学说。"象数"概念最早见于《左传·僖公十五年》："龟，象也；筮，数也。物生而后有象，象而后有滋，滋而后有数。"认为事物都有一定的形象和数量，象和数之间也有着内在的联系，所谓"象数相因而生"。龟占以象明吉凶，卜筮以数明吉凶。《左传》《国语》载有22条占例，是应用象数判断吉凶的实例，为以后象数学的发展提供了历史资料。战国中后期所形成的《易传》初步从理论上阐述了象数原理。《系辞上》说："参伍以变，错综其数。通其变遂成天下之文；极其数遂定天下之象。"认为卦爻之数反映着事物的关系，穷尽卦爻之数就能制定天下事物之象。据此认识，《易传》常以象数解《易经》。《易传》所谓的象有两种：一是卦象，即八卦与六十四卦所象征的事物及其关系；二是爻象，即阴阳两爻所象征的事物。数也有两种：一是阴阳数，如奇数为阳数，偶数为阴数；二是爻数，即爻位，以爻在卦中的位次表示事物的位置关系。《易传》的象数说，琐碎而复杂，但却是从理论上系统研究象数的开端。

汉代易学的突出特点是重象数，在魏晋时期，王弼等人黜象数而崇义理。宋代易学中象数之学大兴。象数学的倡导者，始于北宋初的华山道士陈抟，其易学继承了汉易中《参同契》的传统。他提出的易学图式，寓阴阳奇偶之数，含乾坤坎离之象，如先天太极图、龙图、无极图等。陈抟传其易学至刘牧和李之才，刘牧推崇河图洛书，李之才宣扬卦变说。其后传到周敦颐，将象数学引入儒学系统，周著《太极图说》，"立象于前，为说于后"，强调卦象的重要性，认为只有卦象才能表达义理，通过卦象表达儒学的宇宙论和伦理学。与周敦颐同时的邵雍，发展了李之才的卦变说，建立"先天象数之学"，着重讲数，主张"数生象"，在奇偶之数的基础上讲卦象的变化，他认为伏羲氏所画的先天图式，包括八卦次序图、八卦方位图、六十四卦次序图、六十四卦方位图等，尽备天地万物之理，天地万物的生成变化是按照先天象数图式展开的。南宋时期，象数学的阐发者，有程颐的再传弟子朱震、朱熹的好友蔡元定及其子蔡沈等人，朱震主张有象而后有数，蔡沈主张有数而后有象。朱熹的易学，基本上属于义理派，但仍然吸收了象数之学的某些观点。直到清代，象数学仍是易学中比较活跃的一个分支。

同汉易中的象数之学相比，宋代的象数学基本排除了阴阳灾异和天人感应的迷信，将象数学进一步哲理化，特别是数理化，服务于儒家本体论、宇宙论的建立。

元祐党争

北宋哲宗元祐年间（1086—1093）统治集团内部围绕变法和权力进行的派别斗争。熙宁二年（1069），宋神宗任命王安石为宰相，实行变法，当即受到以司马光为首的守旧派的反对，事实上已形成新党与旧党之争。旧党攻击王安石"汲引亲党，盘踞要津，挤排异己，占固权宠"。（《续资治通鉴长编》卷二六九）王安石则对旧党予以猛烈打击，"罢黜中外老成大僚几尽"（《东轩笔录》卷五）。元丰八年（1085），宋神宗死,次年,宋哲宗继位,改年号元祐,支持旧党、反对新法的高太后听政,任命曾被贬到洛阳的旧党领袖司马光为相,尽废新法,排除新党,把包括王安石在内的三十余人列为"奸党",公告全国。然而为了争夺政治地位,旧党内部却发生矛盾,遂分裂为以程颐为首的洛党、以苏轼为首的蜀党和以刘志为首的朔党三个政治集团,展开了争夺权力的激烈斗争。这场党争持续了八年之久,直至元祐八年(1093)高太后死,宋哲宗恢复新法,贬窜旧党时才终止。

从熙宁变法到元祐党争,程颐、程颢对于王安石新法,虽不像司马光、刘挚等人有很深的成见和偏见,持彻底否定的态度,但基本上是反对的。二程认为,王安石的新法的总目的是"兴利",王安石一派人都是"兴利之臣",而"兴利"必然会导致"尚德之风日衰",使世风日下,人心不正。熙宁三年(1070),程颢上奏疏说:"设令由此侥幸,事小有成,而兴利之臣日进,尚德之风浸衰,尤非朝廷之福。"(《程氏文集》卷一《再上疏》)熙宁八年(1075),程颐代吕公著应诏上神宗皇帝书说,"若乃恃所据之势,肆求欲之心,以严法令、举条纲为可喜,以富国家、强甲兵为自得,锐于作为,快于自任,贪惑至于如此,迷错岂能自知?若是者,以天下徇其私欲者也"(《程氏文集》卷五)。可见,主"尚德"非"兴利""崇公心斥私欲",是二程反对新法的主要理论观点,也是其他反对派共同的理论基础。

庆元党争

南宋宁宗庆元年间(1195—1200)统治集团内部围绕道学而进行的政治派别斗争。南宋绍兴年间,秦桧当政时,即禁私史和程颐之学,但未形成风潮。孝宗即位后,程学之禁加剧。随着朱熹登上政治舞台和学术讲坛,反对者视之为道学领袖,朝廷中主张禁止程朱道学者日众,道学被斥为"曲学""伪学"。淳熙年间,围绕道学之争已渐渐显露朋党形迹。绍熙四年(1193)赵汝愚拥立赵扩为帝,是为宁宗。八月赵汝愚推荐朱熹任焕录阁侍制兼侍讲，朱熹初见宁宗，即上《行宫便殿奏札》说："为学之道，莫先于穷理。"（《朱文公文集》卷十四）闰十月，宁宗免去朱熹职位，朱即回到福建考亭。时知阁门事韩侂胄以拥立宁宗有定策之功，旋与赵汝愚相倾轧，遂恶朱熹。宁宗庆元元年（1195），韩侂胄使右正言李沐奏赵汝愚"以同姓居相位，将不利于社稷"。于是，赵被罢相出朝。太府寺丞吕祖俭为赵辩解，被贬。朱熹也欲写《封事》为赵辩护，被门人蔡元定劝止。赵汝愚被罢后，韩侂胄握权，反道学的斗争渐次展开。

　　庆元二年（1196）正月，右正言、刘德秀以私隙劾观文殿大学士留正引用"伪学之党"，留正落职。所谓引用"伪学之党"系指光宗时，留正曾荐朱熹为密阁修撰一事。同年八月，监察御史胡纮上疏宁宗宣谕大臣，伪学猖獗，图谋不轨，选官时停止选拔"伪学之党"，宁宗于是颁诏宣布"伪学之党"是"逆党"。十二月叶翥上书，批判"伪学之魁"，以匹夫窃人主之柄，鼓动天下，故文风丕变（《朱子年谱》卷四下），请求"除毁"道学家书，科举取士，凡涉及程朱义理的，统统不取；监察御史沈继祖指控朱熹十罪。庆元三年（1197）二月，诏布"伪学之党"不得任侍从官；九月诏布地方监司、帅守荐举，改官，不得任用"伪学之党"；十二月诏命中出省设立"伪学逆党"名籍，入籍者有赵汝愚、留正、周必大、王蔺、朱熹、彭龟年、陈傅良、叶适、杨简、蔡元定等五十九人，皆贬官落职。庆元四年（1198）五月正式颁诏禁"伪学"，于是"方之时，士之绳趋尺步，稍以儒名者，无所容其身"（《宋史·朱熹传》）。庆元六年（1200），朱熹卒，韩侂胄为防止"伪徒"为"伪师"送葬，命令当时官员监视葬礼，朱熹众多门生，因此不敢会葬。在庆元党禁中，朱熹门人"有平生从学而不通书问者；有讳言其学而更名他师者；有变节改行狂歌痛饮佻达市肆以自污者；有昔尝亲厚愤不笃，已而反损之者"（黄榦：《槃涧先生墓铭》）。

四大书院

宋代四所著名的书院。说法不一。王应麟《玉海》以白鹿洞、岳麓、应天府、嵩阳为"宋朝四书院",吕祖谦《白鹿洞书院论》及王圻《续文献通考》同此。马端临《文献通考》则以白鹿洞、应天府、石鼓、岳麓为宋初"天下四书院"。全祖望认为,北宋四大书院当以《玉海》所定为是,并指出南宋亦有四大书院,即岳麓、白鹿洞、丽泽、象山四书院。

白鹿洞书院在今江西省庐山五老峰下的山谷中。南唐昇元年间始建学馆,以国子监九经教授李善道为洞主,学生百余人,宋初扩建为书院,以后屡经兴废。南宋淳熙六年(1179)朱熹任南康军太守,重修书院,聘杨日新为堂长。朱熹为书院订立《白鹿洞揭示》《洞规》,并亲自执教,与弟子质疑问难。又立"讲会"制度,延聘著名学者开讲;他向朝廷申请赐额、赐书,争取支持,并为书院置田建屋,征集图书。朱熹兴复白鹿洞书院,为南宋书院的发展奠定了基础,所订"洞规"为后来元、明、清历代书院所遵循。

岳麓书院址在湖南善化县(今湖南长沙市)的西岳麓山抱黄洞下。宋开宝九年(976)在彭城人刘鳌倡议下,潭州太守朱洞创建。咸平二年(999)太守李允予以扩建。建藏书楼,有学生60余人。大中祥符五年(1012)山长周式呈请州太守刘师道扩建。真宗赐岳麓书院匾额,增拨内府图书,岳麓之名盛于天下。南宋初,荒废于兵火,乾道元年(1165)湖南安抚刘琪复修新院,聘请理学家张栻主教事,三年(1167)朱熹在岳麓讲学。后又废置。绍熙五年(1194)朱熹任湖南安抚使时,又加以兴复扩建,聘醴陵贡生黎贵臣任讲书执事,置田50顷,学生云集千余人。岳麓书院在明、清时代为当地儒学中心。

石鼓书院在湖南省衡阳市北面的石鼓山。唐时李宽曾筑庐读书于此。宋至道三年(997)郡人李士真向郡守申请,建石鼓书院,宋真宗赐额,景祐二年（1035），仁宗赐额。元末废圮，明时修复，明末复毁，清顺治间重建。唐代柳宗元、韩愈，宋时范成大、朱熹、张载、文天祥，清时徐霞客、王夫之等都曾到此游览或讲学。

应天府书院院址在河南应天府（今商丘市）西北隅。以商丘原名雎阳，又称雎阳书院。原为名儒戚同文讲学之地，宋真宗大中祥符二年（1009），曹诚就其地筑学舍150间，聚书1500余卷，广招学生，范仲淹曾来此讲学。景祐二年（1035），以书院为应天府官学。明万历七年（1579），执政张居正下令废毁应天府书院。

宋初创建或复修的四大书院，活动的主要内容是藏书、祭祀和讲学，对于儒学的发展、理学的传布和文化典籍的保存都发挥了重要作用。

象山书院

南宋理学家陆九渊讲学之处，地址在江西省贵溪县南象山下。象山书院始建于淳熙十四年（1187），初名"应天山精舍"。淳熙十三年（1186）冬，陆九渊主管台州崇道观闲职，归江西故里讲学。"时乡曲长老，亦俯首听诲。每诣城邑，环坐率二三百人，至不能容，徙寺观。县官为设讲席于学宫，听者贵贱老小，溢塞途巷。"（《象山先生全集》卷三十六《年谱》）淳熙十四年，到江西贵溪应天山讲学，四方学徒大集。其弟子彭兴宗为九渊筑"精舍"，名"应天山精舍"，作为讲学的场所，仰慕陆学者多结草庐于精舍之旁，朝夕听讲。其著名者有傅梦泉、邓约礼、傅子云、黄叔丰、彭兴宗等人。淳熙十五年（1188），易应天山名为象山。

陆九渊在应天山讲学五年间，来见者逾数千人，培养了一批弟子，形成了象山学派，完成了心本论的理学体系。绍熙二年（1191）应诏知荆门军，将赴任，嘱弟子傅季鲁居山讲学。绍熙三年末（1192），卒于荆门军住所。绍定三年（1230），象山殁后38年，江东提刑赵彦悈重修象山转舍并为之记云："象山盖学者讲肆之地，先生没，山空屋倾，将遂湮没。载新以存先生之故迹，使人因先生之故迹，思先生之学，思先生之教，孜孜日思，乃至不勉不思，从容中道，是谓大成。"(《陆九渊集》卷三十六《年谱》)绍定四年（1231）江都提刑袁甫奏建象山书院于贵溪之徐岩。徐岩"近邑而境胜"，离象山亦不甚远。是年冬书院落成，买田养士。绍定六年（1233）春清明日，袁甫作《象山书院记》。同年七月，金豀宰陈咏之又于邑治之西建象山书院，礼请陆九渊高足傅季鲁为主教，发明象山之学。

贵溪象山书院除讲学外，还刊印书籍，绍定四年（1231）曾刻袁燮的《家塾书抄》12卷。元末，书院毁于兵乱，明景泰年间巡抚韩雍、知府姚堂重建。正德间，提学李梦阳、知县谢宝增修。万历八年（1580），诏废天下书院，贵溪知县伍袁萃，捐资购还，避书院名，改为"象山祠"。万历三十一年（1603），贵溪知县吴继京恢复象山书院。

《大学衍义》

南宋理学家真德秀推衍《大学》之义的著作。成书于绍定二年（1229），是进于端平元年（1234）。时宋理宗荒于国政，奸佞用事，真德秀借《大学》之义，针对时事以立言，故有此作。书共43卷，首刊帝王为治之序、帝王为学之本。次分格物致知、诚意正心、修身、齐家四大纲。纲下各系以目，格物致知纲分为明道术、辨人才、审治体、察民情4目；诚意正心纲分为崇敬畏、戒逸欲2目；修身纲分为谨言行、正威仪2目；齐家纲分为重妃匹、严内治、定国本、教戚属4目。除修身纲无子目外，其余各目中又有子目。各纲目内皆征引经训，旁证史事，参以先儒之论，以明法戒，并各以己意发明之。此书大旨在于正君心、肃宫闱、抑权倖，认为帝王为治之学，须先明本原，首正身心。《大学衍义》受到宋理宗和元明封建君主的重视，认为其"备人君之轨范焉"（宋理宗语）；"治天下此一书足矣"（元武宗语）。由于该书未涉及《大学》八条目中治国、平天下的内容，故明代邱濬为补其缺，作《大学衍义补》。《真西山先生集》《四库全书》《摛藻堂四库全书荟要》《西京清麓丛书续编》等均收录《大学衍义》一书。

黄榦（1152—1221）

南宋理学家。字直卿，号勉斋。施州闽县（今福建省福州市）人。曾知安庆府，创郡城以备战守，抵御金人，因激切主战，遭忌辞官，后数召不就。卒谥文肃。著有《经解》《勉斋文集》《圣贤道统传授总叙说》等。

黄榦少以刘清之为师，后受业朱熹，潜心学问，熹称其志坚思苦，以女妻之。朱熹病危时以所著书授榦说："吾道之托在此，吾无憾也。"

榦自谓得朱熹嫡传，其学最重道统传授。他以太极、阴阳、五行论人物之生；以人之"秀而最灵者"论圣人之性；以"继天立极，而得道统之传，故能参天地，赞化育而统理人伦"论圣贤之职能。据此，他把二程、朱熹列为"圣贤相传"的道统人物（见《圣贤道统传授总叙论》）。这就把圣贤的出现与道统的产生、发展统一为"天理"的必然。黄榦还用体用关系论述"理一分殊"，认为"道之在天下，一体一用而已。体则一本，用则万殊"（《勉斋文集·复叶味道》），并主张通过"尊德性"认识"道体之大"，通过"道问学"认识道所表现出来的具体事物。在心性问题上，强调"理具于心"的观点。黄榦是朱学正宗的重要传人，与李燔并称"黄、李"。《宋元学案》认为他是"嘉定而后，足以光其师传，为有体有用之儒者"（《勉斋学案》）。

陈淳（1158—1223）

南宋理学家，朱熹弟子。字安卿，福建漳州龙溪北溪人，学者称北溪先生。少有举子业，后从学朱熹，潜心治学，朱熹死后，避居南陬，讲学授徒。晚年授迪功郎、泉州安溪主簿，未上任而卒。著作有《北溪字义》《北溪先生全集》。

陈淳一生，曾两度到朱熹门下受教，绍熙元年（1190），朱熹守漳州，陈求学于朱，朱熹授以"根源"二字，使其明"上达"之理；后十年复往见朱熹，朱熹已寝疾，语之曰："如今所学，已见本原，所阙者，下学之功尔。"使其知"下学"之功。作为朱熹晚年高徒，陈淳"日积月累，义理贯通"，忠于朱学，有所发现。他在坚持理是大化流行的枢纽、是生生不息的主宰的同时，着重论证了理气不离、道器不离的思想，不同意理先气后说。他特别强调程朱理学的主敬功夫，但不同意朱熹"知先行后"的观点，认为知中有行，行中有知，"知与行其实只是一事"，过分夸大了知与行的统一性。他发挥了朱熹的心性论，认为"心有体有用"，其体具众理，寂然不动；其用应万事，感而遂通。陈淳一生严守师门，卫护朱学，排斥陆学，在朱熹门徒中学术地位比较重要。

《北溪字义》

南宋理学家陈淳解释理学范畴的重要著作。原名《字义详解》，又称"四书字义"或"四书性理字义"。是陈淳晚年讲学时，由弟子王隽笔录整理而成的。该书从"四书"选取与理学思想关系密切的重要范畴，一一予以疏释论述。共上、下两卷，卷上解释命、性、心、情、才、志、意、仁义礼智、忠信、忠恕、一贯、诚、敬、恭敬；卷下解释道、理、德、太极、皇极、中和、中庸、礼乐、经权、义利、鬼神、佛老。该书着力发挥朱熹《四书集注》的理学思想，而不在于疏解"四书"原义，其解释原则是"荟萃周、程、张子之绪言成语，而折中于所闻之师说，与夫《章句》《集注》之精意"（引自施元勳序）。由于该书有卫护朱学、力辟陆学的鲜明宗派特色和"抉择精确，贯穿浃洽"的严谨逻辑特色，故当时理学者们对其评价甚高，对后世也很有影响。时至今日，它仍然不失为一本研究理学特别是研究朱熹理学思想的重要参考著作。

《北溪字义》现存的有明弘治年间的刻本、清康熙年间刻本等。中华书局1983年以弘治壬子本为底本，出版了新的校点本。

李心传（1166—1243）

南宋理学家，史学家。字微之，理学家李舜臣长子，隆州井研（今四川井研）人。庆元元年（1195），乡试落第后，决意不复应举，闭户著书。晚年荐为史馆校勘，赐进士出身，专修《中兴四朝帝纪》。甫成其三，因言者罢。踵修《十三程会要》，端平三年（1236）成书，召为工部侍郎，未几复以言去，奉祠居潮州。淳祐初罢祠，复予，又罢，淳祐三年（1243）致仕。卒，年78岁。李心传精于史学，颇有史才，著述甚多。

嘉定十七年（1224），宋宁宗下诏书："尹川先生绍明道学，为宋儒宗，虽屡被褒荣，而世袭未及，未称崇奖儒生之意，可访求其后，特与录用。"（转引自《宋元学案》卷三十《道命录序》）。这是庆元学案既开之后，朝廷褒奖理学家的继续，由于朝廷的扶持、褒奖，理学崇隆起来，周、程、张、朱之书满天下，各州也纷纷为理学家建立祠堂，理学的统治地位逐步确立。李心传为了弘扬理学是"天实为之"的真理，是与天下安危、国家隆替密切相关的"圣学"，从而使"有天下国家者可以知所戒""修身守道者可以知所任"（转引自《宋元学案》卷三十《道命录序》），于是网罗有关程朱进退、褒贬的"放失旧闻，编年著录"成《道命录》一书，"次第送官"。李心传依据孔子"道之将行也与？命也。道之将废也与？命也"（《论语·宪问》），将书命名为"道命录"。

李心传倡明道学并未从宋代道学的具体内容和特殊意义着眼，而是从圣人之道、儒家之道的一般意义上立论。他认为道学即儒道、圣道，学习和倡明宋代道学就是学道、旺道、达道、致道。由此说明"倡明道学"，是圣贤义不容辞的责任。李心传为宣扬道学和确立道学的统治地位起了一定的作用，但对道学的真正含义未能确解，故《四库提要总目》批评《道命录》"大旨不出门户之见"。

熊节

南宋理学学者，生卒年不详。字端操，建阳（今福建省建阳县）人，庆元进士，累官通直郎，知闽清县事。节少年时读易，即知问难，必达确解乃止。登庆元进士时，曾进对条陈三德。著作有《性理群书》《中庸解》《智仁堂稿》。

熊节在儒学史上的主要成就是编撰《性理群书》。此书采摭宋代理学诸儒各体遗文、著作分类编撰而成。所录之文，以周敦颐、程颢、程颐、邵雍、张载、司马光、朱熹七人为主，此外还收录了杨时、罗从彦、范浚、吕大临、蔡元定、黄榦、张栻、胡容、真德秀以及范质、苏轼等人的作品。书共二十三卷，首列周敦颐等七人的遗像和传道支派，其后的分类依次是：赞、训、戒、箴、规、铭、诗、赋、序、记、说、录、辨、论、图、《正蒙》、《皇极经世》、《通书》、文。最后是周敦颐等七贤的行实。

此书所收之文，虽属习见，但都是较早汇编的理学家文集，也是较早使用"性理"二字以名书者。《四库全书总目》称其作用如"作乐者之苇籥，造车者之椎轮"（《子部·儒家类二·〈性理群书句解〉题解》）。明永乐年间，诏修《性理大全》一书，胡广等人编宋理学之文，即以此书为基础予以扩充。至南宋景定、端平年间，周、程、张、朱诸儒蒙受褒赠之后，纂述理学之书日多。熊节的《性理群书》和王孝友的《性理彝训》就是其中较重要的两种。从此，性理之名大著于世。熊节《性理群书句解》有南宋熊刚大所作的注。现存有《四库全书》本。

蔡沈（1167—1230）

南宋理学家。字仲默，建阳（今属福建）人，因隐居九峰，学者称九峰先生。一生未应举，潜心理学，精心研究《尚书》达数十年。沈乃南宋名学者蔡元定之子,曾师事朱熹,由于家学和师教的熏陶,理学修养甚厚。著作有《书经集传》《洪范皇极》《蔡九峰筮法》等。

蔡沈通过注解,阐发《尚书》表达了他的理学思想。他认为理是气或器的根本,万事万物各有其理,但总的理只是一个。"有理斯有气,有气斯有形,形生气化而生生之理无穷焉"(《洪范皇极·内篇》)是宇宙起源、演化的基本过程。他提出事物的"两"(对立)和"一"(统一)是不可相离的。"非一则不能成两,非两则不能致一。""两"与"一"是变化的根本原因。(《洪范皇极·内篇》)这是可贵的辩证法观点。蔡沈还承继和发挥了北宋邵雍以来的象数说,认为"数"是宇宙间的根本法则,"天地之所以肇者数也,人物之所以生者数也,万事之所以失得者亦数也"(《洪范皇极序》)。把象数纳入理学范围。蔡沈在理学史上的重大影响主要在于他受朱熹委托,"潜反复者数十年"著成《书经集传》,完成了朱熹的未竟之业。此书后列为官书,自元延祐定科举,《尚书》皆用蔡传,是元、明、清三代士子的必读课本。

真德秀(1178—1235)

南宋理学家。生于宋淳熙五年(1178)。卒于宋端平三年(1236)。字景元,后改希元。学者称西山先生。建宁蒲城(今福建蒲城)人。庆元五年(1199)进士,历任起居舍人兼太常少卿,出任江东转运副使,历知泉州、隆兴、潭州。宋理宗即位,召为中书舍人,升礼部侍郎。史弥远执政,罢职。绍定五年(1232),起知泉州、福州,召为户部尚书,改翰林学士。端平二年(1235),拜参知政事而卒,谥文忠。其主要著作有《大学衍义》《真文忠公文集》等。

真德秀早年从游朱熹弟子詹体仁,自谓于朱学"尝私淑而有得"。其学恪守朱熹,祖述朱熹"穷理持敬"的学术思想,但有所发展。他强调"理不离气""理在气中",但又承认仁义礼智之理先于事物而存在,是"天与"之实理。他说:"理未尝离于物之中","有此物则具此理,是所谓则也"(《大学衍义》卷五)又说:"理者何?仁义礼智是也。人之有是理者,天与之也。"(《西山先生真文忠公文集》卷三十二《代刘季父蒲城县庠四德四端讲义》),这就把封建道德先验化了。他宣扬"德性天与",把人的形体和秉性都说成天赋予的,认为人与动物的根本区别在于人有仁义礼智信的德性。由此,他规徼君主正心修德,服从天命;他主张"穷理持敬",认为"穷理"与"持敬"应该相辅而行,使认识活动与道德修养统一起来,以此作为"正心修身之本",最终达到"物欲消尽,纯乎天理"的崇高境界;他倡导体用不离、学以致用的"成己成物"之学。主张以成己为体,以成物为用,推己及物,把道德原则贯彻到实际行动和具体措施中去。同时,在学问上主张经史并用,以求性命道德之学与古今世变之学的统一。真德秀是继朱熹之后声望很高的学者,他以经筵侍读的身份,讲明理学,说动人君,使理学在最高统治者的扶持倡导之下,很快取得了正宗地位。

《真西山先生集》

南宋理学家真德秀的文集。德秀,字希元,号西山,故此书名为"真西山先生集"。真德秀著述颇多,是集共55卷,所载诗赋而外,唯《对越甲乙稿》《经筵讲义》《翰林词草》三种自分卷帙,其余序记等作,但以类次,不另分名目。真德秀力崇朱熹之学,故集中宣扬阐发理学正统之篇,随处可见。如认为仁义礼智之性,为天所与,循守仁义礼智是人的天职,所谓"仁义礼智之性,恻隐、辞逊、羞恶、是非之情,耳目鼻口四支百骸之用,君臣、父子、兄弟、夫妇之伦,何莫而非天也!"(卷二十四《明道先生书堂记》)劝导人君以身作则、修德保位、扶持纲常、植立人极。"纲常大端,是谓人极。人极不立,国将奈何?"(卷四《召除礼侍上殿奏札》)阐发朱熹"穷理持敬"的思想,认为"穷理"而不"持敬",于义理无所得;"持敬"而不"穷理",必流于释氏之虚静。然而书中亦有不少吹嘘释、老之作,颇为时人所讥。该文集有明万历二十六年刻本、《四库全书》本，《四部丛刊》本名为"西山先生真文忠公文集"，五十一卷。

《心经》

南宋理学家真德秀编撰的语录体著作，共一卷。此书编集儒家论心格言，而以各家议论为之注，卷末附《四言赞》一首。该书大旨以正心为本，以持敬为要。例如，在"易坤之六二敬说"条中，引程颐"心敬则心自直"为注，在"孟子仁说"条中，引朱熹"仁者，心之德也"为注。卷末《四言赞》可以视为全书宗旨的概括和发挥，指出："万世心学，此其本源，人心伊何？生于形气""道心伊何？根于性命。"此书突出表现了真德秀思想的心学倾向。《心经》甚得宋理宗赏识，德秀门人王进在为该书所写序言中说："《心经》一书行于世，至彻禁中。端平乙未，公薨后两月，从臣洪公咨夔在讲筵。上书公《心经》曰：'真某此书，朕已夜览而嘉之，卿宜为之序'，其见重也如此。"此书《文献通考》《书录解题》首以《心经法语》之名录入，乃一书而二名。该书有明代程敏政所作的注。《心经》有《四库全书》本，另《真西山全集》《西京法麓丛书续编》均收有此书。

魏了翁（1178—1237）

南宋理学家。字华父，因讲学于白鹤山下，学者称鹤山先生。邛州浦江（今四川蒲江）人。庆元五年（1199）进士，授签出剑南西川节度判官，召为国子正。以校书郎出知嘉定府。在蜀十七年，而后入进兵部郎中。累官至权工部侍郎。史弥远执政，降三官，靖州居住。史弥远死，以权礼部尚书还朝。六阅月，以端明殿学士、同签枢密院事督视京湖兵马。后任绍兴府安抚使，嘉熙元年（1237），卒于官所，赐太师，谥文靖。主要著作有《鹤山大全文集》120 卷，《九经要义》263 卷。

魏了翁与朱熹及门弟子辅广、李燔为知友，和真德秀同年进士，又是好友。但真德秀"尊天"，魏了翁"贵心"，学术观点有所不同。魏了翁始习朱熹、张栻之学，但他反对有体而无用的玄虚之论，主张道器不离、体用不分，认为"六经、《语》、《孟》发多少义理，不曾有体用二字"（《宋元学案》卷八十《鹤山学案》）。他说，《国易》的象数与理也是体用关系。"因理而有数，因数而有象；既形之后，因象以推数，因数以推理。"这就是体用不二。魏了翁从理学出发，而后寻研"六经"，有得于"心"，自言"今是昨非"，转而尊信心学。他发挥了邵雍"心为太极"的思想，认为"心者，人之太极，而人心又为天地之太极，以主两仪，以命万物，不越诸此"（《鹤山大全文集》卷十六《论人主之心义理所安是之谓天》）。把"人心"视为人与天地之"本"、世界万物的主宰。由此，他主张"正心养心"，虚己尽下，以求其"义理所安"。魏了翁一生和真德秀志同道合，推尊理学，致力于理学思想统治的确立。他指示"伪学之禁"，极力为理学辩诬，上疏乞为周、程赐爵定谥。认为理学家"性命为先"，"自寡欲以至无欲"的思想都是圣人之道，在他们的倡导下，学禁既开，理学复盛。魏了翁是南宋理学史上，确立理学统治地位的重要人物，被后世理学家称为"圣学功臣"。

《性理大全》

宋代理学家著作和言论的汇编，全名"性理大全书"。明代胡广（1370—1418）等奉明成祖命编辑。广字光大，号晃庵，江西吉水人。建文进士，授翰林院修撰，累官至文渊阁大学士，兼左春坊大学士。书共70卷，所采宋儒之说凡120家。其中自为卷帙者9种：周敦颐《太极图说》1卷，《通书》2卷，张载《西铭》1卷，《正蒙》2卷，邵雍《皇极经世书》7卷，朱熹《易学启蒙》4卷，《家礼》4卷，蔡元定《律吕新书》2卷，蔡沈《洪范皇极内篇》2卷，共25卷。25卷以下，根据宋儒言论，分门编纂为理气、鬼神、性理、道统、圣贤、诸儒、学、诸子、历代、君道、治道、诗、文 13 类。书成于明永乐十三年（1415），颁行于西京、六部、国子监及国内府县学。

该书编纂群言，资料甚丰，但却杂而不精，裂而不整，《四库全书总目》认为其"大抵庞杂冗蔓，为割裂襞积以成文，非能于道学渊源真有鉴别。"清康熙帝命李光地"删其支离，存其纲要"，编为《性理精义》12 卷，广行于世。该书收入《四库全书》中。

《理学类编》

宋代理学家和荀子以降子书、笔记等言论的类编，明代张九韶编撰。张九韶，字美和，以字行，清江人。元末累举不仕，入明荐为县学教谕，迁国子助教，改翰林院编修，著有《元史节要》《群出拾垂》。此书编成于元至正二十六年（1366），初名"格物编"。书共 8 卷，分为天地、天文、地理、鬼神、人物、性命、异端 7 类。所收以周敦颐、二程、张载、邵雍、朱熹 6 人言论为主，从荀子以下 53 家，如扬雄、谷永、《淮南子》、洪迈、罗大经等言论为参证。在每篇之末，附有张九韶个人的见解。此书于理学家言论，大都摘取精要，不事博引繁称，亦不蹈讲学家门户之见。且条理次序，颇为精缜。其异端一门，对于阴阳、相术、谶纬诸家的荒谬不经之说，切加驳斥，足以破世俗迷信之惑。出有《四库全书》本。

黄震（1213—1280）

南宋末理学家。字发东，学者称于越先生，庆元府慈溪（今浙江慈溪）人。宝祐四年（1256）进士，曾任史馆检阅，参修宁宗、理宗两朝国史、实录。以直言时弊，官降三秩，出通判广德军，后知抚州，升提举常平仓司，改提刑狱，常有惠政。宋亡后不仕，隐居宝幢山，终"饿于宝幢而卒"（《宋元学案·东发学案》）。既卒，门人私谥为文洁先生。

著有《黄氏日钞》《古今纪要》《戊辰修史传》等。

黄震师事王文贯,文贯师事朱熹与吕祖谦的及门弟子辅广,为朱熹的三传弟子。其学宗程朱而有所立异,他以"大路"释"道",认为"道即日用常行之理"(《黄氏日钞》卷九十五),而非超出天地、人事之外,他有所谓"高深之道也"(《黄氏日钞》卷八十二)。批评那些高谈"人心""道心"的人是"盖陷于禅学而不自知"(《黄氏日钞》卷五)。他主张以孔子的"性相近、习相远"统一各种人性说,反对程朱理学将人性区分为"天地之性"和"气质之性";他对王充、柳宗元、叶适等人的观点多予肯定。黄震是浙江宁波宗朱熹之学的代表人物,又是程朱理学的修正者,在理学史上具有一定地位。

《黄氏日钞》

南宋末年理学家黄震的文集。书本 97 卷,其中 81 卷、29 卷原来并阙,实存 95 卷。68 卷以前,为读诸书随笔札记,而断以己意。既有读书札记,又有语录摘抄,还有所读著作的篇目。其中凡读经 30 卷,读春秋三传 1 卷,读孔子著作 1 卷,读诸儒书 13 卷,读史 5 卷,读杂史、读诸子书各 4 卷,读文集 10 卷,计 68 卷。69 卷以后,全部是作者的文集汇编,包括奏折、公文、讲义、策问、书记、序跋、启、祝文、祭文、行状、墓志等。黄震学宗程朱,但不率意苟同。书中对朱熹之学反复发明,务求其是,"虽朱子校正《阴符经》《参同契》,亦不能无疑""虽朱子谓《周礼》可致大平,亦不敢遽信"。(《四库全书总目·子部·儒家类二》)解说经义,或引诸家以翼朱子,或舍朱子而取诸家。书中力排佛、老,对理学家如杨时、谢良佐、陆九渊、张九成等多有微词,认为他们言理而杂禅。黄震于治术则排斥功利,故书中对王安石批评甚力。该书集中反映了黄震的学术思想,在理学史上有一定地位。《黄氏日钞》现存《四库全书》本。

方孝孺（1357—1402）

明初理学家。字希直，又字希古，号逊志，人称正学先生。浙江宁海人。文学家宋濂弟子。初为汉中教授，被蜀献王聘为世子师，名其书室曰"正学"。惠帝即位后任翰林院侍讲，施迁侍讲学士，常与议论国事，深得信任。曾主持纂修《太祖实录》。燕王朱棣（即明成祖）兵入京师即位后，被逮下狱。因不肯为其草拟即位诏书，磔死，株连十族，死者近870人。著有《逊志斋集》。

方孝孺从学宋濂，先后凡六载，但其学得之家庭者居多，基本是宋人规模，理学宗旨。宋濂学出释、老二氏，而孝孺则认为叛道者莫过于释、老而释氏尤甚，故极力排斥。他严辨理欲、义利，认为"养身莫先于饮食，养心莫要于礼乐，人未当一日舍饮食，何独礼乐而弃之。尊所贱，卑所贵，失莫甚焉？""尚鬼之国为病，好利之国为贫。"（《逊志斋集》）主张尚义贱利，要人们"好义为饮食，畏利为蛇虺"（《逊志斋集》）。在治国之道上他极力提倡法治、礼治、审时，"古云治具五：政也，教也，礼也，乐也，刑罚也。今亡其四，而存其末，欲治功之逮古，其能乎哉？"（《逊志斋集》）又说："治人之身，不若治其心；使人畏威，不若使人畏义。"（《逊志斋集》）在德性修养上，他认为"主静"就是主于"仁义""中正"，并非强制别人的本心如木石那样僵固而不能应物，成为绝对不动的东西。他还认为，"圣功"自"小学"始，"化民"自"正家"始，并作《幼仪》20首，《宗仪》9篇，以为规范。

方孝孺以其气节人格和理学学识为后世所重，《明儒学案》称其"持守之严，刚大之气，与紫阳真相伯仲，固为有明之学祖也"（《诸儒学案》上一）。然而四库馆臣对其泥古太过，不随势移而变，专求六官改制定礼的治道或有微词，认为"其新设施，亦未必能致太平"（《四库全书总目》《逊志斋集》题解）。

《宋史·道学列传》

《宋史》列传中一类专门记述道学家（理学家）生平事迹的传记。《宋史》是由元中书右丞相总裁脱脱等修撰的一部官修正史，共496卷，其中本纪47卷，志162卷，表32卷，列传255卷。列传共分22类，《道学列传》是其中一类，从第427卷起至第430卷止，共4卷。从《道学列传》证述了周敦颐、程颢、程颐、张载（附其弟张戬）、邵雍、刘徇、李籲、谢良佐、游酢、张绎、尹焞、杨时、罗从彦、李侗、朱熹、张栻、黄榦、李燔、张洽、陈淳、李方子、黄灏等24人的生平。内容包括籍贯经历、学术师承、学术思想、学术著作介绍等，其中朱熹传最长、最详尽。宋代道学兴起，元代统治者弘扬道学，对朱熹等人推崇备至，《宋史》的编写者中不少都是道学的忠实信奉者，尤其是欧阳玄等对道学颇有研究，为了符合宋代的社会实际和适应元代弘扬道学的需要，《宋史》特创立《道学列传》，这为后人研究道学提供了充实可靠的历史资料。

朱陆之争

南宋理学家朱熹和陆九渊所代表的学派之间的学术思想之争。朱熹（1130—1200）是宋代理学的集大成者，陆九渊（1139—1193）是宋代心学的开创者，由于哲学体系不同，他们之间或通过聚会，或通过书信多次进行争辩。比较集中的争论有两次。第一次是淳熙二年（1175）由吕祖谦邀请在江西信州鹅湖寺进行的，史称"鹅湖之争"。会上，以陆九渊及其兄陆九龄为一方，朱熹为一方，就修养方法、治学方法问题展开面对面的争论。第二次是鹅湖之会以后，朱熹、陆九渊之间通过书信往来就"无极""太极"问题展开辩论，实际上是关于本体论的争论。

关于修养方法和治学方法的争论。鹅湖会上陆九渊、陆九龄针对朱熹"格物穷理"的观点，写诗指责朱熹的方法太烦琐，陆九渊诗云："墟墓兴哀宗庙钦，斯人千古不磨心。涓流滴到沧溟水，拳石崇成泰华岑。易简工夫终久大，支离事业竟浮沉。欲知自下升高处，真伪先须辨只今。"意思是朱熹讲的"格物穷理"，要人"今日格一物，明日格一物，"是一种"支离"、破碎、烦琐而不切实际的方法，而他的"切己自反""发明本心"则是一种"简易"直捷，快速达成"豁然贯通"的方法。陆的批判，使朱熹大不高兴，会议不欢而散。后来，朱熹讥讽说"子静（指陆九渊）之学，只管说一个心……若认得一个心了，方法流出，更都无许多事……所以不怕天，不怕地，一向胡叫胡喊……便是'天上地下，唯我独尊'"（《朱子语类》卷一二四），生动地刻画了"心学"认识论的特点。

关于"无极""太极"的争论，陆九渊及其兄弟九韶不同意朱熹对周敦颐《太极图说》中"无极而太极"的解释，认为不应以"无极"字加在"太极"之上（《陆九渊集》卷二《与朱元晦》）。他们说，《太极图说》不是周敦颐的著作，即使出自周之手，也是早年的思想，周后来改变观点，不再提"无极"。而朱熹则认为"无极而太极"就是"无形而有理"；如果"不言'无极'，则'太极'同于一物，不足为万化根本"。他强调"太极"是"无方所"、"无形态"、通贯全体、无所不在的超时空的本体。陆九渊虽然也承认"太极"的存在，但认为"太极"就是"心"，"太极"就是标志"心体"的范畴。既然如此，说"无极而太极"就是在"心"之外、之上加上别的最高本体。他指责朱熹在"太极"之外加上"无极"是"叠床上之床""架屋下之屋"，而且"言来言去，转加糊涂，此真所谓轻于立论，徒为多说，而未必果当于理也"。（《陆九渊集》卷二《与朱元晦》）

朱陆之争表现了南宋时期理学与心学的思想分歧，每一方在揭露对方的过程中，对有些问题的批评是击中要害的，对以后哲学思维的发展和哲学家对"理学""心学"的批判、吸取、改造都有一定的启发作用。但二者都把先验精神（"理"或"心"）作为认识源泉，都把仁、义、礼、智等伦理道德绝对化,所以,其哲学思想的目的和归宿是一致的。黄宗羲说:"二先生同植纲常,同扶名教,同宗孔孟,即使意见终于不合,亦不过仁者见仁,智者见智,所谓学焉而得其性之近,原无有背于圣人,矧夫晚年又志同道合乎?"(《宋元学案》卷五十八《象山学案》按语)

鹅湖之会

南宋时期朱熹为代表的理学学派与陆九渊为代表的心学学派进行的一次学术辩论会。会议于淳熙二年(1175)在信州(今江西上饶)鹅湖寺进行。此年四月婺学代表人物吕祖谦意欲调和朱、陆两派争执,邀请朱、陆两人和两派学人会聚鹅湖寺。与会者除朱熹、陆九渊之外,还有陆九渊兄长陆九龄、临川守赵景明及其新邀的刘子澄、赵景昭诸人。讨论集中在理学所谓的"为学之方"的问题上。会议开始,陆九龄首先提出了曾在来寺前夕写的一首诗:"孩提知爱长知钦,古圣相传只此心。大抵有基方筑室,未闻无址忽成岑。留情传注翻蓁塞,着意精微转陆沉。珍重友朋勤切琢,须知至乐在于今。"朱熹才听了四句就对吕祖谦说:陆九龄"早已上子静(陆九渊)舡了也"。而陆九渊却认为此诗第二句还欠妥,因为"此心"是天赋的,每个人生下来就有,并非"古圣相传",他和了一首诗:"墟墓兴哀宗庙钦,斯人千古不磨心。涓流滴到沧溟水,拳石崇成泰华岑。易简工夫终久大,支离事业竟浮沉。欲知自下升高处,真伪先须辨只今。"陆九渊明确地说,他的方法是"易简工夫",而朱熹的方法是"支离事业",朱熹听了大不高兴,为之失色。于是休会,后几日继续进行争论,并对《周易》九卦之序等问题进行了探讨。会议开了数日,未取得一致意见,终于不欢而散。

鹅湖之会的中心议题是认识方法问题,但也关系到本体论的问题。朱熹是理学的代表人物,在修养方法上,他主张"泛观博览而后归之约"，即从博览群书和观察外物来启发对理的认识，强调的重点是"道问学"和"即物而穷理"；陆九渊从"心理即"的本体论出发，在修养方法上主张"先发明本心，而后使之博览"，反对朱熹多在读书穷理上下功夫，他强调的重点是"尊德性"。鹅湖会议上，陆氏兄弟在诗中以心为基础，把他们的方法概括为"易简工夫"，而把朱熹的方法讥讽为烦琐破碎的"支离事业"。由此而引起了朱熹的不满，并指责陆九渊的方法为"空疏"，反映了心学和理学的分歧。

薛瑄

中国明代理学家，字德温，号敬轩，山西河津人。洪武二十三年（1390）生于河津，天顺八年（1464）六月十五日卒，年七十六，谥号文清。永乐十九年（1421）进士。宣德三年（1428）任监察御史，差监湖广银场。正统元年（1436）为山东提学佥事，六年为大理寺正卿，性刚直，因事得罪太监王振，陷狱几死，后放还家。景泰二年（1451）起南京大理寺卿，天顺元年（1457）迁礼部右侍郎，兼翰林学士，入内阁。时石亨专权，遂乞致仕，居家讲学，从者甚众。著有《读书录》22卷，《薛文书集》24卷，后收入《四库全书》。

薛瑄的哲学思想宗于程、朱，而有所修正和发展。关于理气关系，他认为"理只在气中，决不可分先后"，"无无气之理，亦无无理之气"。（《读书录》）修正了朱熹"理在气先""理在气上"的观点。关于太极与阴阳的关系，他提出"太极之理只在气中，非气之外悬空有太极"的观点，不同意朱熹所谓太极之理先于阴阳而生阴阳的说法。关于理、气的特点，他认为"气有聚散，理无聚散"，并以日光飞鸟为喻："理为日光，气为飞鸟，理乘气机而动，如日光载鸟背而飞，鸟飞而日光虽离其背，实未尝与之俱往。"这实质上又视理气为二物与朱熹的观点基本一致。关于格物致知和知行关系，他重视耳目感官的认识作用，认为"耳目口鼻者一事而心则无不通"。并强调道德践履的作用，主张知行"兼尽",极力批判佛教以一身"擅造化之柄"的理论和陆九渊只主静而不向外求知的主张。在心性问题上,薛瑄继承了宋儒"理具于心"和"性即理"的观点,认为物我内外同是一理、同是一性。由此,修己教人,主张"以性为宗""复性为要"。诗云:"七十六年无一事,此心始觉性天通。"复性的方法,主要是居敬穷理,在日常接应中省察克己,这与朱熹"下学而上达"的修养方法并无二致。

薛瑄之学对后世有相当影响,门人阎禹锡、张鼎、张杰,私淑弟子段坚,传播师说,名重一时形成了以薛瑄为代表的"河东学派"。隆庆五年(1571)诏从祀孔庙,称先儒"薛子"。

《读书录》

明代理学家薛瑄的重要著作。共23卷,读书录11卷,续录12卷。两录之首,皆有自记,言其因张载"心有所闻,不思则塞"之语,故自录随时所得,以备屡省。据黄宗羲《明儒学案》所云:"《读书录》大概为《太极图说》《西铭》《正蒙》之义疏,然多重复杂出,未经删削,盖惟体验身心,非欲成书也。"

《读书录》所论多为理气、性理问题。在理气问题上,提出理在气中、道在器中、太极在阴阳中的观点,认为"理气二者,盖无须臾之相离也,又安可分孰先孰后哉"(卷三)。对朱熹的观点有所修正和发展。在性理问题上,坚持"性即理"、"性之一言,足以谈众理"(卷二)的观点,并提出"尽心功夫,全在知性知天上"(卷二)。在修身、治学问题上,主张"居敬有力则穷理愈精","学问实自静中有得"。(卷二)完全接受了朱熹的思想。《读书录》被后世程朱学派视为明代"正学"主要著作之一,其中"一气流行,一本也"的命题,后来为罗钦顺等人所发展。

《读书录》有明嘉靖四年刻本,万历年间侯鹤龄删去重复、归类、编次为《读书全录》本。清乾隆十一年又按薛氏原书刻印,收入《四库全书》。

罗钦顺（1465—1547）

明代著名哲学家。字允升，号整庵，泰和（今属江西）人。成化元年（1465）生于泰和，弘治五年（1492）乡试第一，弘治六年（1493）进士及第，授翰林编修，擢南京国子监司业。因反对宦官刘瑾，"夺职为民"。刘瑾诛后复职，由南京少卿迁南京礼部右侍郎，改吏部左侍郎。嘉靖（1522—1566）初，转左侍郎，升南京吏部尚书，改入礼部。丁父忧，服阕，后起原官未至，改吏部，"具疏固辞"。辞官后居家20余年，潜心著述。嘉靖二十六年（1547）丁未四月二十四卒，年八十有三。赐太子太保，谥文庄。主要著作有《困知记》5卷、《整庵存稿》20卷、《整庵续稿》13卷。

罗钦顺早年笃信佛学，后悟其非，乃力排之。晚年，扬弃朱熹理学，批判了陆王心学，形成了自己的哲学思想。

"理依于气"的气本论。罗钦顺继承和发挥了中国古代朴素唯物主义者特别是张载的气一元论，认为物质性的气是世界的本原，气是永恒存在、永恒运动的。他说："盖通天地、亘古今，无非一气而已。"（《困知记》卷上）又说：阴阳之气"屈伸无方，运行不息，莫或使之"（《困知记》卷上）。关于理与气的关系，他明确提出，理是气运动的一种必然的规律，不能离开气而独立存在。"理只是气之理，当于气之转折处观之"，理"初非别有一物，依于气而立，附于气而行也"（《困知记》卷上）。他明确表示不同意程、朱视"理气为二物"的观点，由气本论出发，他改造了程朱"理一分殊"的学说，认为理都是一气变化的理，其理是唯一的，所以谓之"理一"，然而人物成形之后，每一具体事物运动的规律或特性各不相同，此之谓"分殊"。"理一"的总规律，即存在于具体事物的"分殊"规律之中，二者都根于气，而不是独立于任何具体事物之上的绝对存在物。同时，他也反对程朱把道器分开的观点，认为"器外无道，道外无器，所谓器亦道，道亦器也，而顾可二之乎？"

(《困知记》卷下）

"合内外之道"的认识论。罗钦顺一方面批判地改造了朱熹的格物致知论，坚持朴素的反映论，指出格物是格天下之物，不是"格心"；穷理是穷天下之理，不是穷心中之理。主张"资于外求"，就天地万物上讲求其理。然而另一方面，他又接受了程朱"理具于心"的观点，承认事物之理即心中所具之理，穷理穷到极处，就能"一以贯之"，"尽己之性便能尽人物之性"，达到"合内外之道"的境界。

"性体心用"的心性论。罗钦顺认为心与性两者不同，心是人的知觉灵明，性是人的生理，性是人、物形成之后的"定理"，而心是随感应而变化的。但心性并非两物，而是一个新的"体""用"两个方面，"道心，性也。人心，情也。心一也，而两言之者，动静之分，体用之别也"（《困知记》卷上）。他不同意程朱理学把人性分为天命之性与气质之性，认为性都是源于同一气之理的。因此，他认为"人性皆善"，人性的具体内容都是仁义礼智，并以此批评了"去人欲存天理"的观点，他说"性必有欲，非人也。天也，既曰天矣，其可去乎？"（《困知记》之续）人欲本来"未可谓之恶"，"纵欲而不知反"才是恶，于是他主张"节欲"，反对"去欲"。

对心学和佛教的批判。罗钦顺从气本论出发，批判了陆王心学"心外无物""心外无理"的思想，指出天地万物变化是自然界造化之功用，与人的活动不相干，如果"以发育万物归之吾心"，是混淆了天地万物与人心的区别；他批判了王守仁的良知学说，指出天地万物、山河大地、草木峦石并没有良知；他批判了作为陆王心学重要来源的佛学思想，指出佛学以心法起灭天地，以万物为虚幻是"有见于心，无见于性"，无视天地万物的性和理，他深刻地指出陆王心学"非禅学而何！"（《困知记》卷下）

罗钦顺是从程朱理学分化出来的唯物主义哲学家，在理学演变史上处于重要地位。它以"理在气中"的气本论取代了朱熹的理本论，复兴了气学，为明末清初王夫之等人的唯物主义哲学做了必要的理论准备。

理气为一

明代理学家罗钦顺关于理气统一的命题。罗钦顺不同意朱熹关于理气关系的观点，认为气是世界的本原，理只是气的所以然者，故不离气。"盖通天地亘古今，无非一气而已。气本一也，而一动一静，一往一来，一阖一辟，一升一降，循环无已……千条万绪，纷纭胶葛，而卒不可乱，有莫知其所以然而然，是即所谓理也。初非别有一物，依于气而立，附于气而行也。"（《困知记》卷上）在他看来，朱熹之所以"将理气作二物看"，是由于离气而言理，把理说成了绝对的实体，这就必然导致理、气两个实体，而要真正坚持理气的统一，就必须确立以气为本。因此罗钦顺指出"理气为一"并非"认气为理"，而是"就气认理"，他说"理须就气上认取，然认气为理便不是"，"只就气认理，与认气为理，两言明有分别"（《困知记》卷下），可见罗钦顺是在坚持气一元论的基础上，提出"理气为一"，即理和气的统一性是根本不同的。

理一分殊不相离

明代理学家薛瑄关于一理与万物之理关系的哲学观点。"理一分殊"是程朱采纳了佛教华严宗、禅宗的思想而提出的命题，他们认为总合天地万物的理只是一个理，千差万殊事物各自有的理，都是这"理一"的体现，薛瑄发展和改造了程朱这一思想，提出"理一"与"分殊"是"合"与"分"的统一关系，二者不相分离。他说"理之一各贯于分殊之中，分之殊必统于理一之内。分之殊若分矣，而理之一则浑然无所不包，实未尝不合也。理之一若合也，而分之殊则粲然各有条理，实未尝不分也。分而合，合而分，斯所谓一以贯之者矣！"（《读书录》卷四）薛瑄把"理一"与"分殊"看作整体与部分的关系，认为"理一"是由"分殊"之理构成的，但同时他也承认作为"合体""统体"的"理一"

依然是宇宙万物的本体,所谓"万物各得一理之一分,而一理本体依然完具初无丝毫之减换也"(《读书录》卷三),这又和朱熹的观点基本一致。

《困知记》

明代哲学家罗钦顺(1465—1547)的主要著作。罗钦顺,字允升,号整庵,泰和(今属江西)人。官至南京吏部尚书,晚年退居,潜心著述,《困知记》全书共7卷,前记2卷,156章,成于嘉靖七年(1528);续记2卷,113章分别成于嘉靖十一年、十二年;三续、四续各1卷,四续完成于嘉靖二十五年。又有附录1卷,收与人论学书信6篇。此书仿照张载《正蒙》的方式写成,书名取自《论语》"困而知之"一语,意为苦心钻研所得。

此书完成于作者一生中的最后20年,是罗氏哲学思想的总结。作者自述其写作宗旨云:"平生于性命之理,常切究心而未遑卒业,于是谢绝尘绊,静坐山阁,风雨晦暝,不忘所事,乃著《困知记》前后凡6卷,并得附录一大卷,所以继续垂危之绪,明斥似是之非,盖无所不用其诚。"(《罗正安自志》)可见,此书旨在继承发扬儒学传统,批判各种似是而非之论。

此书论理气甚为精确,提出了"理在气中","理不离气","通天地,亘古今,无非一气而已"的重要思想,批判了朱熹"理在气先""理气为二物"的观点;其论心性则与朱熹有同有异,"性即理""性之理"即"仁义礼智",是其同者;人性"秉一器之理"而成,无"天地之性"与"气质之性"的区分,"性必有欲",理欲统一,"欲"只能"节"而不能"去",是其异者;其论心物则认为天地万物变化"自是造化之功",不能"归之吾心",批判了陆王心学"心外无物""心外无理"之说和佛学"心生万法""一切皆空"之论。此外,对"道器""理一分殊""格物致知"等问题,也做了唯物主义解释。

由于此书经过长期研磨体认，批判了佛教唯心论和王阳明的良知说，改造了程朱理学，因此，对于明清之际唯物主义思潮的兴起，起了重要作用，此书有明刊《三先生语条》本、明嘉靖刊本、明天启刊本、清康熙九年刘炳元刊本、日本万治元年刊本等，并收入《四库全书》。

格物非格心

明代理学家罗钦顺的认识论命题。"格物致知"源于《礼记·大学》，宋明理学将其作为认识论的重要范畴，然而理学各派对其解释不尽相同。王守仁心学派，从"心外无理""心外无物"出发，把格物说成"正心"，即去掉心中的私意恶念，恢复固有的良知。针对王守仁的观点，罗钦顺提出"格物非格心"，"格物之义……当为万物无遗。人之有心，固亦是一物，然专以格物为格此心，则不可"（《困知记》附录《答允恕第》）。他把心与物、主体和客体做了区分，认为"格物"就是心通物理，"资于外求"，使主观认识客观。他认为，只有"尽通"物理，才能认识性理，明心中之理，实现"物亦我，我亦物，浑然一致"的内外合一境界。罗钦顺虽然认为"格物非格心"，主张"通彻"物理，但却认为事物之理与吾心之理"一而已矣"，把对外物的认识和对人性的体悟混同起来，仍有其局限性。

静致斋诗稿

题《静致斋诗》

李锦全

拜读先生一卷诗，行云流水欲何之。
常思孔圣伤麟后，解读庄生化蝶时。
万里河山供傲啸，四方亲友寄怀思。
人生本是如朝露，难得东君好护持。

静致斋中静掩门，静思极致铸诗魂。
读书自觉怀先哲，治史还当启后昆。
念旧亲朋常恻忆，情怀稚子倍温存。
阖家和顺齐欢乐，文化承传亦感恩。

静致斋中结夙缘，生花梦笔记当年。
淡泊自能行素志，功名安用苦争先。
宗儒本欲明心意，学道还当法自然。
万卷图书万里路，一齐吟诵入诗篇。

沉潜学海尽无涯，百二山河又一家。
价值精研生硕果，人生常乐灿朝霞。
静思才得成诗哲，致远还当惜岁华。
祝愿先生登寿域，清吟一卷报春花。

二〇一二年十二月十日

《静致斋诗》序

钟 锦

　　诗与学若为雠，文与道而相妨，通中西之常言也。何者？为其近于情也，故雠学；邻于艺也，故妨道。而哲人多能诗，柏拉图不免焉，朱子、阳明亦不免焉。盖情有所钟，特不溺耳；艺有可乐，特不耽耳。情不溺则几于性，艺不耽则全乎神，性几神全，将与天地精神相往来，情之钟、艺之乐，固屑屑不足道者。斯哲人之不易企，而其诗乃迥乎不可及也。

　　或问曰：诗乃迥乎不可及，传何渺耶？对曰：名有所掩，旨有蔑识也。名不传乎众口，旨虽渊，其谁能识？正为旨之渊也，而识者益寡。盖世之所谓诗者，情必溺，艺必耽，是雠学妨道者也，哲人安肯为？虽偶有不溺不耽者，又必诡乎以溺耽而示诸人，所谓诗人也。而哲人独与天地精神相往来，岂为示诸而示哉？嗟夫！所以渺传焉。

　　锦从先生游，始识哲人之诗。先生则哲人也，孟子之气，庄生之神，时时流诸眉宇，见者皆能知其必钟情而不溺、乐艺而不耽者。而吾辈尤知之。钟情，先生之即之也温也；乐艺，先生之弦歌不辍也；不溺，先生之浩然也；不耽，先生之逍遥也。偶为吟咏，则宛然其人。初不能得其旨，以为学道者不专意于此也。及窥先生之学，耳先生之教，始恍然若有悟。言学者无论矣，言山川者固易高蹈长揖也，言日用之常者而独见其精神则难能。请以诸贺婚诗言之。其诗殊不言催妆合欢事，惟言匹夫匹妇之庸行。或疑其无情致也，而自夫妇至于天地一归于正之旨，娓娓出之，真性几神全语也，岂一二文士辈狎艳之辞可得仿佛者？于是知哲人诗之迥乎不可及也。

　　闻先生颇有存稿，必请刊之，为此诗之不传，世恐有溺耽之忧也。先生沉吟久之，始付此稿，亲以《静致斋诗》题焉，且命为序。锦不能辞，捧之战栗，归而再读，勉以报命，而惭惧不胜矣。

丁酉五月十八日，受业钟锦谨序

一九六二年

登将军山遇雷雨候晴

将军庙外郁苍苍,猛雨骤来雷电狂。
云阵片时风打散,青山与我立斜阳。
(将军庙为秦将王翦庙,在富平将军山)

一九八〇年

兰亭

茂林修竹护兰亭,曲水潺潺依旧清。
妙字神文千古笔,天怜绝代总多情。

鲁迅故居

瓦房寂寞半凋零,风雨曾经历晦明。
百草园中芳草绿,先生不老少年情。

沈园(二首)

细雨迷蒙罩沈园,门临秋水碧波寒。
放翁梦断香消句,感动人心九百年。
流水小桥识旧痕,碧荷翠柳有情根。
亭台处处斜阳影,不是诗人也断魂。

绝句

落日沉沧海，英雄发浩歌；
孤星云际出，独立望银河。

一九八二年

咏王充

细族孤门侠士风，崎岖世路励英雄。
学源黄老得真意，师谢班彪叛圣宗。
天道自然元气在，实知情定效行中。
《论衡》一卷开新意，扫尽神权露锐锋。

咏刘禹锡

永贞败后贬沅江，权把文场作战场。
隽隽秋词随鹤舞，巍巍天论立人纲。
操舟须善乘波势，无法焉能胜莽苍？
遍地菜花开放日，千帆春树忆刘郎。

一九八八年

白帝城

嵯峨白帝立夔门，急浪腾空万马奔。
霸业枭雄俱往矣，江声日夜动乾坤。

一九九一年

《中国传统哲学价值论》卷首自题（四首）

（一）

善美源流何处寻？茫茫学海问潮音。
神州自有圣泉水，曾照人间取舍心。

（二）

道法墨儒争短长，乐山乐水费商量。
云端有路通高境，义利天人各一方。

（三）

鱼熊得失亦难求，历代哲人辩未休。
莫叹百家往不返，慧光智海映千秋。

（四）

龙血玄黄路渺茫，精神何处是家乡？
自强不息天行健，锦绣乾坤绘彩章！

一九九二年

女儿十七岁生日贺诗

载义珍生学立身,心如明镜净无尘。
攀山不畏崎岖路,渡海应知来去津。
谦卦六爻皆吉兆,温情一片最宜人。
天高海阔跃鱼鸟,神态悠然礼白云。

一九九三年

参加哲学专业1979级毕业10年聚会有赠

潜龙出水搏苍穹,云海归来气若虹。
慧境灿然生硕果,兰心依旧在芳丛。
永随民意为孺子,莫向钱神拜下风。
世纪开新人未老,宏图再展看飞鸿。

一九九七年

庆香港回归

合浦珠还彩凤飞,百年国耻不胜悲。
金瓯积弱遭蚕食,炮舰恃强扬虎威。
两制歌联一统颂,紫荆花拥五星旗。
人民业绩英雄血,共化龙魂铸史诗。

一九九九年

参观渣滓洞

赤胆忠魂映日红,铮铮铁骨撼苍穹。
人间留得英雄种,常向心田播劲松。

世纪末有感

百年风雨百年程,水复山重路暗明。
两度全球罹战火,八方赤帜救苍生。
山崩地陷天人斗,弹走星驰日月惊。
资讯如潮涌世界,一张网络万千兵。

二〇〇〇年

新世纪

一样悲欢逐逝波,新来世纪竟如何。
江山百战伤痕重,人类千年失误多。
北极冰消推热浪,西天云黯蔽星河。
虽云时代全球化,高唱谁和国际歌。

送女儿出嫁

明珠掌上忽成年,今日分离感万千。
最忆读诗过夜半,难忘问字到灯前。
秀中有骨书临柳,温尚能清品若泉。
临别叮咛惟浅语,好人一世总安然。

六十初度(六首)

(一)

探珠龙穴路迢遥,不觉秋风送晚潮。
笔墨生涯原简淡,书生气象总清高。
冰壶练性情犹热,慧境凝诗韵尚飘。
绘得心园风景好,青山碧水映虹桥。

（二）

六十年华逐水漂，文人习性却难销。
藏书已患无余地，弄笔原非慰寂寥。
燕去花飞诗未老，月明云散梦方遥。
休悲白发侵双鬓，一抹斜阳山更娇。

（三）

独立苍茫望碧霄，幽思如海复如潮。
梦魂忽逐庄生蝶，理路遥寻孔圣标。
忧患文章难悦世，寂寥意绪可吹箫。
大心体物深情在，万里云山也化桥。

（四）

学海茫茫风浪高，龙腾鱼跃共喧嚣。
古今慧镜光长在，中外心声韵不销。
琢玉淘金劳取舍，裁诗练句费推敲。
探珠何畏烟云乱，胸有神灯定坐标。

（五）

笔种舌耕何畏劳，功名拱手世人高。
三松堂主勤思辨，五柳先生懒折腰。
饮水颜回心自乐，观鱼庄子意逍遥。
身无长物何须叹，坐拥书城最富饶。

（六）

百年容易夕阳斜，感戴天恩谢岁华。
明月多情常照我，春风无意也催花。
心随山海开诗境，梦绕星河泛慧槎。
欲借吴生神画笔，烟云草树绘生涯。

注：吴生谓吴道子。

二〇〇二年

筑得

筑得心园拜月台,碧空请出玉轮来。
柔光引我温春梦,清影伴谁倚素梅?
寂寞幽情临雪写,澄明意境藉霜开。
琼楼若有忘忧草,移向心田处处栽。

对月

碧月悬天天海深,骚人千古托知音。
登楼畅发凌云想,举酒高歌动地吟。
宝镜圆光谁照影?冰魂玉魄我为心。
倚窗独坐清辉里,弹得桂花香满琴。

贺婚

虽云芳草遍天涯,缘薄难开并蒂花。
种得碧梧能引凤,采来红豆好思家。
协琴调瑟迎春日,共雨同风到晚霞。
娱老将雏平易事,人生能此也光华。

千种

千种相思万种怜,筑成金屋护婵娟。
移来明月照花影,引动春风拂玉颜。
红叶题诗多委婉,白云载梦更缠绵。
人生有限情无限,心事茫茫付素弦。

莫道

莫道青春抵万金,夕阳岁月更情深。
苍松善解风云意,梅蕊最知天地心。
三月莺花留梦境,百年风雨入琴音。
平生不走繁华路,免得红尘污素襟。

《中华智慧的价值意蕴》卷首自题

浩荡神州日月新,千秋圣哲铸龙魂。
孔仁孟义超生死,老静庄游亘古今。
德盛业宏人至贵,民胞物与道长存。
凤凰浴火金声振,更向寰球送好音。

《哲苑耘言》卷首自题

哲苑耕耘四十年,思痕墨影入芸编。
文心愧梦雕龙笔,理境遥寻智慧泉。
江水能添潮水涌,前薪乐助后薪燃。
喜看学海千帆竞,再奋秋风万里鞭。

剑气

剑气箫心逐逝川，芳踪绮梦已茫然。
秋风月下人依树，春雨花前思涌泉。
情境寂寥无燕舞，诗潮澎湃有龙潜。
何当再奏湘灵曲，流水高山响旧弦。

二〇〇三年

夜坐

云淡风凉夜气清，群山入梦冷蛩鸣。
敛衣独坐碧溪畔，细数秋星待月明。

五丈原咏诸葛亮

隆中早画鼎三分，北伐无功为报恩。
此乃鞠躬尽瘁事，精神岂可以功论。

登五丈原

五丈原头秋气高，忠魂归路太迢遥。
檐前云卷秦山雨，门外风翻渭水潮。
一统江山空有梦，三分天下毕生劳。
英雄大业东流去，千古南阳逸韵飘。

书香

书香墨韵送流年,不拜钱神不羡仙。
一脉心泉通慧海,终生情境化诗弦。
人间红豆相思老,天上白云意态闲。
何必几回伤往事,夕阳依旧照青峦。

小雨

秦川小雨细如丝,洒向春花欲放时。
一夜风寒零落尽,枝头缀满断肠诗。

参加1979级同学毕业20年聚会有赠

搏浪乘风二十年,归来共醉菊花天。
书声已化鲲鹏志,云路难忘桃李缘。
大业有情推国步,英才无愧济民艰。
与时俱进前程远,枫叶映红万里帆。

咏怀

生来无计可成仙,学苑生涯一教鞭。
春雨情怀千木秀,秋风心事万林丹。
晨兴舞剑图明志,夜静吟诗参小禅。
天若有情长不老,孤灯书卷送流年。

癸未除夕

爆竹声声响万家,人间此夕换年华。
松风高唱云中曲,梅韵低吟雪里花。
往事匆匆归背影,新途漫漫向天涯。
亡羊歧路何须叹,且上高楼望早霞。

咏茶

灵山秀水孕精华,奇妙神州有绿芽。
一缕清香飘万世,三杯甘露润千家。
宜花宜月诗思远,消病消愁梦影斜。
何日全球无隔膜,东洋西海共吟茶。

登茂陵

登上神州金字塔,豪情万丈望天涯。
长空云散风无累,大地春来气自华。
治国岂能凭独霸,尊儒何必损他家?
而今功罪从谁议,海日东升涌彩霞。

秦川

到此弥知史蕴深,秦川自古有龙吟。
渭滨白发钓秋水,函谷青牛鸣道音。
剑舞鸿门风色变,歌飘骊苑夕岚沉。
唐魂汉魄今犹在,激励长安奋进心。

月林（四首）

（一）

松林明月下，众鸟栖无声
独有痴情者，心潮彻夜鸣。

（二）

学苑甚孤寂，春随紫燕来。
心花含苞久，一夜风吹开。

（三）

郊原春雨后，碧草吐芳香。
熏得诗心醉，聊且慰愁肠。

（四）

窗外蔷薇花，往来不经心。
与君花下别，怀想到如今。

二〇〇四年

梦天池

林立高楼蔽日多，山情水趣久消磨。
昨宵忽梦天池水，云淡峰青映碧波。

再到西湖

西湖依旧醉东风,柳影花光画意浓。
独立断桥春雨里,情思无限望雷峰。

忆故园槐

故园门外绿荫浓,一树老槐如古松。
碧叶护巢安鸟梦,铁枝搏雨阻云龙。
摩天影大月轮小,扎地根深水脉通。
最忆童年饶稚趣,从他形象认春风。

二〇〇五年

天生

天生图画启人寰,慧境诗情总宛然。
秋月弄辉宜在水,夕阳写景不离山。
青云品格红尘外,翠柏精神白雪前。
风雨昨宵花落去,今朝又见草芊芊。

女儿三十周岁生日贺诗

缕缕清风拂柳条,女儿生日是今朝。
桃花竞放织红锦,春鸟高飞唱碧霄。
三十年华无怨悔,寻常事业有琼瑶。
不求世道金铺路,诗意人生最富饶。

悼念赵吉惠学兄

恨无妙手起沉疴，天夺英才叹奈何。
廿载交情常启我，一生风雨屡经过。
哲言史慧传薪火，人品才华导后波。
谈道说儒音宛在，手摩遗著泪滂沱。

天高

天高地迥藐然身，有限形躯无限心。
梦里黄粱飘紫绶，醒来白发染红尘。
吟诗聊放心中马，醉酒难成物外人。
遥望南山堪一笑，彩云非幻亦非真。

黑河森林公园水苑山庄暑游有感

碧淡青浓远近峰，蝉鸣鸟语水淙淙。
山头云散天心净，石上鱼游潭影空。
日照林荫双袖绿，波生河面满怀风。
耳边时有车声竞，难避人尘万里红。

秋夜

星河耿耿贯长空，万里江山月影中。
宇宙澄明心似水，诗情何必在春风。

淡泊

淡泊生涯雨雪频,情丝愈理愈纷纭。
青春梦断彩云散,红豆诗凝白发新。
蜗角蝇头任战火,冰壶玉镜自精神。
唐时明月今犹在,诗苑谁招李杜魂?

世象

万千世象几沉沦?独上高峰觑俗尘。
权杖势驱牛马走,金钱利诱凤凰驯。
蝇头蜗角趋如鹜,狗盗鸡鸣敬若神。
天意如今需急问,人间谁是屈灵均?

二〇〇六年

游平遥古城

一路春风到古城,平畴绿接远山青。
垣楼势蕴苍龙气,街巷形凝故国情。
胜迹千秋成美景,神州百劫又新生。
登临多少沧桑感?众鸟高飞夕照明。

注:山西平遥县城,明洪武三年(1370)建,周长6.4千米,城为方形,城墙高12米左右,外表砖砌。墙上有瞭敌台94座。城门上有城楼,四角处有角楼。城内街道还保留原有形制。是山西省现存历史较早、规模最大、保存较好的县城城墙。

游白马寺

华夏释源犹可寻,巍然殿宇出高林。
金神入梦识莲相,白马驮经送梵音。
世路何妨香国路,佛心可证圣贤心。
春风遍绿人间树,杨柳菩提共古今。

注:白马寺位于洛阳市东10千米,建于东汉永平十一年(68)。相传东汉明帝刘庄夜梦金神,自言是佛,遂派蔡愔、蔡景二人去西域求佛经,在月氏遇来自天竺的迦叶摩腾和竺法兰二僧,即用白马驮经迎回洛阳。次年,明帝命建佛寺,以白马命名。白马寺为佛教传入中国后建立的第一座寺院,号称"释源"。

游少林寺并咏达摩

乘苇过江意若何?十年面壁定心波。
经传断臂开宗派,觉悟群生到佛陀。
一指禅功真谛在,九州勇气少林多。
嵩山七十二峰上,何处白云识达摩?

注:少林寺在河南登封县城西北15千米的少室山北麓五乳峰下。建于北魏太和十九年(495)。孝昌三年(527)印度僧人菩提达摩离开南朝梁乘苇渡江来少林寺首创禅宗,史称达摩为禅宗初祖,少林寺为祖庭。唐初少林僧人助唐太宗开国有功,从此僧人常习拳术武功。寺西北五乳峰上有"达摩面壁洞",为达摩十年面壁静坐处。寺内"立雪亭"为禅宗二祖慧可为师从达摩立雪、断臂,并承受衣钵处。慧可禅学思想的核心是"众生觉悟即是佛"。

游龙门石窟有感

伊水东流映夕晖，青山佛坐笑颜微。
蓝天白日无今古，紫陌红尘有是非。
石窟凿成心欲定，人间逃去愿仍违。
焚香顶礼能何事？静看松林鸟自飞。

注：龙门石窟在洛阳市南13千米的伊河两岸。石窟造像始于北魏孝文帝迁都洛阳（498）前后，历经西魏、北齐、隋、唐、北宋四百余年大规模营造，共计窟龛2100多个，造像10万余尊，题记碑刻3600多品，佛塔40余座。是我国著名的佛教石窟。

游嵩阳书院

三面青山列画屏，嵩阳书院境幽清。
碑经雷电形尤古，柏号将军绿有情。
草木常怀沾化雨，溪流总忆载书声。
题名立雪人何在？花自缤纷月自明。

注：嵩阳书院在河南登封市北2千米嵩山南麓，背依峻极峰，东傍虎头峰，西倚象鼻山。院东逍遥谷溪与院西嵩岳寺溪汇合于书院前，名双溪河。院内有李林甫撰文、徐浩隶书的唐代巨碑，该碑曾遭雷击而无大损。院内有汉武帝封的将军柏，二将军柏前原有唐宋至明时韩愈、欧阳修、苏辙等24位文人学士的题名石柱。北宋、南宋、元、明、清五朝，嵩阳书院都是讲学胜地，北宋司马光、二程兄弟就曾在书院讲学。杨时、游酢"程门立雪"拜师程颐的故事就发生于此。

树兴

梦觉槐安悟达穷,枫林寺畔且闻钟。
学栽陶宅先生柳,懒拜秦朝大夫松。
凤鸟不来梧自绿,桃源欲去路还封。
独依樗散斜阳下,咏到沧桑意转浓。

外孙初生代为立言

浑沌纯真别帝寰,一声啼哭到人间。
千般景象何关我,百样面容谁笑颜?
来此方知娘奶好,从今不畏世途艰。
任她劳累由她爱,且享浮生幼日闲。

代孙女说话

哭声并不亚男孩,儿女都从天上来。
不解人间分贵贱,只知上帝共情怀。
月光静美饶诗意,水骨清纯远俗埃。
领取春晖春雨后,擎天我亦栋梁材。

人生的形上姿态

(一)

最爱人生形上姿,鹏跹蝶梦美如斯。
至人悟道能超器,本体无言胜有辞。
海上月明生慧境,天边云涌启心诗。
阳春白雪迎风唱,独立苍茫骋远思。

（二）

难得人生形上姿，鱼熊取舍总参差。
欲求至道常忘器，说到无言却费辞。
知海涨潮诗境渺，利源奔涌道心危。
星空仰望思无限，脚下泥潭竟未窥。

（三）

何谓人生形上姿？海天寥阔立多时。
器中求道方无累，意外忘言不费辞！
金谷紫宸终幻境，青山碧水最宜诗。
玉壶不倒冰心在，每向征尘作反思。

（四）

修炼人生形上姿，物情事理且沉思。
黄金系翼飞难进，紫绶羁魂事可悲！
出世心营经世业，无为道引有为时。
栽梅种菊灵台上，总有芬芳沁于诗。

夜登泰山玉皇顶待日出

石径连云上九重，夜凌绝顶亦豪雄。
眼前峰涌千重浪，耳畔松鸣万壑风。
人世灯光忙闪耀，云间星斗自从容。
日观峰上冲寒立，且待咸池浴六龙。

二〇〇七年

敬呈萧萐父老师（二首）

（一）
锦笺寄语到长安，德慧双峰期再攀。
乐向萧门称弟子，登楼遥拜珞珈山。

（二）
曾拜珞珈参道禅，诗情慧境两超然。
鬓霜更乞先生许，再沐春风二十年。

注：先生寄年卡来，以"德慧双馨"期许，读后感动不已，谨制小诗二首，略抒所怀，聊表寸衷。既向先生贺年，亦为先生祝寿。遥呈江皋，敬请教诲。

敬赠李锦全先生

砚磨渭水鬓双斑，梦翼常飞越秀山。
祝愿先生春不老，诗风慧雨满人间。

红宝石婚赠老伴（二首）

（一）
百年修得影成双，风雨同行到夕阳。
未做英雄宁气短，既为儿女且情长。
生涯碌碌怜君累，学海滔滔叹我忙。
永葆心如初约会，任他世道有沧桑。

（二）

云程千里鸟飞双，多少深情化夕阳。
学苑书声随意好，京华月影共诗长。
平生甘为文章累，老去乐帮儿女忙。
最喜孙孙传笑语，且忘世事又沧桑。

沧桑

月意花情俱渺茫，果然心境已沧桑。
高峰惯见云来去，大海任教浪激昂。
菊采东篱怀晋隐，梦随蝴蝶化蒙庄。
嫣红姹紫开过后，秋水长天共夕阳。

贺婚

情钟天地一知音，裁锦文章流水琴。
培李栽桃花共赏，欢欣谐韵月同吟。
乘鸾玉女箫声远，栖凤碧梧诗意深。
恰合双星今夜渡，鸡鸣风雨百年心。

贺《人文杂志》创刊五十周年

天心民命铸人文，播火传灯五十春。
百卷华章凝史慧，多番风雨炼精神。
文山采玉能雕凤，学海探珠贵绝尘。
今日秦川涛浪涌，笔虹再绘彩图新。

贺婚

军从细柳继高风,峰入云天映彩虹。
莉蕊兰心香共远,静湖明月意相通。
鸾翔碧水春风绿,凤舞苍山夕照红。
和奏人生行进曲,谐波汇涌大江东。

贺婚

凤舞鸾飞玉宇清,翔空比翼赴云程。
艳光映水春波缱,丽日依山夕照明。
结伴人生欣少累,婚姻根柢在多情。
大河浪远同舟渡,喜见林花夹岸迎。

二〇〇八年

赠书法家李正峰先生

凤骞龙翔意绝尘,笔花摇曳砚池春。
幽光狂慧无形象,境静心澄可取神。

忆童年

故园岁月总沉吟,逝水难摧梦境深。
割草归来牛共喜,坠巢补定燕重临。
天边云彩织童趣,灯下书声启稚心。
北望家山犹有待,清泉为我净尘襟。

故乡

郭后青山一脉斜,东坡西岭护农家。
涌金麦浪连天远,吐雪棉铃遍地花。

迤山中学同学聚会有赠

苍鬓衰颜喜再逢,称名犹忆昔年容。
同园桃李春风暖,历世情怀旧雨浓。
难阻韶光随逝水,且珍夕照映云峰。
举杯共祝人长健,心境升华更一重。

地震有感

2008年5月12日14时28分四川汶川地区发生8.0级大地震,死亡五万余人。其时,西安也被波及。人心悲愤,民心奋起,国心凝聚,救灾任重。5月19—21日为全国哀悼日。诗以记之。

(一)

惨剧唐山痛彻天,魂惊三十二年前。
中华今日重悲泣,泪雨滂沱吊汶川!

（二）

陆沉海啸命何轻，难得人间不了情。
浩气仁心充宇宙，每从绝处又逢生。

（三）

地震山崩日月荒，瞬间屋毁共人亡。
哀心沉重民魂振，自古国殇能兴邦。

儿子四十岁生日贺诗（四首）

（一）

生在京华长在秦，古城未锁少年心。
波涛粤海家千里，风雨秦山车一轮。
汶水漂流怀远志，贫村救困体真仁。
中天日月光辉正，更照灵台景象新。

（二）

辞别朝霞向晚霞，中年滋味午时茶。
波澜起处心能静，风雨袭来影不斜。
尘境常将诗境蔽，灵台总受物台压。
迷关打破方无惑，何必红轮逐艳华！

（三）

宇宙无穷生有涯，百年经眼暂时花。
淘金道大人难悟，护面霜多谁会搽？
不惑全凭迷梦觉，本真莫被乱云遮。
根基总在平凡处，柴米油盐酱醋茶。

（四）

白驹过隙浪推沙，百岁光阴一季花。
素面朝天心自若，良知处世乐无涯。
贵从凡境开诗境，莫教年华逐物华。
看破红尘方不惑，他人煮酒我烹茶！

贺婚

春水盈盈接海涯，芳缘千里系情槎。
黄花翠竹宜为友，平境常心即是家。
瑟韵清悠含道意，琴声旷远厌浮华。
和衷共奏人生曲，谐咏朝霞到晚霞。

芳草

千红万紫竞繁华，芳草情怀可胜花。
默默送人行远道，欣欣迎客到贫家。
水边原上生生意，雨后风前嫩嫩芽。
几被秋霜摧打尽，春来又见绿无涯。

诗感庄子（三十五首）

序诗

万里鹏图起海滨，八千岁月一轮春。
鹪鹩枝小巢犹稳，先圣经多迹已陈。
梦蝶鼓盆参物化，乐鱼亲鸟任天均。
南华向我开诗境，大美无言道最真。

(一)《逍遥游》

浪涌鹏骞势绝尘,蓬间斥鷃笑声频。
蟪蛄不解春秋意,樗木长生道路津。
巢占一枝眠亦稳,瓠容五石海无垠。
神人姑射乘云气,"万紫千红总是春"。

(二)《齐物论》

天籁无声人籁鸣,大言气盛小言争。
儒非墨是成心累,暮四朝三喜怒生。
槁木死灰吾丧我,天均物化道无名。
泰山毫末何须辩?栩栩庄周梦蝶情!

(三)《养生主》

合舞中音任刃游,庖丁绝技妙无俦。
道凭神遇目难见,督作经缘命可修。
知海茫茫舟力薄,金笼处处鸟心忧,
适来适去安时顺,薪尽火传归自由。

(四)《人间世》

利逐名争烈火燃,德衰人世道何传?
斋心虚室光生白,奋臂螳螂命自捐。
桃实多甘伤累累,栎材无用寿年年。
迷阳岂可妨吾步,乘物游心总适然。

(五)《德充符》

形残貌陋彼何人?德盛才全气若春。
松柏青青缘正命,镜光耿耿远微尘。
天刑桎梏谁能解?世累功名道愈贫。
生死存亡归一贯,情无喜怒惜精神!

（六）《大宗师》

无忧不梦息深深，寂寞真人体道心。
天地为炉工造化，江湖可乐任鱼吟。
茫茫太极超生死，朗朗朝阳彻古今。
见独坐忘尘垢外，咏诗编曲亦弹琴。

（七）《应帝王》

标经立度治民难，涉海凿河蚊负山。
纹豹捷猿招猎缚，呼牛称马自悠闲。
鸟游圹埌无何有，镜静心灵岂往还。
七日窍开浑沌死，人间从此失天颜！

（八）《骈拇》

漫从规矩定圆方，明剩聪多亦反常。
赴义奔仁虞舜乱，截长续短鹤凫伤。
蹩夷径异均妨性，臧谷途歧共失羊。
天下嚣嚣何事也？殉名死利日争忙。

（九）《马蹄》

骏马乘风任跃骞，一逢伯乐命多痻。
烙印剪毛编皂栈，饰铃结辔奋箠鞭。
圣行礼乐伤民性，天放群生到自然。
系兽羁禽游太古，哺含腹鼓视颠颠。

（十）《胠箧》

大盗公然小盗偷，窃仁窃义作诸侯。
圣人不死盗难止，礼法犹存乱岂休！
掊斗折衡焚玺契，灭文擢律毁绳钩。
山川日月精华在，多智从来是世疣。

（十一）《在宥》

寂寂神龙可现形，深深渊默起雷声。
人间有治民多患，天道无为物自生。
黄帝撄心千载乱，鸿蒙抱静九州平。
云凝雨落苍穹里，木茂花红大地情。

（十二）《天地》

道明德立启生途，荡荡洋洋境界殊。
奇矣园翁嘲器械，异哉象罔得玄珠。
帝乡何患华封祝，至治宜尊泰古图。
万事销亡天地乐，白云野鹿遍江湖。

（十三）《天道》

日月清辉照太空，静心若镜映无穷。
言难尽意书何贵？道以神传圣可终。
星列辰排光灿灿，云行雨施木葱葱。
忘仁弃礼均天下，人乐天和万物通。

（十四）《天运》

刍狗邈庐困六经，云龙偕变道无形。
雄鸣雌应听风化，世运时迁任物灵。
丑女效颦人尽厌，推船行陆圣何冥！
若当天下兼忘我，至乐咸池奏洞庭。

（十五）《刻意》

朝野江湖仅寄身，养形平世未超尘。
天行物化人生死，阴德阳波志屈伸。
宝剑锋藏无限用，流泉水静自然纯。
乐忧不入心恬淡，素朴虚无足养神。

（十六）《缮性》

万物阴阳共静和，群生质朴未消磨。
德衰天下淳风散，道丧民间智慧多。
轩冕寄身非得志，趋人失己总蹉跎。
知恬交养归初性，全乐心灵浴素波。

（十七）《秋水》

秋水灌河奔海来，海如天地掌中杯。
河犹炫己美无限，海自明知小若埃。
毫末丘山难定量，狸狌骏马各殊材。
观之以道贵犹贱，反衍相容物自裁。

（十八）《至乐》

生何庆幸死何伤？忧患俱来贵贱乡。
庄子鼓盆歌物化，介君生柳悟尘囊。
堪悲海鸟太牢酒，不弃髑髅南面王。
至乐无为天地象，蝶虫胥化妙机藏。

（十九）《达生》

至人守气最逍遥，弃事遗生物累消。
梓庆斋心精削镶，痀偻凝志善承蜩。
德全养就木鸡态，安性吟成蹈水谣。
忘足忘腰适屦带，灵台无桎道心昭。

（二十）《山木》

不材享寿不鸣烹，材不材间似可生。
贪得螳螂忘己性，无能意怠远功名。
丰狐警慎难逃网，美女自矜终失情。
去欲洗心游广漠，虚舟渡海碧澜平。

（二十一）《田子方》

莫拜儒林礼义门，天虚人貌性真淳。
持竿不钓堪为政，射箭临危有定魂。
哀莫哀兮心已死，乐何乐矣道犹存！
相因相反无终始，万变同归造化根。

（二十二）《知北游》

巍巍渺渺道难知，蝼蚁山河任所之。
原本性身非汝有，倏然腐朽化神奇。
白驹过隙生如瞬，皋壤游时乐复悲。
天地不言存大美，苍茫独立欲吟诗。

（二十三）《庚桑楚》

藏身深渺涤尘襟，鸟喜高飞鱼喜沉。
赤子无为全顺性，商人做梦也求金。
虚明道境消思虑，泰定天光照本心。
诚己独行幽显处，灵台有主物难侵。

（二十四）《徐无鬼》

迷途七圣苦寻津，襄野儿童指道真。
除害牧肥天下马，勿撄拯救世间民。
宜僚丸戏消兵祸，匠石斤风对郢人。
抱德炀和根本在，源头水涌大河新。

（二十五）《则阳》

触蛮蜗角起烽烟，故国丘林总畅然。
木石同坛山共载，天人异理道能全。
始萌寻擢终伤性，或使莫为俱有偏。
且立环中偕大化，美忘其美最堪怜。

（二十六）《外物》

忠何见信孝何祥？曾子伤悲箕子狂。
水待西江辙鲋死，竿投东海巨鳍扬。
龟灵惨遇刳肠祸，地大方容立足场。
万物无常难定准，南山独采菊花香。

（二十七）《寓言》

寓重卮言著妙篇，借他托古更遵天。
以言顺理何曾语？与物移情可尽年。
所可所然原固有，日新日出久相传。
续承演变无终始，造化如环道自旋。

（二十八）《让王》

松柏青青傲雪霜，穷通皆乐水云乡。
弃生殉物珠弹雀，致道忘心蝶梦庄。
夏葛冬裘行宇宙，春劳秋逸任沧桑。
宁珍一臂轻天下，君自称王我宰羊。

（二十九）《盗跖》

冲冠怒喝"丘来前"，巧伪甘辞罪岂蠲！
造语作言传孝悌，摇唇鼓舌惑人天。
首阳饿死殉名辈，涿鹿争开乱世篇。
宇宙无穷生有限，且乘骐骥乐流年。

（三十）《说剑》

泰山为刃燕谿锋，卫晋周韩尽铸镕。
四季持行风雨顺，两仪开合日星从。
浮云斩决无留影，地纪劈时难见踪。
匡正诸侯归一统，襟山带海气如龙。

（三十一）《渔父》

白发渔翁说道来："忧充天下乱难裁！
序伦饰礼殊多事，畏影狂奔是蠢材。
真性法天俗可化，精诚所至哭方哀。"
言终缓缓撑船去，水远波遥唤不回。

（三十二）《列御寇》

巧者多劳智者忧，飘然自泛水云舟。
屠龙技美终无用，舐痔功多最下流。
珠出九渊遭锻石，命亡太庙叹纹牛。
星辰日月殉吾葬，天地为棺死可休。

（三十三）《天下》

方术纷纭道术亡，百家一曲各称强。
本原遮蔽遗全体，内圣无明失外王。
大美神容终散乱，天人道德渐微茫。
可悲不见回归路，学子千秋哭故乡！

跋诗

跨越千秋访漆园，玄风慧雨感人天。
深闳缥缈鹏图远，玮丽谲奇蝶梦圆。
庄语已难明道意，精华最好入诗弦。
一支拙笔嚣尘外，吟到斜阳照渭川。

注："庄语"指庄重严肃的逻辑语言。见《天下篇》

悼念萧萐父先生

2008年9月28日下午6时收到武汉大学哲学学院寄来的萧萐父先生逝世讣告，而距先生仙逝已十一日矣！噩耗迟悉，悲痛尤甚。回思1980年秋拜识先生于珞珈山以来，每向先生请教，启我良多；每读先生大作，濡染良深。先生一代诗哲，通观儒释道，涵化中西印，气度恢宏，慧思超迈，光风霁月，独立苍茫，骊渊珠灿，杏坛才彦。今乘鹤西去，不胜震悼。长安秋夜，风雨潇潇，缅怀仪型，哀吟当哭。

哲坛星陨共悲歌，噩耗迟闻泪更多。
解蔽春风曾坐我，启蒙史慧导先河。
吹沙咏凤诗魂健，怀玉燃心意境峨。
天地长留风骨在，峨眉皓月洞庭波。

二〇〇九年

己丑年春节咏怀

（一）

逝水滔滔去不留，飞鸿踏雪又从头。
骋怀乐逐庄生马，俯首甘为孺子牛。
学海无涯书敢废！诗心未老鬓先秋。
世间岂有长春草，花落花开任自由。

（二）

安身立命意如何？无待金樽与绮罗。
学海扬帆寻慧境，诗舟载梦到星河。
情融春雨花千树，思入秋江月万波。
世路崎岖心路正，天涯何处不堪歌？

悼念郭云鹏老师

郭云鹏老师于2009年3月7日因心脏病遽然仙逝，实可痛矣！回忆与郭师交谊四十余年,共事三十余载,其学识人品,高风亮节,启我良多,感我至深。今驾鹤归西,人天远隔,岂不悲哉?招魂无语,谨以诗祭。

两袖清风远俗尘,碧云境界布衣身。
慧泉汲取凝风骨,经典融来阐道真。
立世仁心光耿耿,育人师德意谆谆。
平生风义兼师友,无语招魂泪满巾。

咏陈白沙

黄云紫水白沙村,静坐春台悟道门。
收拾吾心开宇宙,融通天地入灵根。
千秋瞬息谁真觉,六合微尘我最尊。
独立苍茫欣一笑,诗情慧境共絪缊。

题苟小泉《陈白沙哲学研究》

学林又见吐芳华,蹊径重寻访白沙。
体道体心原不碍,自然自得乐无涯。
风微月静天机在,鱼跃鸢飞诗境遐。
采菊东篱人已去,圭峰碧影至今斜。

怀念韩国金忠烈先生

　　金忠烈先生,乃韩国鸿儒,史慧哲思,光耀学林;书艺诗道,卓绝当代。先生曾多次来西安参加学术会议,促进了陕西关学与南冥学研究会的成立,推动了陕西学界对曹南冥与张载关学的研究,对中韩学术交流作出了巨大贡献,与陕西学人结下了深厚友谊。先生不幸于2008年春驾鹤归西，陕西学界不胜哀悼。今值先生周年忌日，仅以小诗二首祭奠先生亡灵，并以志交谊之情云尔！

（一）

学海交游识凤麟，鸿儒气象见真醇。
哲论史著承千载，书艺诗魂蕴一身。
道接南冥开慧境，思从关闽继精神。
秦川丽泽情犹在，遥望原州吊故人。

（二）

东亚文明古亦新，海东儒教有传人。
新罗学脉连华夏，圣道源流结善邻。
哲海通航智慧远，诗桥飞架友谊真。
南冥义理切磋日，更望仙魂降渭滨。

赞杨家将

铁马金戈命世雄，沙场百战见精忠。
威名雁塞风雷烈，碧血狼山夕照红。
三代捐躯关国运，四州收复补天功。
英魂激荡弦歌壮，唱彻千秋气贯虹。

题终南山观音禅院三面观音像

潺潺碧水绕青峦，绿静红飘春色阑。
伫立峰头观世象，心音起处有悲欢。

游终南山观音禅院

日照群峰碧，观音立翠峦。
潺潺流水静，寂寂落花残。
人散香犹绕，林幽鸟自欢。
遥观山石径，曲折入云端。

悼七兄

七兄福恒于2009年5月19日夜11时10分因心脏病遽然在家中辞世，终年79岁。夜半去吊，见兄静卧于沙发，仪容安详平和，似睡去。余欲唤而未敢出声，怕惊兄梦，唯抑泪入心而流。5月21日，行遗体告别仪式，6月15日安葬骨灰于凤栖山公墓。自兄逝之日，即有诗悼之意，反复吟唁，难以成篇。今得之，仍未尽意。

容态安详睡未醒，遽然离去倍伤情。
学徒岁月艰辛甚，报国生涯名利轻。[1]
桑梓探亲行孝义，京华聚会列群英。[2]
天人漫道从今隔，耳畔时闻唤弟声。

注：[1]兄十四岁赴西安茂记印刷厂当学徒。中华人民共和国成立初（20岁）参加革命工作。[2]1959年10月26日七兄出席全国工业交通运输基本建设财贸方面先进集体和先进生产者代表大会（群英会）为主席团成员之一。

挽七兄联

出身于工人，投身于工会，献身于工业，忘我工作留青史。
立世以正直，处世以正道，济世以正义，光明正大见精神。

丝绸之路记游诗

2009年7月22日至29日，与家人有丝路驾车之旅，自西安起，沿河西走廊西行，中经平凉、兰州、武威、张掖、酒泉，至敦煌而止。归途又经天水。往来途中游览风景名胜，参观文物古迹，略有所感，记之以诗，不计工拙，聊以咏怀。今以旅次为序，得十二首。

（一）登平凉崆峒山

轩辕问道处，缥缈白云峰。
苍翠松悬壁，嶙峋石化龙。
帝王寻鹤洞，墨客咏仙踪。
斗照天门上，登临路几重？

（二）过兰州

黄河滚滚向东流，两岸青山两岸楼。
十道虹桥跨南北，一川灯火照春秋。
母亲有乳儿孙健，大地多情果木稠。
尝罢白兰瓜一个，长留蜜意在心头。

（三）咏酒泉

将军留胜迹，美酒涌如泉。
去国三千里，成功一万年。
雪山银脉静，瀚海宝珠妍。
杯赞夜光美，开怀醉紫烟。

（四）游鸣沙山月牙泉

浩茫瀚海蕴清泉，绿水盈盈玉半环。
冉冉斜阳含醉意，苍苍古柳驻春颜。
驼铃去远声留韵，风暴扬沙月尚弯。
天地无私开妙境，好从山水悟禅关。

（五）游敦煌莫高窟

雕崖画壁历风烟，佛国人寰景万千。
菩萨勤修心上果，农夫力垦雨中田。
自由最爱飞天舞，智慧真如渡海船。
浩劫何须常洒泪？凤凰浴火火生莲。

注：修行、农耕、飞天、海船诸景象皆壁画所绘。

（六）暮登嘉峪关城楼

落日苍茫瀚海深，祁连山色暮沉沉。
楼头鸟影穿云阵，塞上风声杂鼓音。
丝路雄关商旅梦，长城烽火士兵心。
金戈铁马消亡后，留得巍城证古今。

（七）游张掖大佛寺

江山容佛睡，天地任人游。
大梦消千虑，平生感百忧。
涅槃通圣境，欲海阻莲舟。
丝路多花雨，沾身香自留！

注：大佛为睡佛。

（八）登天水卦台山

渭水回环绕翠台，山川太极画图开。
羲皇取象通天道，龙马腾云动地来。
一画灿然光宇宙，千秋难以悟神裁。
灵根好在勤珍护，莫再摧残复又栽！

（九）谒天水伏羲庙

史影羲皇事渺茫，巍峨庙宇接洪荒。
乾坤有象观龙马，琴瑟多弦引凤凰。
渔网炊烟红日丽，俪皮纳彩礼花香。
千秋祭祀光辉远，太昊精魂是太阳。

注：八卦、琴瑟、结网、治庖、俪皮纳礼皆伏羲所创。伏羲称太昊，实乃太阳神也。

（十）游天水南郭寺

清泉寒凛冽，古树绿苍茫。
佛殿香烟少，石碑诗味长。
山高云自变，市远鸟空翔。
衰飒秦州路，少陵添鬓霜。

注：旅秦州四年乃杜甫一生最艰苦的时期。

（十一）登天水麦积山

大佛悠然立峭崖，天高地迥望无涯。
森森松盖云飞渡，曲曲岩梯鸟影斜。
二百石龛呈法相，千秋信众献心花。
孤峰已下重回首，万座莲台笑晚霞。

（十二）游天水仙人崖

石磴通幽境，林峦接碧霄。
水邀山共绿，云约鸟同飘。
翠嶂围明镜，斜阳护小桥。
沐风湖畔过，犹想见渔樵。

祝李锦全先生八十华诞

我与李锦全先生结识有年，对先生的道德文章、学术人格仰慕不已，钦佩有加，故不仅视之为友，而总是尊之若师。二十多年来，对先生的指导、启迪、帮助，念之动情，铭之在心。虽有秦山、岭南之隔；渭水、珠江之遥，仍常常有春树暮云之思。2006年欣逢先生八十华诞，中山大学哲学系拟编纪念文集，来函约稿，回想与先生的学术交谊，感受良多。仅以小诗纪之，权且作为向先生祝寿之辞。

（一）

日照东湖荡碧波，珞珈访学启思多。

岭南汉上凝诗慧，共谱"螺旋"一曲歌。

注：1980年秋冬我访学进修于武汉大学，时萧萐父与李锦全二先生主编的《中国哲学史》教材正在武汉大学统稿。该书旨在探索中国哲学史之螺旋形发展规律。此乃认识李锦全先生之始。

（二）

大均造物本无私，千古浔阳有哲思。

多谢先生飞慧雨，门前五柳展新姿。

注：1980年10月13—19日，中国无神论学术研讨会在武汉水运学院召开，我与李先生皆与会，并拜读先生为会议提供的论文《陶渊明无神论思想试探》。后数年，先生以《陶潜评传》全面深入地阐发了陶渊明哲学思想。

（三）

羊城重聚理宏篇，镇海楼头共倚栏。

南国哲园花事好，苍松翠竹护春兰。

注：1987年2月16—20日我赴中山大学参加《中国哲学史》教材修订座谈会，再次与先生、萧公及吴熙钊、张军夫诸先生相遇。时先生正任中山大学哲学系主任，中山大学已获得中国哲学史博士学位授予权，招中国哲学史博士生、硕士生多名。

（四）

笔耕渭水探骊龙，磨剑三年初见功。

燕石陋株谁点缀，增辉遥拜岭南风。

注：1991年我的专著《中国传统哲学价值论》由陕西人民出版社出版，1992年初先生即为拙著撰写书评，发表于《哲学动态》1992年第5期。

(五)

学海茫茫众浪呼,秦川千里月轮孤。

散樗喜得南风力,忝列儒林好著书。

注:1992年10月,先生特意推荐我为《中国儒学百科全书》一书撰稿。该书于1997年3月由中国大百科全书出版社出版。

(六)

二曲精魂死不孤,知音粤海有鸿儒。

唐宫汉苑经玄点,化雨春风孕哲珠。

注:1996年9月我在西安主持筹办李二曲学术研讨会,并邀请李锦全先生光临,承蒙应允,并提供论文《下学上达 坐言起行——兼论李二曲学术思想的历史地位》。我陪先生游览兵马俑、大雁塔、兴庆公园、西安城墙等名胜古迹,请先生为哲学硕士研究生作学术报告。

(七)

珠还赤县喜同游,影摄香江碧水流。

开出龙魂新意境,慧光耿耿耀寰球。

注:1998年12月去香港参加"中华文化与二十一世纪国际学术研讨会",幸与先生、萧公相遇,会间多有叙谈,并摄影留念。

(八)

五洲哲士聚京华,衡道参儒辩百家。

最忆先生诗笔健,瑶章赋就锦添花。

注:2001年7月在北京参加第十二届国际中国哲学大会,先生即以会议主题"中国哲学与二十一世纪文明走向"十四字为首字,吟诗言志,以为祝贺。会间曾与先生夜谈良久。

(九)

史慧诗情总擅长,参今考古历沧桑。

贯通儒道百家义,重建人文谱伟章。

注：先生文、史、哲、诗皆通，还从事过考古工作。治学以"博而后约""杂中求专"为法，运思以"矛盾融合、承传创新"为则。著有《陶潜评传》《海瑞评传》《人文精神的承传与重建》大著多部。

十

鱼跃鸢飞法自然，相知学海亦随缘。
且将春树暮云意，化作南山东海篇。

注：先生硕果累累，桃李满园，誉驰哲坛，但对世俗功利总是淡然处之，从不以虚名浮誉为喜。其淡泊为人、旷达处世、宽厚待友的人生之道，深得先哲"道法自然"之旨。今逢先生八十华诞之际，仅以"春树暮云"之纪事小诗，姑为"南山东海"之祝寿贺辞。

悼季羡林任继愈二先生

吹沙琢玉铸民魂，绘就神州五彩云。
季老任公同日去，长天风雨哭斯文。

注：2009年7月11日4时30分，北京医院，93岁的任继愈先生仙逝；4个半小时后，在北京301医院，98岁的季羡林先生驾鹤西去。

柞水盘谷山庄即景

绿裹山峦碧染秋，葱茏玉树抱红楼。
白云散尽青天出，千缕斜阳入水流。

谒白水仓颉庙

鸿蒙画破鬼神惊，仓颉千秋万岁名。
鸟迹兽远饶想象，天心人事总关情。
聪明本自文章始，进步还由书契生。
纪事长绳沉史海，峥嵘古柏啸秋声。

祝沈兆禄老师七五大寿

花月迤山逐逝川，书声炉火两茫然。①
寸心总念师恩在，衰鬓难忘桃李缘。
化雨春风怀昨日，南山东海祝来年。②
古稀过后夕阳好，欣见苍松笑晚烟。

注：①"炉火"指 1958 年在学校立炉炼钢。②"南山东海"谓"寿比南山，福如东海"。

二〇一〇年

落花

一夜西风气势骄，漫天红雨带香飘。
芳园倏见朱成碧，逝水狂催春退潮。
燕舞莺歌欢昨日，蜂愁蝶梦怨今朝。
可悲尘海人依旧，美酒华灯又彻宵。

犹忆

犹忆南郊春意阑，沐风披月步娴娴。
可怜无限缠绵意，只在深情相望间。
三载诗心随燕影，一林碧树梦家山。
倘来当日偕行处，记否田边路几弯？

花开

好雨无声润物来，万花一夜绽春蕾。
明知终落狂风里，仍向阳光照处开。

（2010 春）

元夜登西安城墙观灯

东风吹我动豪情，登上长安百尺城。
耀眼华灯呈异彩，振心鼓乐奏春声。
龙腾虎跃金光动，蝶舞花旋玉树明。
今夜星河流大地，悬天月镜自孤清。

玉兰花

劲干高擎碧玉觞，微寒天气吐芬芳。
冰容寂寞春心冷，不与桃花争艳阳。

贺《陕西师范大学学报》创刊 50 周年

师魂铸就铸人魂，大道深闳贵细论。
学苑华章呈锦绣，报春兰蕙有灵根。
五洲硕彦宏文聚，十载佳名典范存。
周礼唐诗薪火盛，年年光彩耀乾坤。

忆 1960 年初至西安

我自家乡到古城，城乡情景叠相生。
城南雁塔天边立，村外云山雨后明。
兰苑芬芳怀燕侣，柏林苍翠忆诗声。
迤山月共长安月，两处清辉一样情。

忆少年时秋晨犁地

月落晨风冷，霜寒热汗流。
老牛怜主苦，蹄奋走犁沟。

游寒窑遗址公园

亭台如画柳如烟，碧水小桥松竹连。
三姐重来应叹喟，贞心空付已千年。

落红（新韵）

怨雨愁风欲护春，落红终竟萎香尘。
珠凝恨海千秋泪，月是情天一颗心。
梦蝶庄生超物我，见山陶令合天人。
滔滔逝水无头尾，祇见新痕掩旧痕。

落花

紫坠红飘共化尘,当时各自有青春。
滔滔逝水流何处?碌碌生涯老此身。
天地运行遵大道,沧桑演变蕴精神。
桃源本是心中景,可笑渔郎苦问津。

若得

若得浮生数日闲,烟云草树尽宜耽。
林深鸟语多成韵,寺远钟声最可参。
饮酒无朋邀李四,赏花迷路问张三。
吟诗正赞夕阳好,一抹红霞落碧潭。

登长白山遇风雨大雾观天池未果

千重石磴上云峰,雨猛风狂雾气浓。
难识天池真面目,且参林海大从容。
苍茫绿映雪千载,浩荡红开花万重。
荣悴炎凉经历遍,生机无限化葱茏。

祝贺首届长安佛教国际学术会文集出版

雁塔巍巍壮帝乡,长安自古盛慈航。
喜看法露凝春雨,滋润人间百卉芳。

岁月

岁月嚣尘损盛颜，当年丰采化风烟。
枝凋叶落树犹此，发白体衰人亦然。
善醉何须花下饮，芳图留向梦中圆。
夕阳沉落朝阳起，依旧红霞映逝川。

奉和叶嘉莹先生《读双照楼诗词稿》

冰壶月镜映兰襟，感发诗人千古心。
渡尽劫波饶慧解，旧林深处辨鸣禽。

附：读双照楼诗词稿　叶嘉莹
曾将薪釜喻初襟，举世凭谁证此心。
未择高原桑枑植，怜他千古作冤禽。

台湾纪行

2010年9月13日至20日，参加由省代表团赴中国台湾开展"陕西周"活动，沿途成诗十首，以纪观感。

（一）台北中山纪念馆

殿宇巍峨岁月流，先生日望最高楼。
帝尘落定百年后，鹏翼凌云展未休。

注：台北中山纪念馆位于台北市仁爱路四段，于1959年筹建，落成于1961年5月，是为纪念孙中山先生百年诞辰而兴建的。为仿中国宫殿式建筑，巍峨雄伟。黄色屋顶翘角像大鹏展翼的形状。馆外有中山公园环绕，还有九曲桥、池塘、假山、柳树等景色点缀。可望见台北最高楼101摩天大楼。

（二）台北故宫博物院

广厦巍堂傍翠峰，物华国宝灿星空。

玉龙漂泊未归海，暂把行宫作故宫。

注：台北故宫博物院，坐落在台北市基隆河北岸士林区外双溪，始建于1962年，1965年夏落成，中国宫殿式建筑，共4层，白墙绿瓦，气势宏伟，庄重典雅。院内收藏有自北平故宫博物院及沈阳故宫、热河行宫运到中国台湾的24万余件文物，所藏的商周青铜器，历代的玉器、陶瓷、古籍文献、名画碑帖等皆为稀世之珍。)

（三）日月潭

波光浩淼绿珠涵，绕岸青山蔚翠岚。

古寺钟声林际出，慈恩塔影落深潭。

注：日月潭位于阿里山以北，是中国台湾最大的天然淡水湖泊，中国台湾八大景之一。日月潭中有一小岛，远望好像浮在水面上的一颗珠子，名"珠子屿"。环湖皆山，重峦叠峰，郁郁苍苍。潭南青龙山麓有玄奘寺，玄奘寺后的青龙山巅，有蒋介石为了怀念母亲而建的一座高九层的"慈恩塔"。

（四）阿里山森林游乐区

苍茫绿海英雄树，潋滟双潭姊妹花。

神木知心唯夕照，人间谁共话生涯？

注：阿里山森林游乐区是中国台湾省的著名旅游风景区，位于中国台湾省嘉义市东方75千米，地处海拔2000公尺以上，总计面积高达1400公顷。由于山区气候温和，清爽宜人，林木葱翠，是全台湾最理想的避暑胜地，有"台湾森林的宝库"之称。树龄超过千年的巨木特多，有"阿里山神木"之称的红桧巨木，即超出三千年以上。姊妹潭是林区内两个邻近湖泊，相传有两位山地女孩在此双双殉情，故后人称姊妹潭。

（五）阿里山邹族旅游村

衣是彩云容是花，高山儿女捧新茶。

一支迎客原生舞，跳动心田万缕霞。

注：阿里山邹族旅游村是邹族男女青年创办的旅游景点，仿邹族原部落村舍，在茶山上设茶社、族馆、餐厅、演艺广场，表演茶道和邹族原生态歌舞，游客可采茶、游乐、看民族文艺表演。

（六）中台禅寺

寺在青山佛在楼，巍峨法相曜高秋。

菩提纵是凌云树，悟道终归靠自修。

注：中台禅寺位于中国台湾省南投县埔里镇一新里，由惟觉老和尚住持，于1994年创建，外观融中西工法，整个建筑庄严宏伟，如金字塔形，寺顶高耸壮观，凌云摩空。

（七）台南赤嵌楼

蹈海驱夷绝代功，金戈铁马忆英雄。

登临赤嵌楼头望，两岸青山一道虹。

注：赤嵌楼在台南市中区民族路上，原称普罗民遮城，为荷兰人窃据中国台湾时，所建的一座海上城堡。因城楼砖瓦均为红色，又叫"赤嵌楼"。1661年，郑成功攻入台湾，以此楼为指挥部，征讨荷兰侵略军，尽复中国台湾失地。楼内陈列着荷兰人投降的条约书，以及郑成功与荷军作战的海图等珍贵历史资料。赤嵌楼濒临大海，红色的砖墙在夕阳的西照下，如吐红霞，与海水波光辉映，人称"赤嵌夕照"。

（八）台南大天后宫

观象听潮智绝尘，狂澜救厄海生春。

辉煌香火千秋祭，我自无言拜女神。

注："妈祖"原为北宋时福建湄洲岛林氏女，出生时不会啼哭，故名林默。长大后寡言少语，但悟性极高。善于观星象、听潮音、医疾病、救海难，年28岁身亡。因多行善事被尊为海神，人称"妈祖"，建庙奉

祀。台南妈祖庙"大天后宫"位于台南市永福路九巷，清康熙二十二年（1683），靖海侯施琅奏请改建宁靖王府为大天后宫。是全台湾最早的"官建"妈祖庙。妈祖由原来的"天妃"升为"天后"，是从这座庙受敕封开始的，因此可以说是全国第一座"天后庙"。庙宇堂皇壮观，信徒众多，香火鼎盛。

（九）佛光山

金光万丈照尘寰，高接星云远引山。

佛国钟鸣莲露动，普天花雨落人间。

注：佛光山位于高雄县大树乡东北区，是中外闻名的佛教圣地，有"南台佛都"之号。寺院规模宏大，崇伟肃穆，庄严神圣。大佛城中接引大佛高36.576米，在阳光照射下反射出万道金光，四周有480尊小型金身阿弥陀佛塑像围绕，景象庄严。为中国台湾信众最多、最负盛名的佛教圣地。

（十）高雄港

桅杆林立彩旗飘，品字高楼映碧霄。

浪涌轮移山影动，一声长笛海天遥。

注：高雄港位于高雄市，是中国台湾南部最重要的商港，也是中国台湾最大的港口，属大型综合性港口。高雄港设在中国台湾海峡南口的高雄湾内。高雄湾形状酷似一只口袋，湾内港阔水深，风平浪静，高雄港第二港口的港嘴左右两侧，伫立着两座"品"字形状的信号台，亦为高雄港的一大特色。

咏孔

逝者如斯叹巨川，获麟绝笔越千年。

从心所欲矩犹在，入海乘桴气浩然。

沂水春风吾与点，杏坛木铎道承天。

老来无复周公梦，富贵浮云且抚弦。

七十自寿

（一）

镜里倏然两鬓丝，半缘哲理半缘诗。
春风不送黄粱梦，旧稿犹存红豆词。
心海波涛通宇宙，胸间块垒种兰芝。
平生无意英雄业，乐在书林占一枝。

（二）

生在尘寰觅出尘，茫茫慧海好栖身。
心中地籁连天籁，眼里情人是美人。[1]
烈火生莲含妙谛，[2]澄江漾月见精神。
游鱼自饮河池水，不向他人说苦辛。

注：[1]俗语云"情人眼里出西施"，借以比喻热爱的事业即美好的事业。[2]火中生莲，比喻虽身处烦恼中而能得到解脱，达到清凉境界。源出佛教《维摩诘经·佛道品》："火中生莲华，是可谓稀有，在欲而行禅，稀有亦如是。"谓火中生莲是难得的，在有欲的世间行禅亦是难得的。

（三）

心有桃源作故乡，结庐人境守孤芳。
春花秋月情无限，淡饭粗茶味最长。
壁上图书增慧解，窗前鸟语悟诗章。
问津本属渔郎事，溪水何曾邀野航？

（四）

生涯碌碌欲何求，学海书山可畅游。
旖旎情怀春燕影，悠扬意绪水云舟。
诗中风起浮黄鹤，梦里波来送白鸥。
为教灵台无黯障，青天有月便登楼。

（五）

鸿迹未逾翰墨林，哲泉如瀑洗尘襟。
吹沙琢玉乐寻道，培李栽桃苦用心。
玄圃蕙兰香愈远，诗园花月境幽深。
从心所欲矩犹在，流水高山托素琴。

（六）

人生风雨几春秋，最贵灵魂有自由。
花木葱茏舒倦眼，山河壮丽畅神游。
寸心勇释千重惑，一卷沉吟万古愁。
慧境升华无止境，夕阳影里仰高楼。

（七）

星河渺渺望无垠，浮世千秋一瞬辰。
寡欲人生终少累，多情气象即为春。
窗前绿草生生意，海上仙楼幻幻津。
巨浪滔天原是水，晚霞散后又清晨。

敬和赵师馥洁七十自寿（七首）

钟锦

（一）

诗哲何尝隔一丝，[①]师情如哲慧如诗。
从心显尽圆融境，信手挥成绝妙词。
著论五车通圣证，育才九畹遍玄芝。
胸中元气原无尽，生意年年满旧枝。

注：①时下学派每好言哲学与诗学如寇雠。

（二）

庠序诸生仰路尘，长安市上一儒身。
尽知中学兼西学，谁识诗人是哲人。
孟子先存浩然气，庄生遥寄邈姑神。
不逾规矩从心欲，气象得来何苦辛。

（三）

每在天涯忆故乡，吾师语默总芬芳。
及门兼爱存同异，外道非攻泯短长。
几辈狂狷知愧疚，一时顽艳感文章。
更从明月东天望，海外归心系远航。①

注：①师七十寿诞，弟子客居温哥华。

（四）

君子何尝馁禄求，为耕为学自优游。
圣贤志壮凌云笔，仕宦情衰逆水舟。
栩栩人间虚梦蝶，飘飘海上不惊鸥。
明朝心再无逾矩，处处澄明月满楼。

（五）

挂冠设帐乐书林，独善何妨兼济襟。
活国不须治治世，①正身自必中中心。②
千年绝学渊源久，万世太平忧患深。
莫道哲人惟寂寞，知音相待托鸣琴。

注：①前一治，平声，治理也；后一治，仄声，太平也。②前一中，仄声，射中也；后一中，平声，当中也。

（六）

韶华屈指廿春秋，频忆当时不自由。
书肆为僮伶落拓，忘年做客忝交游。
携来入室登堂后，扫尽千秋万古愁。
今日远从天际望，迎风上到最高楼。

（七）

从师学道指迷津，才向遥天认北辰。
长愧授传添白发，徒悲老大掷青春。
年时预为先生寿，①岁尽犹增弟子新。②
桃李缤纷多盛日，叮咛后学趁清晨。

注：①弟子去国前，知师七十寿诞不及归来，乃预贺寿诞，时元日方过。②每岁之末，正新考生应试时也。

与钟锦酝酿改拙诗"幻幻云"出韵有感

出群孤雁任参差，人本无全何况诗。
天地未销逾轨事，师生苦酿幻云词。
醉翁菊酒怀嵩日，苏子田庐退隐时。
守矩从心难并美，情长笛短且横吹。

注：王力《汉语诗律学》云：以平水韵则之，欧阳修《怀嵩楼新开南轩》中"昔年曾此感怀嵩"、苏轼《傅尧俞济源草堂》中"老罢方寻退隐庐"皆出韵。

读张载《正蒙》

千秋太白雪摩空,丽日昭天仰《正蒙》。①
培植根株明圣道,充荣枝叶待人功。②
民胞物与仁辉远,存顺没宁生意融。③
心境合天原不碍,④冰凝水释性相通。⑤

注:①王夫之《张子正蒙注·序论》曰:张子之学"如皎日丽天,无幽不烛"。②苏炳《正蒙序》引张子言曰:"吾之作是书也,譬如枯株,根本枝叶,无不悉备,充荣之者,其在人功而已。"③《正蒙·乾称篇》云:"民,吾同胞;物,吾与也。"又云:"存,吾顺事;没,吾宁也。"④《正蒙·大心篇》云:"大其心则能体天下之物,物有未体,则心为有外。……天大无外,故有外之心不足以合天心。"⑤《正蒙·诚明篇》云:"天性在人,正犹水性之在冰,凝释虽异,为物一也。"

二〇一一年

游大唐不夜城有感

长安胜迹久微茫,盛世依然颂大唐。
声电霓虹营气象,铜雕玉琢展华章。
曲江月照盈盈水,雁塔灯开耿耿光。
火树银花今古夜,游人一样竞时妆。

辛卯春节致谢王树人先生

辛卯春节王树人先生以咏茶诗、祝寿诗为赠,吟后感慨系之。谨成拙句致谢。

　　　　玉兔开春初复阳，京华老友赠华章。
　　　　吟茶境化庄禅意，贺寿情涵智慧光。
　　　　学贯中西饶妙悟，心融诗哲最芬芳。
　　　　蓬莱一握先生手，留得兰馨满袖香。

　　注：1991年在烟台"中华民族精神学术研讨会"期间与王树人先生初识。至今二十年矣。

题李勇著《生命的容颜》

　　　　文情理趣共氤氲，生命容颜画卷新。
　　　　沉醉春江花月夜，静观松柏岁寒身。
　　　　澄怀味象神思远，诗意栖居大地春。
　　　　境界升华超物我，灵光一片映天人。

题李明《现代新儒家人生境界研究》

　　　　返本开新一代儒，人生境界绘蓝图。
　　　　"合天""成圣"宗风共，"觉解""心通"路径殊。
　　　　奥义探来凝史慧，哲泉汲取注心湖。
　　　　十年学海辛勤甚，采得骊龙璀璨珠。

忽忆

　　　　沙尘万丈袭高楼，震耳车声似瀑流。
　　　　忽忆家山秋雨后，夜凉如水月如钩。

月夜

青天净涤尘，孤月挂高岑。
明镜分花影，清光淡我心。
风来叶有韵，泉涌石鸣琴。
独立望琼宇，悠悠思故人。

贺婚

普天难得一知音，春鸟嘤鸣感古今。
慧海偕航风送棹，芸窗共读月盈襟。
松依峻岭迎寒雨，萝向高林展素心。
携手云楼尘俗外，倚栏合听伯牙琴。

访李雪木先生太白山隐居处

层峦叠翠隔红尘，石骨嶙峋涧水深。
霭霭白云堪结友，交交黄鸟最知音。
溪浮檞叶流清韵，月傍松林鉴素心。
雨打风摧陵谷变，依然气象耀高岑。

蓝田辋川记游（四首）

（一）

蓝田未见玉生烟，莲动竹喧更杳然。
一自诗人归去后，辋川寂寞已千年。

注：唐李商隐诗《锦瑟》云："沧海月明珠有泪，蓝田日暖玉生

烟。"唐王维《山居秋暝》诗云："竹喧归浣女，莲动下渔舟。"

（二）

凌云风月自无边，锡水神奇别有天。

形象因人观变异，虚心可蕴景三千！

注：凌云、锡水为蓝田二溶洞。凌云洞内有"虫二"二字，象喻"风月无边"之意。

（三）

水穷云起费追攀，明月幽篁境已悭。

千古诗魂何处在？苍繁银杏对青山。

注：王维《终南别业》诗云："行到水穷处，坐看云起时。"《竹里馆》诗云："独坐幽篁里，弹琴复长啸。林深人不知，明月来相照。"王维手植银杏树在辋川乡白沙坪村。

（四）

虽登云洞未成仙，依旧尘踪印草烟。

学子三人陪杖履，春风沂水且随缘。

注：2011年6月14日携夫人与学生李明、刘伟鹏、陈文捷三人共游辋川。《论语·先进》云："暮春者，春服既成。冠者五六人，童子六七人，浴乎沂，风乎舞雩，咏而归。"夫子"喟然叹曰：'吾与点也！'"

送陈文捷硕士毕业回青海

琢玉吹沙七载途，探来慧海夜明珠。

从今免受俗尘蔽，水骨冰心青海湖。

注：唐刘禹锡《浪淘沙词》云："千淘万漉虽辛苦，吹尽狂沙始到金。"《红楼梦》云："女儿是水做的骨肉。"唐王昌龄《芙蓉楼送辛渐》诗云："洛阳亲友如相问，一片冰心在玉壶。"

送张磊赴华东师范大学攻读博士学位

三年辛苦採珠忙，又挂云帆启远航。
关学渊深多肃谨，淞江灵动欠端庄。
融通众派波澜淼，扬弃糟糠醴酒香。
玄圃耕耘吾已老，唯期兰蕙报芬芳。

塞北行（十首）

（一）鄂尔多斯成吉思汗陵

铁马云雕捲朔风，刀弓事业铸英雄。
战魂驰骋欧非亚，空冢孤依夕照红。

（二）神木红碱淖

碧水粼粼泛细波，昭君信有泪珠多。
飞舟激浪千年后，谁解琵琶忧怨歌？

注：传说王昭君赴匈奴曾经此地泪流成雨，雨集成湖。

（三）神木杏花滩公园范仲淹雕像

先忧后乐岳阳楼，落日孤城塞下秋。
千古文章凝浩气，江山人物共风流。

注：范仲淹曾在神木填"塞下秋来风景异"一词。

（四）神木杨继业广场雕像

凌空跃马向边关，热血奔腾剑气寒。
留得英雄风骨在，麟州长耀一寸丹。

（五）神木二郎山

蜿蜒陡峭势巍峨，香火群神共享多。
问运求官人散后，静影长留窟野河。

注：二郎山在窟野河边。

（六）神木杏花滩

杏花濯雨景无痕，断壁残崖字半存。
草木丛中泉水隐，默然凭吊帝王魂。

注：清康熙帝曾过访此地，并题诗。

（七）神木云台山

摩云踩浪耸烟萝，神殿仙桥胜事多，
最念将军风雪夜，红旗漫卷渡黄河。

注：刘志丹曾由此地东渡黄河抗日。

（八）佳县白云山

庙宇庄严静俗氛，神灵应验久传闻。
扶桑有日终能出，何必求签问白云！

（九）榆林镇北台

万里长城第一台，登临四望画图开。
黄沙铁骑今何见？绿树红楼扑面来。

（十）榆林红石峡

赤壁雄奇峙两涯，清溪翠柳映银沙。
石龛似有神龙出，舞动悬崖字字华。

注：红石峡保存大量书法石刻。

流光

流光送我到斜阳，花月逶山叹渺茫。
愁立柏林人寂寞，痴传红豆燕彷徨。
诗舟载梦漂何处？彩笔含情写几章？
退日回春俱妄念，孤心唯剩咏沧桑。

送孙女赴加拿大读书

从今音信隔重洋，笑语书声只梦乡。
欲送曲江花作伴，拟邀秦岭月同翔。
故园砥砺堪磨踵，异国冰霜也冷肠。
天地多情酬大勇，梅花何处不芳芬？

题郭明俊著《儒家价值的普世意义》

云飞浪涌任西东，四海人心道有同。
仁爱情怀千古颂，和谐境界万邦崇。
生生不已春无限，息息相关义可通。
会得儒家真意蕴，全球何处不薰风？

贺宝鸡文理学院横渠书院成立

千秋太白雪峥嵘，一代鸿儒启正蒙。
体物体天情浩大，立心立命志恢宏。
修黉重续传薪火，学脉遥承化育功。
会得民胞物与义，春风绿遍海西东。

注：①《正蒙·大心》："大其心，则能体天下之物，物有未体，则心为有外。……有外之心，不足以合天心。"《正蒙·诚明》："所谓天理也者，能悦诸心，能通天下之志之理也。"②《正蒙·乾称上》："民，吾同胞；物，吾与也。"③《语录》："为天地立心，为生民立命，为往圣继绝学，为万世开太平。"

二〇一二年

龙年抒怀（二首）

光阴驹隙去匆匆，世事泥痕印邈鸿。
待兔已无株可守，画龙且任笔生风。
情钟慧海心帆远，诗出灵台尘象空。
忍见繁华嚣浪里，沉浮酒绿与灯红。

咏龙

潜海腾空跃紫宸，御天载日耀金鳞。
融通众象成奇象，管领云神共雨神。
宝剑鲤鱼均可化，帝王人子拟同伦。
叶公纵是失魂者，不碍承传有后人。

题徐悲鸿国画《泰戈尔像》

阅尽沧桑断俗缘，欲回天地入诗篇。
霜髯鹤发春光里，明月如心印万川。

题英国米莱斯油画《新鲜的鲱鱼》

明眸秀发远浮华，海气清寒夕照斜。
今日鲜鱼无处卖，绿荫独坐望天涯。

贺婚

亚绿深红织彩霞，铭心刻骨记情槎。
赵家有女心如玉，夏日多情叶胜花。
凤咏千声常恋友，鸾翔万里不忘家。
和衷风雨长征路，谐度云涯并海涯。

访南阳卧龙冈

碧水盈盈古木疏，先生于此乐耕锄。
庙堂纵有千金禄，不及南阳一草庐。

谒南阳医圣祠

芍药花开满院香，千秋仁术拜南阳。
救民救世心无异，一样春风百卉芳。

参观礼泉袁家村关中印象

纺车石磨耙犁耧，布米茶盐酱醋油。
如此风情成夕照，滔滔渭水只东流。

游彬县大佛寺

雍容肃穆对尘寰，过眼烟云一笑间。
历尽劫波仍自在，①佛心原本是青山。

注：①"自在"谓进退无碍，心离烦恼。出自《法华经·五百弟子受记品》："复闻诸佛有大自在神通之力。"后多用指自由自在、无挂无碍、超凡脱俗的境界。

咏情

芳草天涯路，人间儿女情。
魂消蝴蝶梦，血染杜鹃声。
明月思千里，银河隔两星。
此生无命享，犹愿托来生。

祝贺陕西省佛教协会成立50周年暨中日邦交正常化40周年

雁塔巍峨壮帝乡，长安自古盛慈航。
茫茫慧海分宗派，杳杳钟声渡扶桑。
莲座当年花有泪，菩提今日叶生香。
庄严国土人间世，烈火新生祝凤凰。

青海纪游（十六首）

2012年7月21日至25日，应弟子文捷的诚挚邀请，畅游青海，沿途所见，皆是锦天绣地，奇光异彩；莫不赏心悦目，怡情畅神。据所观所感，吟为小诗。以志行程、以抒感怀云耳！

青海湖（三首）

（一）

天光水色碧如蓝，浩渺云波澹荡间。
一立湖边神思远，湖心况且有青山。

（二）

碧水茫茫天地新，果然仙境异红尘。
瑶池自应居王母，且任西湖住美人。

（三）

蓝天碧水影相涵，岸外青山润翠岚。
留得心中清澈境，从今不怕染尘缘。

银滩草原

绿野蓝天竞浩茫，小花万点闪星光。
诗人逝去牧人唱："遥远地方好姑娘"。

塔尔寺（二首）

（一）

高原狮吼指迷津，宝筏庄严觉路新。
悟得宗师真境界，绿墙金瓦亦红尘。

（二）

宝刹辉煌慧海深，难从尘路觅珠琳。
纷纷游客仰金瓦，谁解宗师出世心？

互助县土族歌舞表演

建国河湟气势雄,祖先血脉溯辽东。
雪山绿野飞驰后,壮丽高原落彩虹。

贵德县黄河少女雕像

微波荡漾碧无声,云朵山峦照影清。
岸柳风来摇绿影,青春境界最澄明。

贵德县中华福运轮

巍然屹立大河滨,金筒玉莲超世尘。
福运绵绵何所寄?民心天道即经纶!

贵德县文昌宫

弥漫香烟绕画梁,辉煌殿宇坐文昌。
酥油酒肉俱堪享,只赐功名不问乡。

贵德县玉皇阁、文庙、财神殿建筑群

凌云台阁势巍峨,天地人神共切磋。
世界大千谁主宰,赵公孔圣各如何?

贵德县丹霞地质公园

赤壁丹崖展画廊，万象森罗共霞光。
繁华蜕去精魂在，返朴归真接混茫。

贵德县黄河奇石苑

跃虎翔龙走马牛，射姿矫健舞姿柔。
灵动逼真谁描画，石自推敲水自流。

贵德县南海观音殿

缥缈白云苍翠山，黄河滚滚夕阳闲。
观音静立人间世，不问人间路几弯！

湟源县丹噶尔古城

山名日月地名河，城郭原名白海螺。
商邑风华今古盛，香茶宝马美人歌。

观老师骑牦牛视频有感

老子骑青牛，老师骑牦牛。
青牛随意走，牦牛不自由。
铁链锁双脚，粗绳穿鼻头。
体格虽健壮，神态总含愁。
青牛乘紫气，关尹结草楼。
哲人自东来，拜师敬相求。
著书五千言，大道义深幽。
自然哲理在，智慧足千秋。
牦牛草原上，载重奔高丘。
今当现代化，辛苦供旅游。
供人恣欢笑，供人摄镜头。
客多负荷重，主人庆丰收。
老师年少日，骑马未骑牛。
今逢佳弟子，邀我赴远游。
青海湖水碧，菜花香气浮。
观物能自得，游兴随大流。
体衰手脚笨，众人扶上牛。
怡然心态好，欣然影像留。
返观视频后，感慨却悠悠。
非愧无后乐，非愧少先忧。
既怜牦牛累，又劳亲友扶。
牧牛我无技，骑牛可罢休。
长揖告天地，甘为孺子牛。

贺婚

海有波涛山有峰,鹏程万里喜相逢。
赵家琴鹤传清节,①楠杞风华胜劲松。②
凤翼凌云情志远,鸾箫绝俗玉音浓。③
偕行风雨人生路,鸣向朝霞到晚钟。

注:①"赵家琴鹤传清节":宋代赵抃(1008—1084),字阅道,今浙江衢州人。景祐元年(1034)进士,任殿中侍御史,弹劾不避权势,时称"铁面御史"。平时以一琴一鹤自随,简易廉洁,长厚清修,日所为事,夜必衣冠露香以告于天。后人赞为"琴鹤世家""家传清节"。②"楠杞风华胜劲松":楠木、杞木,皆为良木、俊材。常以此二木喻杰出人才。杜甫《楼上》诗"论材愧杞楠"。③"玉音":清越优雅的声音。晋代陶潜《读〈山海经〉》诗之七:"灵凤抚云舞,神鸾调玉音。"

唐力权先生百日祭

当代著名哲学家唐力权先生不幸于2012年7月19日在中国香港逝世。惊悉噩耗,黯然神伤,当即发去唁函表示沉痛悼念。唐先生乃一代哲学大师,思通今古,学贯中西,视野开阔,卓识深邃。其学问也,科学与人文交融;其心境也,诗情与哲理辉映;其品格也,人师与经师合一。他创立的场有哲学体系,已享誉中外;他为中国哲学走向世界作出的贡献,将永垂青史!我与唐先生20世纪90年代初,相识于古城西安,之后多有交往。我曾请他在陕西省哲学学会、西北政法大学作学术讲演,并多次参加有关场有哲学的学术会议。每次会面,必倾心交谈,聆听高论,启迪良多;每逢佳节,常书函往来,互致问候,以慰远思。回顾20多年的交谊,丽泽欣悦之情,悠悠在怀;春树暮云之思,久久萦心。今值先生化鹤仙逝百日之际,谨以小诗一首,敬表追悼思念之情,并遥祭先生在天之灵云尔!

忍听香江薤露歌,哲人其萎叹如何!
道通天地开诗境,①学贯中西涌慧波。
丽泽难忘春树绿,②玄音最仰智珠多。
权能场有灵光在,③辉映仁心结爱罗。④

附注:①"诗境":唐力权先生曾著有哲理诗《道》(英文)。

②"丽泽":比喻学界朋友之间相互交流、研讨和切磋的深厚友谊。语出《周易》兑卦:"丽泽,兑;君子以朋友讲习。"

③"权能场有":指唐力权先生创立的"场有哲学"。唐先生云:"场有"乃"权能场有"之简称。

④"辉映仁心结爱罗":唐先生场有哲学认为,中国哲学人性论是仁性主导,西方哲学人性论是材性主导。仁性即仁心关怀,材性即爱罗心性。未来的文明格局应是仁材并建,仁心与爱罗相结合。

有感

滔滔逝水自东流,碌碌生涯转瞬休。
立足眼前真实地,莫教幻境惹闲愁。

有感(二首)

(一)

红日又东升,清泉自在流。
平安宇宙在,谁解杞人忧?

(二)

红日江山丽,春风岁月新。
茫茫叹逝水,"末日"会重临!

赵玲琪先生书画展开幕贺诗

书坛画苑仰高松,舞鹤飞鸿走矫龙。
怪得笔端飘逸象,家门正对石莲峰!
注:赵玲琪先生,华山人,家门正对华山莲花峰。

二〇一三年

明秀堡牌楼联

明承日月宗辉远,
秀禀山川德业宏。

贺婚

文心锦绣展春华,帅气何须七宝车。
一世姻缘情作主,飞流云水海为家。
诗传红豆千秋韵,意逐青山万里霞。
栖于人间平易地,居然比翼到天涯。

二〇一四年

题张波著《在哲学与马克思理论之间》

学林喜赞十年功，视野开新读马翁。
实践范畴超哲域，自由境界在人峰。
权衡得失东西马，评判偏差左右风。
阅罢欣然窗外望，桃花正映杏坛红。

祝叶嘉莹先生九十寿诞

叶嘉莹先生乃一代诗学宗师，虽饱经忧患，不移素志；屡受劫难，不磨初心。育人事业，滋蕙兰兮百亩；著述生涯，展华章兮千秋。为中华诗词继绝学、开慧境、立圭臬、启良津，后学仰之若泰山北斗。原定于2014年5月9日赴南开大学参加向先生敬贺九十华诞的盛会，不料近期身体欠适，难以践约，甚觉憾愧。今拜聆无暇，谨制小诗，颂祝期颐！区区微意，聊申寸衷。

逝水波涵故国春，饱经忧患做诗人。
满园桃李花成锦，万卷芸编笔有神。
感发词心开慧境，激扬韵海启灵津。
献觞敬唱南山颂，愿逐星河拱北辰。

银川沙湖吟

碧水金沙映画楼，蒹葭绿绕采莲舟。
天工人力何须辨，鸟自飞翔鱼自游。

题《宫烨文书法选集》

笔走龙蛇三十年，琼章宝翰集芸编。

换鹅境界追先圣，[①]乞米[②]情怀仰古贤。

芝草团云秦鼓上，[③]闲鸥落影汉门[④]前。

善从慧岸观沧海，[⑤]流水行云自适然。

注释：①"换鹅"：传说王羲之书《道德经》向道士换白鹅。②"乞米"：颜真卿有《乞米帖》。③"秦鼓"：《石鼓文》是唐代在陕西凤翔发现的战国时代秦国的石刻文字，世称"石刻之祖"。康有为云："若石鼓文则金钿落地，芝草团云，不烦整截，自有奇采。"（《广艺舟双楫》）④"汉门"：《石门颂》是东汉建和三年（148）书刻于陕西省褒城东北褒斜谷之石门崖壁上东汉摩崖石刻。清人杨守敬《平碑记》说："其行笔真如野鹤闲鸥，飘飘欲仙。"⑤"慧岸"：指哲学。烨文大学学习哲学专业。

二〇一五年

祝陕西省孔子研究会成立

孔圣西行不到秦，秦川未碍识云麟。

筑台燕伋常望鲁，入梦周公待问津。

董相尊儒功业盛，横渠继学哲论新。

今朝喜聚群贤至，重振杏坛浩荡春。

注：秦国燕伋为孔子弟子，归秦后因思念老师而筑望鲁台。

《人生绿洲》读后

张克忍先生笔耕不辍,在《人生解谜》《人生补丁》出版之后,又出版《人生绿洲》。如果说《人生解谜》则是一部解答人生问题的"解惑"之书,《人生补丁》是一部指导人生修养的"补缺"之书,那么《人生绿洲》则是一部寄托理想的"传道"之书。在《人生绿洲》中,作者绘制了世间的美好蓝图和人生的崇高理想。赞之以诗:

> 解迷补缺志方遒,又筑人生碧绿洲。
> 水秀山青春烂漫,民胞物与意绸缪。
> 赞歌乐为公心唱,理想欣随大道游。
> 头白著书宗旨远,永教北斗耀千秋。

谒司马迁墓

司马迁墓祠位于陕西省韩城市金城南十千米处芝川镇的东南高岗上,东临黄河、西枕梁山、南接长城、北带芝水,气势雄伟、形象古朴、风格浑厚。鲁迅赞司马迁之史记为"史家之绝唱,无韵之离骚",余于甲午年重阳节拜谒太史公墓,今以诗记之。

> 久仰龙门太史公,重阳时节拜高风。
> 一生荣辱浮云外,千古兴亡健笔中。
> 无韵离骚成绝唱,不阿正气贯长虹。
> 黄河滚滚东流去,日照梁山万丈红。

贺婚（二首）

（一）

蒋山苍翠接昆仑，渊海波涵万里春。
文苑喜栽连理树，捷舟乐载浣纱人。
花萦锦岸三生石，月映冰壶一片心。
共向鹏程双展翼，辉光日日照芳辰。

（二）

文苑清和杨柳新，捷舟轻载采莲人。
蒋山翠色迎丹凤，渊海波光送锦鳞。
花为飘香甘奉献，月因映水更清纯。
同行风雨人间路，辉照灵台远俗尘。

贺孙女十八岁生日

常忆垂髫笑语频，临风玉树忽迎春。
故园花月娟娟梦，学海风光步步新。
知识升华成慧境，人生立本贵精神。
征途莫畏浮云乱，照耀灵台有北辰。

甲午岁末书怀

高楼独坐听春禽，酒对梅花细细斟。
天马行空归梦境，羚羊挂角启诗心。
道传圣哲千秋学，情寄渔樵一曲琴。
依旧书山风景好，夕阳静照慧云深。

乙未元旦

一声鞭炮进羊年，芳草如茵远接天。
万马奔腾何去也？依然载梦到长安。

春联三则

马自门前疾疾去，羊从天外咩咩来。
羊大为美，美丽江山中国梦；羊示曰祥，祥和岁月小康歌。
逝水滔滔，过客岸边乘马去；白云滚滚，牧人天外送羊来。

贺女儿四十岁生日

垂髫犹忆绕膝前，忽到人生不惑年。
有子方知为母累，无争何畏做人难！
兰能守默香尤盛，月至澄明影最圆。
笑看浮云随逝水，精神屹立似青山。

《关学精神论》卷首自题

丹青难写是精神，关学千年灿若辰。
造道横渠心境远，①躬行泾野哲言新。②
挥戈末路忧民命，③反锁柴门藐世尘。④
渭水招魂薪火继，仰望太白拜斯人。

注：①"造道"，全祖望云："横渠先生勇于造道。"②"躬行"，《关学编》云：吕泾野治学"重躬行，不事口耳"。③"挥戈末路"，冯从吾《小像自赞》云："尚挥戈于末路，庶不愧此须眉。"④"反锁柴

门",李二曲拒绝朝廷谒请,屏居土室,反锁柴门。

颂张横渠先生并赞关学

巍峨太白雪凌空,一代鸿儒启正蒙。
天地立心情浩荡,太虚即气道峥嵘。
泱泱关学燃新火,济济英才继素风。
共仰横渠真境界,民胞物与性天通。

贺婚

张帆破浪驾龙舟,磊落襟怀结伴游。
丽日和风情缱绻,娟松翠竹境清幽。
鸾箫共奏云程曲,凤酒同斟月影楼。
偕走人间风雨里,翔飞奋进庆高秋。

谢王刚伦先生刻印[①]

一支铁笔出尘寰,镌写真情天地间。
切玉冲金生命涌,安朱布白艺心娴。
雍容气象毛公鼎,雄放精神散氏盘。
寸石千金人万里,碧云遥望拜燕山!

注:①王先生为河北人。

贺哲八一级毕业三十年聚会

卅年重聚忆韶华,语若流云酒若霞。
故园有雨滋乔木,逝水因人起浪花。
学业升华功业盛,书情积淀友情嘉。
明朝思念萦何处?依依杨柳晓风斜。

岁暮夜雪有感

岁阑游子思还家,玉宇今宵降瑞华。
高下随风终落地,晶莹蕴水自成花。
群山寂隐留清白,晴日妖娆映晓霞。
万象澄明情未碍,诗心遥寄海天涯。

二〇一六年

八书家同临《石门颂》赞并赠诸贤

野鹤闲鸥舞石门,今贤乐返古书魂。
挥毫力现风云势,落墨意涵花月痕。
笔法按提勤指点,精神摄取贵评论。
雄浑飘逸融通后,柳暗花明又一村。

游普陀山①兼访普陀山佛学院②会闲法师

远来南海听潮音,烟水苍茫法雨深。
古寺凌波通觉岸,飞花坠地启悲心。
名山功德菩提树,佛苑精英紫竹林③。
最赞经师闲博士,新诠《梵网》④伴灯吟。

注:①普陀山为观音道场,有潮音洞,有法雨寺。②普陀山佛学院编辑出版佛学典籍多种,名山事业,功能无量。③佛典云:"青青翠竹,都是法身。"普陀山有紫竹林。④佛学院常务副院长会闲博士,重新翻译注释了《梵网经》。

咏潼关

百二秦关接紫穹,一夫可挡万夫雄。
势如嬴政挥长剑,气合刘邦唱大风。
华岳云浮仙掌动,黄河浪涌女娲功。
江山壮美沧桑里,夕照犹存故垒红。

阅弟子佛学对话微信有感

论僧说佛辨迷津,何处云窗可寄身?
一自流风侵法界,天涯净土也生尘。

游张家界(二首)

(一)

山灵耸立变奇峰,亿万斯年造化功。
云绕巉岩如太古,树生绝顶自春风。
家园恰合阿凡达,境界还宜孙悟空。
天地钟情人世外,故将美景隐无穷。

(二)

穿云拔地竞峥嵘,十万奇峰幻境生。
采药仙翁身矫健,散花天女态轻盈。
金鞭光映文豪笔,元帅旗飘将士营。
神妙丹青心绘就,三分想象七分情。

读李欣论波斯细密画文诗以赞之

妙笔生花见性灵,杂糅视点说丹青。
天方色象慧根在,善取神州一缕馨。

二〇一七年

金婚诗纪

执手朝阳到夕阳,经风沐雨历沧桑。
艰辛共度恩情重,疏食同餐滋味长。
自许豪雄书满壁,宁甘淡泊月盈窗。
相濡以沫初心在,再守冰壶五十霜。

鸡年联语二则

（一）
吹箫乘凤仙人境，起舞闻鸡志士心。

（二）
乘凤吹箫开胜境，闻鸡起舞励雄心。

叹逝

逝水滔滔涌古今，良辰一失渺难寻。
可怜冷雨花成梦，最忆春风鸟若琴。
红豆情深凝眷念，青山人老咏初心。
兰因絮果缘何在？惟惜余香护素襟。

丹凤行（四首）

丁酉清明前夕，应刘亚玲、王军、马朝阳、陈召诸弟子邀请，偕夫人赴丹凤县春游，同行六人，游览二日，成诗四首，以抒雅怀。

（一）游桃花谷
曲水流觞仰古风，丹江今日雅怀同。
师生谈笑桃源境，满谷飞诗句句红。

（二）谒四皓墓
读碑拜墓想苍颜，云自清高水自闲。
秦暴汉骄何处避？多亏人世有商山！

（三）寻武关址

断基残垣春雨中，峻峰高逼水流东。
远来秦楚分疆地，节近清明吊鬼雄。

（四）访棣花驿

春风杨柳拂新晴，小镇悠闲巷陌清。
遍访驿亭寻旧迹，犹闻古道马蹄声。

有感抒怀

征途花月好，难免雨风侵。
善解千重缚，勤磨一片心。
灵台明镜炯，玄圃慧根深。
莫怨佳音少，吾心自有琴。

佛诞日有感

一声狮吼震乾坤，厚地高天我独尊。
步步莲花明法相，源源碧水润灵根。
无忧本是深情树，烦恼原非慧镜痕。
一自菩提开悟后，梵钟千古醒迷魂。

为刘亚谏绘张载像题

春秋画笔写精神，气势巍然慧境新。
天地立心宏愿在，艺坛哲苑共超尘。

庆贺人文杂志六十华诞

人间锦绣世间文,文化神州五彩云。
六合精华凝慧果,十洲灵感蕴诗芬。
华章喜见刊风美,诞日尤思德业勤。
共仰横渠高境界,庆觞齐举赞耕耘。

中秋雨有感

长安冷雨湿中秋,莫为嫦娥起暗愁。
月镜清辉光永在,星河万载碧天流!

读钟锦古典诗译《恶之华》线装本有感

朽骨幽魂化锦霞,缪斯欣唱浣溪纱。
融通意象诗思妙,译苑奇葩别一家!

白水行(四首)

(一)谒杜康墓
碑石斑驳映夕阳,清泉奔涌几沧桑。
果然酒圣精魂在,蔓草荒烟尽吐香。

(二)咏唐松
千载风雷千载春,巍峨枝干叶缤纷。
超然不问俗尘事,笑立苍穹望白云。

（三）咏汉槐

浩荡浓荫绿半村，心空皮裂志犹存。
吸收天地精华后，无限生机铸伟魂！

（四）咏壶口瀑布

源自天涯向海涯，雄浑磅礴半中华。
胸间偶有不平气，冲下悬崖作浪花！

捐赠图书有感

2017年10月值西北政法大学80年校庆之际，将平生珍藏的万余册图书捐赠校图书馆，建立心书屋。心情荡漾，吟以抒怀。

少年志趣在囊萤，慧海茫茫无限情。
逝水波催诗笔老，芳园雨润蕙兰清。
立心使命承先哲，传火征途望后生。
万卷何愁常寂寞，人间总有读书声！

祝贺西北政法大学八十华诞

基因炳炳继延安，八秩风云筑杏坛。
簧舍连天春雨足，师心若炬慧林丹。
书声总与民声应，学脉原为道脉传。
求实精神薪火续，腾飞新境越峰峦。

终南秋怀

百年几见菊花黄，聊对秋风饮数觞。
征雁急排人字阵，夕阳犹恋帝王乡。
山飘红叶供心醉，天放白云随意翔。
最爱东篱诗境好，悠然物我两相忘。

（2017年11月9日游终南山金龙峡森林公园后作）

如梦令

（一）

谁念书窗人老，遥寄春风芳草。
寒梦初醒时，喜见祝福来早。
未老，未老，人比夕阳更好！

（二）

忆昔芳园春晓，慧雨诗风碧草。
今遇昔时人，犹赞玉壶冰好。
"虽好，虽好，人与夕阳同老！"

题神木西豆峪毛氏家谱

奔涌千秋万里波，宗风浩荡到黄河。
龙骧凤鬻光辉灿，竹继梅承俊彦多。
厚道传家原简朴，公心立世最巍峨。
慎终追远深情在，高唱绵延继志歌！

二〇一八年

望红月亮（二首）

2018年1月31日晚月全食，月红色，于楼下望之。次日成诗。

（一）

百载难逢海月红，赤球冉冉上晴空。
红绸万缕嫦娥舞，丹药千丸玉兔功。
香桂树成枫叶树，广寒宫变火龙宫。
仰天凝望心如醉，欲把诗情化彩虹！

（二）

星河耿耿耀长天，宇宙无声月自燃。
渐进渐圆冰化火，半明半暗玉生烟。
琼楼鸟舞皆丹凤，桂苑花开尽杜鹃。
盈亏青红今夕见，人间天上各随缘！

戊戌趣咏

戊戌元旦，忽想到刘邦以猎喻功，有功人、功狗之别。唯萧何一人为功人，余皆为功狗。可见功人少而功狗多也。进而思及许多狗事。故成此戏谑之句。

斗转星移又一程，乐邀狗友伴新征。
君王喻猎功人少，天地不仁群物生。
累累丧家终作圣，猎猎吠日亦常情！
淮南请自成仙去，莫扰人间鸡犬惊。

(2018年2月16日于三亚)

春联

乘风破浪，建一流学科，立德树人承使命；
发奋图强，推两级管理，去华务实振初心！
横批：大展宏图

观海

巨浪轰鸣日夜吟,碧波浩淼望遥深。
海涛滚滚无新旧,人世匆匆有古今。
难得心音同律动,宁甘魂魄任浮沉。
邀来鸥鸟凌空舞,一片自由天地心!

(2018年2月17日于三亚)

戊戌年春联

(一)

金鸡已成赤凤,翱翔万里开佳运;
苍狗可变白云,奔涌千秋送福星!

(二)

金鸡起舞雄心在,
苍狗变云佳事多!

戊戌有感

既见晨曦便出征,鸡鸣已属去年声。
三杯薄酒消残梦,一卷新诗续旧情。
天道无为星斗转,人生多患利名争。
若从慧镜观尘象,仆仆征程是返程!

游海南陵水县椰林古寨（四首）

（一）织锦
经红纬绿若云霞，织出心园万种花。
梦里人寰天外景，一齐涌向手中纱。

（二）文身
蛙图叶脉涌泉纹，面上风情臂上痕。
一别人间归去后，宗收祖认免孤魂！

（三）银饰
银链银钏银凤冠，银光闪闪耀山峦。
风吹小妹银铃响，笑语如银满寨欢！

（四）牛魂阵
耕田负重汗浃流，角斗争赢挂彩绸。
祭祀缚躯残杀后，又求鸿运拜牛头。

校园樱花又开

锦云又落小楼前，一径粉红映碧天。
细雨初晴花有态，芳茵恰印影如烟。
园中鸟唱春风曲，树下香浮学子肩。
惜得眼前真实景，何须远泛问津船？

（2018年3月28日）

祝丽泽论坛开幕

丽日和风百鸟鸣。泽花山木共争荣
论通慧海灵思涌,坛接文泉妙语生。
冶性功夫防险躁,炼心炉火贵纯青。
才华欲达高峰上,俊彦多传雏凤声!

(2018 年 4 月 10 日)

春感

川原葱翠海山青,丽日经天万象明。
花木向阳光灿烂,鱼龙竞舞气峥嵘。
茫茫宇宙星辰转,代代江山俊杰生。
每历沧桑风景异,滔滔逝水总多情!

(2018 年 4 月 12 日)

为王登霄编《国医大师奇妙验方抄录》题

医正方奇慧境深,悬壶妙技本仁心。
芸编一帙情思远,浩荡春风满杏林!

国医大师雷忠义先生礼赞

道继岐黄慧境深,回春妙术本仁心。
羊红点化成仙草,[①]痰瘀精研耀杏林。[②]
济世情怀常煦煦,救人夙志总忡忡。
病躯幸遇清风拂,仰望医坛拜碧岑。

注：①羊红。20世纪70年代，雷忠义先生和他的课题组完成了从草药羊红膻到复方羊红膻片（舒心宁片）的临床实验和研究。该成果作为地标产品，荣获得了1978年度的陕西省卫生科技二等奖。打开了以中草药防治心血管病的路径。②痰瘀互结论。雷先生多年来潜心研究胸痹心痛病理论，相继提出了痰瘀互结、痰瘀毒互结、痰瘀毒风互结理论。并提出痰瘀同治的辨证论治原则，总结出理、法、方、药俱全的论治理念。1973年，首先提出了以加味瓜蒌薤白汤治疗胸痹心痛病的临床方案。历时16年潜心研究发明了国家级新药——丹蒌片，该药成为治疗冠心病的权威中成药。2002年，该项目获陕西省科技成果二等奖。

儿子五十岁生日贺诗

尊天知命度中年，花自芬芳月自圆。
功业人生终有累，亲情天赐即良缘。
濯缨濯足歌沧浪，①乐水乐山忘逝川。②
美景倏过追已晚，潮平岸阔慢行船！

注：①濯缨濯足：春秋时期传唱的《沧浪歌》曰"沧浪之水清兮，可以濯吾缨。沧浪之水浊兮，可以濯吾足"。孔子孟子都提到过它。屈原的《渔父》篇也引用过。《沧浪歌》强调人不仅要刚直进取，也要有豁达的心胸。
②乐水乐山：《论语·雍也》载："子曰：智者乐水，仁者乐山；知者动，仁者静；知者乐，仁者寿。"意思是说，智者之乐，就像流水一样，阅尽世间万物，悠然、淡泊。仁者之乐，就像大山一样，岿然矗立，崇高、安宁。

(2018年6月24日)

读陆游《钗头凤》词

读罢潸然泪湿巾，平生幽怨化悲吟。
原来情境真诗境，始信愁心是爱心。
卅载相思人隽永，一朝眷恋梦深沉。
凤曲钗头无限痛，断肠人读断肠音。

游玉华宫肃成院遗址

天蓝云碧共含情，林木葱茏溪水清。
蝶舞留连避暑地，蝉鸣遥应诵经声。
圣僧法相空山远，英主雄才盛世明。
幸有石龛残迹在，启人慧境肃然生！

（2018年7月25日）

为张亚林"关学主题书法展"题

艺心耿耿笔生花，书画人文蔚锦霞。
敬录横渠千古句，慧光璀璨耀中华！

2018年除夕有感

逝水滔滔去，人间换岁华。
霓虹争璀璨，星汉自横斜。
贸易开新战，交情落旧花。
共言同命运，渡劫欠灵槎！

二〇一九年

己亥趣咏

岁尽戊戌，年至己亥。猪之典故，纷至沓来。诗以咏之，且贺岁开。未避俗语，聊抒雅怀！

恶死乐生求未高，不须轩冕易糠糟。[1]
大葱插鼻诚堪笑，[2]钉耙降妖足自豪。[3]
斗酒彘肩樊哙剑，[4]片言金诺曾子刀。[5]
海边放牧人何去？独对茫茫万顷涛！[6]

注释：[1]《庄子·达生》。[2]俗语猪鼻插大葱——装象。[3]《西游记》猪八戒用钉耙降妖。[4]《史记》鸿门宴载樊哙吃生猪肉。[5]《韩非子·外储说左上》：曾参为兑现诺言杀猪。[6]《史记·平津侯主父列传》载丞相公孙弘少年时家贫在海边牧猪。

贺婚

李白桃红锦绣林，涛声浪舞赞知音。
晓霞焕彩芳缘永，米酒盈樽情意深。
花为同心开美境，月因双照感诗心。
共栽红豆相思树，辉映琴台远俗吟。

(2019年2月1日)

题张浩编《中国哲学名著粹言选》

书山学海蕴精华,喜见新开哲苑花。
耿耿粹言光万丈,昭昭宝镜耀千家。
心灵陶冶须真火,事业腾飞待慧槎。
读罢欣然生赞佩,漉金功力贵吹沙!

加拿大《文化中国》百期礼赞

圣道洋洋峻极天,探珠琢玉溯源泉。
文心浩荡东西海,视野苍茫中外山。
百卷华章凝史慧,卅年健笔写风烟。
挥毫奋绘新时代,哲海清波汇万川!

王玉樑先生周年祭

王玉樑先生于2018年3月5日逝世,今逢周年忌日,作为他的老友,特以诗祭奠。

玄圃耕耘气象雄,先生堪比学林鸿。
人文璀璨功勋盛,[①]硕果辉煌价值丰。[②]
乐筑哲坛邀俊彦,[③]聊从困境悟穷通。[④]
西天鹤去情难寄,惟托诗心赞素风!

注:①王玉樑长期担任《人文杂志》主编,功勋卓著。②王玉樑价值哲学研究成果丰硕,贡献重大。③王玉樑多次主办重要学术会议,研讨价值问题。④王玉樑1957年曾遭遇坎坷。

登圜丘

隋唐遗址有圜丘，春日登临诗意稠。
大地风和花竞放，晴空霾散鸟无忧。
九天礼乐迎神曲，千载皇权逝水舟。
留得城南高垒在，教人遐想帝王州。

读刘炜评《京兆集》有感

刘炜评君，性情中人。诗思敏捷，下笔有神。俗而能雅，语浅意深。承蒙惠赠，读罢会心。言难尽意，聊为短吟。

酣畅情怀贵率真，幽光狂慧笔如神。
词锋锐利词章妙，意象峥嵘意境新。
难得诗人青白眼，静观世路紫红尘。
欣然读罢遐思远，一笑会心天地春！

赞金锋同志飞机上针灸治病

万里高空发厄音，春风何处送甘霖？
神州自有神奇在，救命银针救世心！

长相思·花月吟（四首）

（一）

花缤纷，月朦胧。
一片痴心吟不穷。
诗缘结彩虹！

(二)
花开落，月阴晴。
罗带有心结未成。
悠悠红豆情！

(三)
花含笑，月多情。
梦里青春结伴行。
醒来白发生！

(四)
花寂寞，月孤零。
银汉茫茫隔两星。
秋心诉谁听？

赞《静致斋诗书法选萃》

  李端、宝华约石门道友写《静致斋诗》创作书法作品，选萃为册，以为余八十寿诞之贺仪。佳美无比，感激无尽。且吟一律，聊寄寸心！

凤舞龙翔大笔挥，欣然蓬荜遽生辉。
诗缘书艺增光彩，书籍诗心立翠微。
桃李春风芛泽远，桑榆夕照锦霞飞。
石门珍惜华章在，高咏云天赞鹤归！

(2019年9月25日)

贺老妻八十华诞

自幼感通天地情,黄河岸上听涛声。
善良德性立人本,仁爱光芒耀此生。
心镜莹莹尘不染,玉壶耿耿品长清。
福星辉照阖家幸,天佑吉人成寿星!

题刘亚谏《立心图》

亚谏为余绘《立心图》。气象巍峨灵动,境界浩逸旷远,内涵渊博深邃,意蕴含蓄玄妙。真艺道融通、诗慧合一之作。欣赏不尽,赞佩无既,谨制小诗,聊表寸衷!

枫丹松翠艳秋林。飞瀑旋鹰若有寻。
独立云峰生百感,诗心何以证天心?

读红楼梦有感兼和王树人先生

渺渺情天无限愁,太虚幻境演红楼。
葬花一曲鹃啼血,摔玉三番蝶梦周。
酒尽华筵佳客散,舟沉欲海锦帆收。
好风若送青云上,高处寒流滚滚秋!

(2019 年 11 月 15 日)

附 王树人先生《参加红楼梦艺术节有感》
秋水寒烟说红楼,多少忧患伴长愁。
河山依旧人心变,天良雾锁意难酬。
风雨漫天应无悔,情比天高最可求。
太虚不虚大写意,尽尝人间百味酒。

钟锦远寄贺寿诗，特制小诗志谢

深情大句自天涯。谢为衰翁祝岁遐。
最爱德言归易简，天心漠漠入群华！

注：①《易·系辞上》："易则易知，简则易从……易简而天下之理得矣。"

②钟锦《鲁拜集译笺》其四云："万象新生赖一元，幽人观化到无言。谁将花雪招招至？自见天心漠漠存。"

附　钟锦诗

师门高会，不克往，聊献短吟，为赵师贺
先生八十道逾尊，立德尤高过立言。
吟咏长应见安乐，胸中真气满乾坤。

八十自寿

滔滔逝水夕阳沉，匆促生涯感古今。
忧国忧民诗史泪，乐山乐水圣人心。
畅游慧海究天问，仰望星空悟德音。
意趣浩茫何所寄？漆园蝴蝶杏坛琴！

（2019 年 11 月 27 日）

白内障手术后感怀

视听皆退，色声俱渺。白内手术，幸逢飞秒。抒情言志，聊寄吟稿。

朦胧色彩渺茫声，辜负花情与鸟情。

眼下纵然多黑暗，心间从未减光明。

幸逢飞秒驱云散，喜见春光逐物生。

拭目非求观世象，夕阳唯乞照书城。

(2019年12月20日)

二〇二〇年

子年咏鼠

称老何尝道德尊？偷油窃米亦生存。

饱餐庑下贪高位，①受审堂前启法魂。②

闯穴乘车难入梦，③止投忌器莫言恩。④

饮河满腹知足了，⑤依旧过街拼命奔。⑥

(2020年1月8日，庚子年前夕)

注：①《史记·李斯列传》：斯"年少时，为郡小吏，见吏舍厕中鼠食不絜，近人犬，数惊恐之。斯入仓，观仓中鼠，食积粟，居大庑之下，不见人犬之忧。于是李斯乃叹曰人之贤不肖譬如鼠矣，在所自处耳！"②《史记·酷吏列传》：西汉张汤幼时审盗肉的老鼠时，写诉状，动刑具。俨然如老练的执法判案者。③《世说新语·文学》："未尝梦乘车入鼠穴……皆无想无因故也。"④《汉书·贾谊传》："里谚曰：欲投鼠而忌器。"意谓欲打鼠又怕打坏旁边的器物，比喻做事有顾忌。⑤《庄子·逍遥游》："偃鼠饮河，不过满腹。"⑥俗谚曰"老鼠过街，人人喊打"。

抗新冠肺炎疫情有感

沉沉毒雾袭江城，千万人民决死生。
旷代国殇黄鹤泪，弥天大勇白衣情。
可悲覆辙人重蹈，更仰南山风最清！
闭户深思原寂寞，夜空忽有哨声鸣！

（2020年1月8日，庚子元宵）

《静致斋诗》跋

自童年时,先君以《千家诗》启蒙以来,至今逾七十年。七十年间,与诗结缘,未尝一日离也。读之、诵之、抄之、赏之,津津有味;谈之、讲之、吟之、作之,孜孜不倦。故每于学业学术之暇,常耽于学诗学词之乐。

然则,学有师乎?曰有。陶、谢、李、杜、苏、黄是也。学有书乎?曰有。历代诗词全集、选集是也。

学有悟乎?曰有。人以诗言志、抒情、说理,实乃人内在精神生命之感发也;人对诗之阅读、吟诵、写作,皆是诗对人内心世界之美化也。诗以人而提升境界,人以诗而美化精神。人创作诗,诗美化人,双向互动,循环往复,使人生与诗境共趋于真善美也。固追求真善美乃学诗之鹄的也。真善美境界无尽无涯,故学诗无止境也。

学有获乎?曰有,静致斋诗稿也。静致斋诗稿乃余平生诗作之汇编也。今汰其幼稚、粗糙、浅陋之作,选出若干首,约为积稿之半,编为《静致斋诗》一册。所选之诗,其题材或绘人世之景、人间之态,或叙人物之品、人际之谊,或抒人伦之情、人生之感,其主题有对祖国大好河山的鉴赏,有对古代哲人精神境界的赞美,有对学术著作的题咏,有对学界交游的述怀,有对亲情友情的抒发,更有对人生形上姿态的追求。且人生世间,难免应酬,即使为应酬而作,也未敢轻率而为。如集中贺婚类诗,多用藏头诗格,然其俗式既用,尤用心其雅义蕴焉。故七十多年来,其学其行,其游其遇,其情其志,其感其悟,皆在诗中有所吟咏。若自评之,可曰:诗体多为律绝,而颇嫌其单调;诗境常含哲理,而或流于抽象；诗情昂扬向上，而尚欠其沉博；诗风典雅晓畅，而总逊乎蕴藉。

　　学有友乎？曰有，亦师亦友、亦生亦友者是也。萧萐父、李锦全二先生，亦师亦友也。二先生乃当代诗哲，学术启迪之外，常以瑶章赐示，更以诗集惠赠，其高境逸情，既励余诗心，又助余诗兴也。今萧先生虽已仙逝数载，仍令余缅怀未已。幸李先生年近期颐，且精神矍铄。五年前，先生曾为拙稿题辞，语多勉励。余既荷玉成之德，岂敢辜嘘植之恩哉？遥望南天，谨当拜谢，并敬献祝福！而钟锦君，则亦生亦友者也。余识钟君，在三十多年前，深感其勤勉好学，博文强识，既富吟诗之才，复怀读书之忱。于是结交于诗兴书趣之中，成忘年友，后又及门，结师生缘。今此诗集之出版，全赖钟锦之力矣！他不但联系落实了出版事宜，而且认真审读，精心编辑。既校勘文字、纠正格律、商榷诗义，更撰写序言、妙阐诗道。其德可赞，其情可感，而其识尤可赏矣！无钟锦之助，则静致斋诗难以今日面世也。志谢！志谢！在此，也对陈社旻先生题签之赐和中西书局唐少波先生出版之助，深致谢忱！还有，芜堂李辉，帮助排版，反复调整，尽善尽美；弟子伟弟，帮助编目，多次修正，不厌其烦。恳恳二子，功不可没，亦当致谢！

　　北宋王元之诗云："子美集开诗世界，伯阳书见道根源。"平生立足于"道根源"，而又游走于"诗世界"，在两域间徜徉。究竟二者是相克相妨，还是相辅相成，是相形失色，还是相映成趣，望读者予以鉴之！

赵馥洁 2017 年 6 月 9 日
于西北政法大学静致斋

《静致斋诗》附录

哲人本色是诗人
——赵馥洁老师《静致斋诗》初读

李 端

一

赵馥洁老师的诗集终于出版了。以他的书房斋号命名,曰"静致斋诗"。

这是我们早就盼望的事情。因为当年在他的课堂上,我们就每每为他的洋溢诗情所深深感染。而且是那种哲学家的隽永诗情,哲学史的味道,还有学人君子的智性风范。而在毕业以后,在许多场合,师生之间,更有以不同方式与他有诗话交往的种种。只不过,没有想到的是,上海中西书局出版的这个线装竖排版本,实在是古色古香、韵味十足,超乎期待。

作为有幸先睹为快的读者,记得我是在出差归来后,征尘未洗,便打开尚散发着油墨清香的包裹而开始阅读的。急急乎当晚便通读全书,忽然脑子里冒出一句似乎是前人的诗句来:哲人本色是诗人。"镜里倏然两鬓丝,半缘哲理半缘诗。"他在《七十自寿》里也是这样体认的。

二

赵老师当然首先是一位哲学教授。而且是那种钻研通透、著述精深的纯粹学问家。一辈子的生涯就是读书、教书、写书、论书，"藏书已恨无余地，弄笔原非慰寂寥"（六十初度六首之一）。

他的专业特长是中国哲学史，对先秦子学、两汉经学、魏晋玄学、隋唐佛学、宋明理学、清末朴学、民初新学，乃至当代马克思主义哲学，都有涉猎梳理。但其重点领域，则集中在中国传统哲学中的价值论研究。

他在专业领域的代表性著作《中国传统哲学价值论》，屡获高评奖项。他任编辑出版委员会副主任的"关学研究"丛书，是陕西省多所高校联动的重点文化出版工程，他也是其所执教的西北政法大学至今唯一的资深教授。他曾经担任全国哲学学术社团的诸多职务，以及多年任陕西省社科联主席的种种经历，都足以见证他在专业领域的专业成就。

然而，诗情"哲"意，却始终在他的胸中交互荡漾。记得在教授我们马克思主义哲学原理、中国哲学原著选读的课堂上，每教完一个章节，他都会以一首小诗予以总结，把晦涩深奥的哲学道理用韵味生动可感的形象予以描述，让同学们兴味盎然，记忆深刻，传播久远。这本集子里所选录的《咏王充》和《咏刘禹锡》两首七律，就是其中的代表作。

不仅如此。在我们毕业的时候，他又根据每个人的特点，为大家送上一首首勉励壮行的诗。在我们毕业周年聚会的时候，也会奉献一首首感慨警示的诗。这本集子里所收录的《参加哲学专业七九级毕业十周年聚会有感》《参加七九级同学毕业二十年聚会有赠》，是我们再熟悉不过的踽踽尘音。

"读书自觉怀先哲，治史还当启后昆。"这是中山大学李锦全教授在《题静致斋诗》的序言中所吟咏的诗句。诚哉斯言。

三

作为他40年前的学生，我不敢妄评先生之诗。因为自己对诗词的粗浅兴趣，就是从他那里感染的，尚未入门。

如果对全本诗集313首诗进行概括，按我的理解，可以分为"思"和"勉"两大主题。或哲理思勉，或旅行思勉，或亲友思勉，或心灵思勉，或即事思勉。思勉互文，相映成趣。

如果对《静致斋诗》进行分类，我认为属于"隽永"或"典雅"一路。其格律之严整，引喻之精当，与其治学态度的严谨求精，又一脉相承。

这其中，给人印象深刻的是，首先是"哲理思勉"诗。其中《诗感庄子》35 首，可以说是提供了一把读庄、解庄的"庖丁牛刀"。

我最喜欢的，是《德充符》那一首：

形残貌陋彼何人，德盛才全气若春。
松柏青青缘正命，镜光耿耿远微尘。
天刑桎梏谁能解，世累功名道愈贫。
生死存亡归一贯，情无喜怒惜精神。

而"旅行思勉"中，则喜欢本书开篇，他在 22 岁时在家乡王翦庙前的一首"嫩诗"《登将军山遇雷倏晴》：

将军庙外郁苍苍，猛雨骤来雷电狂。
云阵片时风打散，青山与我立斜阳。

但最让我感动的，是他在"亲友思勉"中的两首。其一是，《悼念萧萐父先生》：

哲坛星陨共悲歌，噩耗迟闻泪更多。
解蔽春风曾教我，启蒙史慧导先河。
吹沙咏凤诗魂健，怀玉燃心意境峨。
天地长留骨风在，峨眉皓月洞庭波。

其二是，《悼七兄》：

容态安详睡未醒，蘧然离去倍伤情。
学徒岁月艰辛甚，报国生涯名利轻。
桑梓探亲行孝义，京华聚会列群英。
天人漫道从今隔，耳畔时闻唤弟声。

尤其是其中的"吹沙咏凤诗魂健，怀玉燃心意境峨"和"天人漫道从今隔，耳畔时闻唤弟声"两句，可以说，前者仿佛就是他自己的"夫子自道"，后者则似乎是人世间最动人的柔软部分。

四

其实，通读《静致斋诗》，我们似乎在读他这个人。他的喜怒忧思，几乎都在诗里。就我们的共同感觉，他就是这样的一个学人、一介书生、一位亦师亦友的长者，哲人诗魂，儒风道骨。

在诗集中我们发现的那些妙趣横生的贺婚诗、赠友诗、题事诗，其实不仅是一首首好诗，更是一种"仁者爱人"的古道热肠，士君之风。

而他所写的四首《人生的形上姿态》七律，最能体现他"哲人本色是诗人"的追求神采。其一诗曰：

最爱人生形上姿，鹏跞蝶梦美如斯。
至人悟道能超器，本体无言胜有词。
海上月明生慧海，天边云涌启心诗。
阳春白雪迎风唱，独立苍茫骋远思。

其三诗曰：

修炼人生形上姿，物情事理且沉思。
黄金系翼飞难进，紫绶羁魂事可悲。
出世心营经世业，无为道引有为时。
栽梅种菊灵台上，总有芬芳沁于诗。

这样的意境，恐非只是我们这些学生弟子们的体认和勉思了，其更宏阔的"诗力人格"，我相信会引来更多更深的品评解读。我只是开个头而已！

2018年元月，于深圳兴叹几度，断思而草。

半缘哲理半缘诗

——读赵馥洁先生《静致斋诗》有感

刘亚玲

一口气读完恩师赵馥洁先生的《静致斋诗》,掩卷沉思。《静致斋诗》以年代为序,共收录了先生五十五年间所撰诗作三百一十三首。其题材"或绘人世之景、人间之态;或叙人物之品、人际之谊;或抒人伦之情、人生之感"。其主旋律都立志高远、洒脱旷达,不以个人得失为怀,更无丝毫气馁颓丧之气,开朗乐观、意气昂扬又胸襟恬淡。先生以诗言志、以诗说理、以诗寓情、以诗寓识、以诗寓气,将个人精神与叙事、写景、抒情交融为一体,构成浑然一体的境界,托意深远,发人启迪,引人共鸣。

先生诗稿中,以记游诗为最多,其明显特征就是善绘景、长抒情、托物言志。如:

《登将军山遇雷雨倏晴》
将军庙外郁苍苍,
猛雨骤来雷电狂;
云阵片时风打散,
青山与我立斜阳。

先生善练句,常常融记游、怀古为一体。该诗句句在写景,又句句无不在言志,且层层深入,寓情于景、寓志于情、景情志融为一体、意境浑成,借物起兴、即景感怀。如:

《兰亭》
茂林修竹护兰亭,
曲水潺潺依旧清;
妙字神文千古笔,

天怜绝代总多情。

此诗即景生情、寓情于景，淡写景、重写情，点染用功，情感真挚、荡然肺腑。

　　先生诗集中收录抒发个人情感、人生体悟的诗作也比较多。如《六十初度》《七十自寿》《人生的形上姿态》等，都是先生人生之境界情怀的艺术凝练。正如先生自己所说："诗言志抒情说理实乃人内在精神之感也。……诗以人而提升境界，人以诗而美化精神。人创作诗，诗美化人，双向互动循环往复，使人生与诗境共趋于真善美也。"先生这部分诗理性特征较为明显，寓人生哲理于情景中。在这部分诗中，哲理是船、诗是帆，先生通过咏物、叙事、抒情等为依托，让哲理如涓涓细流，自然流溢，而毫无牵强生硬之感，启人以深邃智慧。如：《秋夜》中"宇宙澄明心似水，诗情何必在春风"；《人生的形上姿态》中"出世心营经世业，无为道引有为时。栽梅种菊灵台上，总有芬芳沁于诗"；《六十初度》中"身无长物何须叹，坐拥书城最富饶"；《七十自寿》诗中："平生无意英雄业，乐在书林占一枝"，"人生风雨几春秋，最贵灵魂有自由"，"心有桃源作故乡，结庐人境守孤芳。春花秋月情无限，淡饭粗茶味最长"；等等。先生信手拈来，把对人生的思索和体悟融会于行云流水般的文字中，反复吟诵、耐人咀嚼。

　　作于文殊菩萨诞日的《有感抒怀》："征途花月好，难免风雨侵。善解千重缚，勤磨一片心。灵台明镜炯，玄圃慧根深。莫怨佳音少，吾心自有琴。"有情有景、有哲理、有禅思，新颖别致、清新隽美，发人深省。

　　此外，在先生的诗作中还有大量感念旧恩故交之谊、人伦之情和反映生活中人际应酬的诗作。先生都诗如其人，情感真挚明朗，既有对事业、生活的热爱，也有对友情、亲情和美好岁月的珍重，但其中依然渗透着人生哲理。如《敬呈萧萐父老师》诗中："曾拜珞珈参道禅，诗情慧境两超然。鬓霜更乞先生许，再沐春风二十年。"既有对老师的拳拳深情意，又有对人生信仰的超然流露。《金婚诗纪》中："执手朝阳到夕阳，经风沐雨历沧桑。艰辛共度恩情重，疏食同餐滋味长。自许豪雄书满壁，宁甘淡泊月临窗。相濡以沫初心在，再守冰壶五十霜。"既有对夫妻相携相扶的吟咏，也有对人生姿态的回味，蕴意深厚。尤其是《贺女儿四十岁生日》诗中："有子方知为母累，无争何畏做人难。兰能守默香尤盛，月至澄明影更圆。"既有慈父对女儿殷殷爱护之情，又道出做人之真谛！即使是贺婚类的应酬诗，先生也一片赤诚之心，以长者风度多劝勉鼓励、文辞典雅感人！

在先生的诗集里，还收有三十五首《诗感庄子》，真正把哲学和诗合而为一。闻一多先生曾说："哲学和诗，在它们的最高点上是同一的。最高的哲学是诗，最高的诗是哲学。一首好的诗，往往在篇终给人一种哲学的境界，一种人生感、历史感、宇宙感。一本好的哲学书，它的终篇，则常常弥漫着一种诗意。"这也许就是先生诗感庄子的初衷吧。

一位哲人的诗性人生

——从赵馥洁先生的《诗集》说起

刘吉发[*]

（笔者按：赵馥洁先生是陕西具有标志性质的学术领袖，他开拓了一个具有坐标意义的学术领域，同时也是第八届陕西省政协委员。我作为社会科学界的一名省政协委员，有责任把陕西省社科界的经典人物介绍给大家，不周之处也恳请赵先生多多海涵。）

提起赵馥洁先生，其在学界的盛名无人不晓。陕西省首届社科名家、陕西省社科联名誉主席、全国师德先进个人、西北政法大学资深教授等名分，都不足表征赵馥洁先生的重大影响力。赵馥洁先生无疑是陕西省哲学社会科学界的领军人物，省委省政府每逢重要节日慰问专家，赵馥洁先生必然是首选对象。

一部诗集

今年春节期间，作为赵馥洁先生的学生，我和我校彪晓红副书记一同前往看望赵先生，我们师生谈天说地地交流之后，赵先生拿出两本古体线装竖排版诗集——《静致斋诗》（以他的书房斋号命名），分别签名后送给我和彪晓红副书记。我们喜出望外，光看到古体线装本已兴奋不已，因为这是一部难得的古色古香的诗作。该诗集由中山大学李锦全先生题诗引序，由中西书局出版，出版成本很高，印刷数量有限，主要供各大图书馆藏，一般书店难以买到，连赵先生自己存留也所剩无几。

---

[*] 刘吉发，1960年9月生，陕西商洛人，博士，二级教授，博士生导师，享受国务院特殊津贴专家、陕西省政协委员、陕西省师德标兵、陕西省教学名师。现任长安大学师德建设委员会委员、长安大学马克思主义学院学术委员会主任。

《静致斋诗》收录了赵先生从1962年至2017年五十六年间诗作313首，是一部记录赵先生透悟人生的哲理诗集。《静致斋诗》收录的首篇是1962年先生登将军山时的纪念诗作，其余312首诗作集中反映了赵先生从1980年至2017年28年间的诗人情怀。《静致斋诗》所收录的珍藏诗作，其主体内容可分为三大类型。

其一是对传统哲学的总结。赵先生长于中国传统哲学，其诗作既有对中国古代先哲学术思想的经典概括，如《咏王充》和《诗感庄子》，就分别对两位先哲的学术人生进行了精辟概括，从而达到了出神入化的思想境界，像《咏王充》的最后两句："论衡一卷开新意，扫尽神权露锐锋"，精妙概括了王充学术思想的价值意蕴；又有对先生自己学术经历的自我总结，如《六十初度》和《七十自寿》，就表达了先生执着于传统哲学的学术智慧和献身于学术事业的人生境界，像《七十自寿》的最后两句："游鱼自饮河池水，不向他人说苦辛"，正是赵先生崇高思想境界的人生写照。同时其诗作还有对先生学术思想的诗性引论，如《中国传统哲学价值论》中的《卷首自题》四首，就对全书的思想内容进行了精辟的学术勾勒，像其第一首写道："善美源流何处寻？茫茫学海问潮音。神州自有圣泉水，曾照人间取舍心"，表明了中国传统价值哲学思想源远流长，从而勾勒了中国价值哲学的学理渊源；《中华智慧的价值意蕴》中的《卷首自题》和《关学精神论》中的《卷首自题》亦是如此。

其二是对生活世界的感悟。赵先生不仅理性对话古代哲人，而且又以当代哲人的思维和目光感悟世界。赵先生的诗作既有对人类当代社会的时代感悟，如《世纪末有感》和《新世纪》，正是对当今世界历史发展的理性感悟，像《新世纪》的最后两句："虽云时代全球化，高唱谁和国际歌"，正是对新世纪人类面临诸多挑战的担忧；又有对当代社会人生态度的哲理表达，如《人生的形上姿态》正是对人生态度的诗意表达，前两句："难得人生形上姿，鱼熊取舍总参差"，理性表达了不同人生的价值选择。同时赵先生每到一处，都会有感而发，赋诗一首以作纪念。如赵先生到过山西、山东、甘肃、青海、宁夏、河北及陕西的韩城、潼关和丹凤等地，都留下了脍炙人口的名篇。像《游桃花谷》："曲水流觞仰古风，丹江今日雅怀同。师生谈笑桃源境，满谷飞诗句句红"，正是先生情景交融的情感写照，兹因我本人也游过桃花谷，触境生情，深有同感。

其三是对师生亲友的挚爱。每逢师友寿诞婚丧，赵先生总会精心赋诗，以表情谊，如2009年中山大学李锦全先生八十华诞，赵先生共写诗十首以示祝贺；赵先生还给赵吉惠老师、萧萐父老师、郭云鹏老师、季羡林先生、任继愈先生、韩国金中烈先生都写过悼诗，以表哀悼之情，像《悼念萧萐父先生》写道："哲坛星陨共悲歌，噩耗迟闻泪更多。……天地长留风骨在，峨嵋皓月洞庭波"，充分表达了先生对逝者的哀悼之情。同时赵先生在同学聚会、学生毕业及儿女周岁时，都会赋诗一首以示勉励，以表达对晚辈们的殷切希望，足见先生对青年一代的关爱。更值得一提的是《红宝石婚赠老伴》，其情意尤为真切："百年修得影成双，风雨同行到夕阳。未做英雄宁气短，既为儿女且情长。生涯碌碌怜君累，学海滔滔叹我忙。永葆心如初约会，任他世道有沧桑"，正是先生挚爱人生的诗意表达。

赵馥洁先生的诗既表情又表理，是一种情理交融的完美结合，这本身就表征了赵先生哲人兼诗人的双重人生。读赵先生的诗作如同读人，我们能获得理性思维与情感思维的双重升华，使我们能够尽情畅游于情感丰富的理性世界，从而使我们能够与先生的心灵完美契合。

一世学缘

我的人生是曲折的，然而我是不断奋进的。我一九七八年高中毕业后回乡务农一年，第二年考入商洛师范，但翻秦岭求学的梦想一直在激励着我。1990年，已有九年中学教龄的我考入了西北政法学院，拜入赵馥洁先生门下，攻读马克思主义哲学专业的硕士研究生，此时我已三十而立了，是我在改变"人过三十不学艺"的传统观念。

由于自己对哲学很感兴趣，少半生都在理性世界之外自我琢磨，自从进入研究生阶段学习之后，自己才真正受到了理性思维的专业训练，因为哲学本身就是提高人的思维能力的特殊学科。当年西北政法学院马克思主义哲学硕士专业只招了我一人，王陆原、郭云鹏、武步云、赵馥洁四位导师共同指导我一个，我真是深感幸运。论学科综合实力，西北政法学院20世纪八九十年代的哲学水平应为全省之最，其实当时西北政法学院的哲学学科就代表了陕西哲学学科发展的高地。

三年硕士研究生阶段的学习，我和赵馥洁先生结下了弥足珍贵的一世学缘。赵馥洁先生于60年代从西北政法学院哲学系毕业留校任教，是当年哲学专业导师组四位导师中唯一的一位副教授，其他三位教授也都是赵先生的老师辈，赵先生当年已是颇负盛名的后起之秀了，其学术声望在全校都已很高。赵馥洁先生的哲学授课，清晰严密的逻辑思维，分析透辟的诗性语言，使我总是陶醉在人类理性思维花朵的美丽世界，总能使我获得十分丰富而发人深思的精神营养，从而给我不断进行理论探索的学术自信。

1991年，赵馥洁先生的经典力作《中国传统哲学价值论》出版发行，出于对我本人的学术厚爱，赵先生对我赠书又赠言："华山险峻泰山雄，四海峰峦景不同。一法岂能穷造化，善绘殊象是良工。"这首具有特殊意义的赠言诗，既浓缩了中国传统哲学的思维精华，又昭示着学子反观世界的思维功力，赵先生对我的学术期待自不必多言。作为马克思主义哲学认识论方向的研究生，我始终把先生的赠言作为自己不断奋进的学术定力，绝不辜负先生对我富有学术感召的殷切期望。

硕士研究生毕业后我就职于长安大学，主要从事马克思主义政治哲学的教学与研究工作。马克思主义政治哲学是马克思主义哲学与马克思主义政治学的交叉学科，需要哲学和政治学两大学科双重的知识储备。作为马克思主义哲学专业毕业的研究生，我得从政治学原理的教学与研究开始补课。我先后出版了《政治学论纲》和《政治学新论》两种著作性教材，赵先生都给予我极大的鼓励并为两种书分别写了序言。正如赵先生于2002年在《政治学论纲》的序言中写道："吉发同志勤于学习，乐于探索，善于思考。在多年的理论教学与研究的基础上，能写出这样一部特色鲜明、观点新颖、风格独具的著作自在情理之中。"五年之后，赵先生在《政治学新论》的序言中又写道："该书是一部视角新、体系新、观点新的研究著述，是政治学园地里的一株新葩，对推动我国政治理论研究和政治文明建设具有积极意义和重要价值。吉发以刻苦的钻研精神、严谨的治学态度和敏锐的洞察能力长期致力于学术研究，取得了较为丰硕的成果。作为老师，我深感欣慰。"从序言的字里行间我深深感到一种巨大的鼓舞，作为赵馥洁先生的学生，是我终生莫大的荣幸。

我与赵先生的师生关系，正像意味深长的一首诗。我们师生之间每次交流，先生总能给我一种追求学术的精神力量，催我在理论探索的道路上不断进取。我每到中国传统的重要节日，都会以短信方式向赵先生进行问候，赵先生总是富有诗意地给予回复。如赵先生2017年春节对我的问候的回复语是："驾凤乘龙开胜境，闻鸡起舞励雄心。"再如同年的中秋节，赵先生又回复给我一首《中秋雨有感》："长安冷雨湿中秋，莫为嫦娥起暗愁。月境清辉光永在，星河万载碧天流！"这使我常常沉浸在诗的海洋。今年春节期间，赵先生正好在海南出游，在我短信问候后，赵先生随即回复我一首《观海》："巨浪轰鸣日夜吟，碧波浩渺望遥深。海涛滚滚无新旧，人世匆匆有古今。难得心音同律动，宁甘魂魄任浮沉。邀来鸥鸟凌空舞，一片自由天地心！"这是赵先生2018年2月18日于三亚清水湾的回复诗。赵先生与我的诗性交流，不断拓展着我富有诗情画意的一世学缘，使我的人生总是充满诗意。

一位智者

赵馥洁先生师承家父传导，幼时极爱诗作，曾以千家诗启蒙，七十年间便与诗结缘，常常以诗抒发情怀，更能以诗升华哲理，是一位富有诗性的当代智者。

赵馥洁先生的学术智慧，集中表现为先生以中国传统哲学思想的传承创新作为自己终生的学术追求。赵馥洁先生留校任教后，其学术才华日益彰显，不久就被推举为校党委副书记。而学术至上的赵先生，并不热衷于仕途，只觉得耽误了太多的精力，因此先生经过六次申请，最终辞掉了校党委副书记的职务，从而能够专心致学。

赵馥洁先生长于中国哲学史，无论是先秦子学、两汉经学、魏晋玄学、隋唐佛学、宋明理学，抑或是清末朴学、民初新学，先生都精于梳理，善于创新。赵先生的关学研究彰显了陕西学者的使命担当，从而构成了中国传统哲学研究的地域特色。中华智慧博大精深，思维精华源远流长。中国传统哲学的传承创新，构成了赵先生一生的学术使命。

赵先生的重点学术领域，集中于中国传统哲学的价值论研究。先生的代表性著作《中国传统哲学价值论》，是国家社会科学基金重点资助项目，该书搜罗宏富，论证严谨，稽查历史，反照现实，完整地勾画出中国传统价值观念的理论体系，是中国第一部研究传统价值论的学术专著。中山大学李锦全教授认为："该书开拓了中国传统哲学研究的一条新路子，拓出了一条新领域"，"填补了国内学术界在这一研究领域的空白"，该书荣获陕西省哲学社会科学优秀成果一等奖，全国高校社会科学优秀成果二等奖。在中国传统哲学价值论领域，赵先生不断开拓创新，其《价值的历程——中国传统价值观的历史演变》，与《中国传统哲学价值论》构成姊妹篇。赵先生的中国传统价值哲学研究史论结合，从历史与逻辑的双重维度，推动了中国传统价值哲学的理论自觉，立体化构筑了中国传统哲学价值理论研究的当代丰碑。

赵先生撰写经典学术专著十余部，学术论文三百余篇，其中四篇被《新华文摘》全文转载，学术成果获奖达二十余项。赵先生已成为当代中国传统价值哲学领域具有重大影响的哲学家，是陕西省哲学社会科学学术研究的一面旗帜，同时是陕西省高校中最早的资深教授，也是西北政法大学至今唯一的一位资深教授。同时赵先生还担任陕西省社科联名誉主席、陕西省哲学学会名誉会长、陕西省价值哲学学会名誉会长、西北政法大学学术委员会主任、西安交通大学等多所著名高校的兼职教授，这正体现了赵先生巨大的学术影响力。

赵馥洁先生的思想智慧，集中表现为传承中国传统教育智慧而形成富有时代特质的师道自觉。赵先生1964年留校任教，2014年适逢西北政法大学哲学学科创建五十五周年，也是赵先生哲苑耕耘整整五十年。为了传承赵先生的思想智慧，陕西省哲学学会会长张周志教授主编了赵馥洁先生从教五十年纪念文集，并取名《师道的自觉》，集中展现了赵先生富有时代特质的教育思想。

在《敬畏大学》中，赵先生呼吁大学理念急需反思，认为大学"是传承文明和创造文明的知识高地"，"是高扬人类精神和人类理想的精神家园"，"是唤醒良知、养成人格、引导社会的知识灯塔"，"是一个思想独立、精神自由的思想熔炉"；在《大学之道与"大人之学"》中，赵先生强调"以人生事业统率学科专业和谋生职业"，"把掌握生存方法与理解生存意义结合起来"，"把提高科学文化素质和提高思想道德素质统一起来"，"把知识升华为智慧"，"通过优化学风来提升人格"；认为大学之道的实质是"大人"之学，旨在引导学生通过学习自觉追求真善美："真是根本美是花，善作绿叶护新芽；人生是棵常青树，贵在精神能升华"。

在《论教师》中，赵先生把教师的基本职责概括为"教书、启智、育人、治学"四大职责，进而把教师的必备素质概括为"识——增强时代意识；学——更新知识结构；道——掌握教育规律；技——提高教学艺术；德——加强道德修养；风——养成良好教风"六大素质。在《导师的修养与研究生的培养》中，赵先生指出了导师修养的五个方面："努力'为人师表'，实现师德自觉；形成学术特色，实现治学自觉；着力'转识成智'，实现传道自觉；坚持'戒浮求实'，实现学风自觉；追求教学相长，实现教风自觉。"在《学风十戒》中，赵先生强调："戒满，满则无求；戒骄，骄则无识；戒惰，惰则无进；戒浮，浮则不深；戒躁，躁则无得；戒急，急则不达；戒粗，粗则易错；戒袭，袭则无创；戒奇，奇则常谬；戒名，名则难实。"在《治学感言》中，赵先生强调了十个方面："为人民，去私心，要谦虚，贵独创，走新路，探实质，